Die Namen vieler Personen, die in diesem Buch erwähnt werden, habe ich geändert – insbesondere in den Fällen, wo ich fragwürdige Dinge über sie geschrieben habe. Ich möchte verhindern, dass man mich ausfindig macht und verprügelt. Ich habe eine ausgesprochen zarte Konstitution und reagiere sehr empfindlich auf Schläge. Außerdem habe ich die Reihenfolge einiger Reisen vertauscht, um die Dinge weniger chaotisch erscheinen zu lassen, als sie in Wirklichkeit sind. Für diese Glättung der Historie bitte ich um Nachsicht.

Das Buch

Adam Fletcher erzählt, wie er jede Menge merkwürdige, vernachlässigte oder gar verbotene Länder besucht und was ihn das über die Menschen lehrt. Er kämpft sich durch einen Schneesturm in China, erlebt die nordkoreanische Propagandamaschinerie und überlebt Tränengas in Istanbul, trifft Verschwörungstheoretiker in Jerusalem, einen Cannabis-Schamanen in Kroatien und übernachtet sogar in Ländern, die eigentlich gar keine sind. Am Ende steht für ihn die Erkenntnis: Die Welt ist bevölkert von unglaublichen, ungewöhnlichen und absurden Exponaten, die sich alle viel ähnlicher sind, als sie denken.

Der Autor

Adam Fletcher, Jahrgang 1983, ist ein glatzköpfiger Engländer. Wenn er nicht gerade Bücher und Artikel schreibt, verbringt er seine Zeit damit, Schokolade zu essen und seine Wahlheimat Berlin unsicher zu machen. Er ist der Autor von »Denglish for Better Knowers« und »Make Me German«.

ADAM FLETCHER

Du fährst WOHIN?!

*Pizza in Pjöngjang,
Karussell fahren in Tschernobyl
und weitere merkwürdige Reisen*

Aus dem Englischen
von Christoph Bausum

Ullstein

Besuchen Sie uns im Internet:
www.ullstein-taschenbuch.de

Originalausgabe im Ullstein Taschenbuch
1. Auflage Mai 2017
© Ullstein Buchverlage GmbH, Berlin 2017
Umschlaggestaltung: Robert M. Schöne
Coverdesign Robert M. Schöne, unter
Verwendung einer Vorlage von istockphoto/paseven (Koffer)
Satz: KompetenzCenter, Mönchengladbach
Gesetzt aus der ITC Berkeley
Druck und Bindearbeiten: CPI books GmbH, Leck
ISBN 978-3-548-37560-1

Inhalt

Was im Wohnzimmer geschieht, bleibt im Wohnzimmer

Berlin (Deutschland): TED-Talks, Komfortzonen, Alltagsrassismus, Lyrik   9

Haltet mal kurz die Welt an, ein Mitläufer will aussteigen

Istanbul (Türkei): Erdoğan, Chronische Englischkeit, Gezi-Park, öffentliche Zurschaustellung von Tapferkeit, (un-)entspannte Städtereisen   24

Danke, Jesus ... Plastikstühle

Kissi (Ghana): Das Evangelium vom Grünen Tee, Schnips-Shakes, Schwarzgebrannter   51

Die (beinahe unendliche) Nachtbusfahrt nach Wuhan, oder: Warum mangelnde Vorbereitung nicht als Reisemangel durchgeht

Wuhan (China): Schnäppchen, Chunyun, John Wang, unerwartete Wintereinbrüche   82

Spürst du das Feuer? SPÜRST DU DAS FEUER?!?

Tel Aviv und Jerusalem (Israel): Prä-Renaissancemenschen, Weinmonster, Scherzkrawatten, Verschwörungstheorien *109*

»Macht Hummus statt Mauern.«

Hebron (Palästina): Zwei Narrative, Couchsurfing, versteckter Atheismus, Schuldzuweisungen *149*

(Schwach) radioaktive Grüße aus Tschernobyl!

Prypjat (Ukraine): Reaktor 4, Autoskooter, Riesenrad, Hybris *179*

»Der Präsident wird Sie nun empfangen.«

Liberland (Kroatien/Serbien): Libertäre, ein Cannabis-Schamane, DER FAHRER! *193*

»Das is ja wie 'ne Mischung aus Truman Show *und* Twilight Zone.*«*

Tiraspol (Transnistrien): Plastikgeld, Hammer und Sichel, der Sheriff, Korruption *218*

Ich war in Chişinău ... und alles, was ich bekam, war dieser lausige Ballerbus

Chişinău (Moldawien): eine Milliarde Löwen, Windsäcke, reiche Ernte, DIE INKARNATION DES TEUFELS *249*

*Und ich öffnete eine Kiste, auf der geschrieben stand:
»Kindheitstrauma – nicht öffnen!«*
Thetford (England): Sushi Joghurt Calzone,
Legal Highs, Beerdigungen, Heimkehr   273

»Lasst uns unsere Politik, alle Menschen zu bewaffnen und das ganze Land in eine Festung zu verwandeln, vollständig umsetzen!«
Pjöngjang (Nordkorea): nordkoreanischer Döner,
Massentänze, zwo Brüda   295

*Von all den Dingen, die ich verloren habe,
vermisse ich meine Naivität am meisten*
Berlin (Deutschland): die Humanity 3000,
Schlussfolgerungen, Ende   345

Was im Wohnzimmer geschieht, bleibt im Wohnzimmer

Berlin (Deutschland): TED-Talks, Komfortzonen, Alltagsrassismus, Lyrik

Viele Menschen reden von »Komfortzone« immer so, als wäre das etwas Schlechtes – ein Ort, den man nach Möglichkeit verlassen sollte. Ich habe das nie verstanden. Zugegeben, das Wort *Zone* ist alles andere als eindeutig besetzt: »Zeitzone«, »Kampfzone«, »primäre erogene Zone«. Die Zone kann auf der einen wie auf der anderen Seite liegen. Aber *Komfort*? Haben Sie schon mal versucht, diesem Wort einen negativen Beiklang zu geben? … Genau. Unmöglich. Selbst zusammengesetzte Begriffe wie »Komfort-Terror« klingen bestenfalls wie der Name einer vielversprechenden neuen Folkband.

Über solche Dinge dachte ich gerade nach, während ich mich in der ausgesprochen komfortablen Zone meiner Wohnzimmercouch räkelte. Da hörte ich, wie sich die Haustür öffnete. Ein lautes »Hey!« schallte aus dem dunklen Flur. Verantwortlich für diese Dunkelheit war eine durchgebrannte Glühbirne, die auszuwechseln ich mir an diesem Morgen felsenfest vorgenommen hatte, bevor mir der bereits erwähnte Komfort der bereits erwähnten Couch dazwischenfunkte. Meine deutsche Freundin Annett platzte ins Zimmer, und die

Wohnzimmerwand, die bereits von ähnlichen Auftritten schwer gezeichnet war, erneuerte auf Kosten einer weiteren Delle ihre Bekanntschaft mit der Wohnzimmertür. Annett ist ungefähr so feinfühlig wie ein Dachs, der sich an Schönschreibübungen versucht. An diesem Abend trug sie ein Ensemble aus verschiedenfarbig reflektierender Funktionskleidung. Sie sah aus, als hätte sie gerade ihre Schicht als Schülerlotsin an einer vielbefahrenen Kreuzung beendet. Wie immer sprudelte sie ohne Punkt und Komma los: »Mein Gott Was für ein Tag Keine einzige verdammte Pause Wenn du ein Problem gelöst hast fängt es sofort woanders an zu brennen Und fast alles Idioten das hab ich auch meinem Kollegen gesagt Und dann hat Judith angerufen und du glaubst nicht was mit Simon los ist und morgen die ganzen Meetings und die Personalprobleme und *ta-da* fängt der Zirkus wieder von vorne an...«

Sie hielt inne und schaute mich an. Offenbar war ihr mein tiefenentspannter Zustand aufgefallen. »Na, wieder mal 'nen harten Arbeitstag gehabt?«

Ich nickte: »Hektisch.«

Annett befreite sich von den letzten Resten ihrer leuchtenden Fahrradbekleidung und kletterte zu mir auf die Couch. Wir hatten in weiser Voraussicht das größte Exemplar gekauft, das das Möbelhaus im Angebot hatte. »Irgendwelche Pläne für heute Abend?«

Ich machte eine vage Geste in Richtung meines Laptops. »Du siehst sie vor dir.«

Sie verzog das Gesicht auf eine Weise, die Gesichtern nicht gut zu Gesicht steht. »Lass uns doch was unternehmen! Ich werde später vielleicht mit Rob und Sarah etwas trinken gehen. Willst du mitkommen?«

In meinem Kopf schrillte der Spontaneitätsalarm. »Später? Du meinst so etwas wie jetzt gleich – nur *später*?«

»Später«, bestätigte sie. »Nach-dem-Essen-Später ...«

Hier war eine große Entscheidung zu fällen. Mit Abstand die größte, die ich seit dem morgendlichen Schwanken zwischen Apfel und Banane zu treffen hatte. (Der Apfel hatte gewonnen. Es war ein knappes Rennen, doch ein paar kleine braune Stellen an der Schale hatten der Banane den Sieg gekostet.)

»Komm schon, das wird bestimmt lustig, und du kommst mal aus dem Haus.«

Warum sagen die Menschen andauernd »du kommst mal aus dem Haus«, als ob das etwas Gutes wäre? Häuser haben Internet, Sofas, Kissen und Toastbrot. Sie bieten uns ein Füllhorn an Möglichkeiten in einer grausamen, gleichgültigen und weitgehend toastlosen Welt.

»Ach, ich glaube, ich verzichte heute Abend lieber. Es ist immer etwas verkrampft mit Rob und Sarah. Ich kann mich nie daran erinnern, worüber wir beim letzten Mal geredet haben und was Rob beruflich macht. Und dann erinnert er sich an alles Mögliche, was ich erzählt habe, und ich stehe da wie ein schlechter Freund.«

Annett seufzte. »Du *bist* ein schlechter Freund. Wir kennen sie schon seit einem Jahr! Er arbeitet beim *Arbeitsamt*.«

»Ich wusste doch, dass es eins dieser *Amts* war. Ach nö, irgendwie werde ich nicht so richtig warm mit den beiden.«

Jetzt wurde mit den Augen gerollt. Nicht mit meinen Augen. »Oh nein – werden sie jetzt aus deiner Freundesliste entfernt? Ich mag sie. Sarah ist wirklich witzig.«

»Du kannst ruhig gehen. Sag ihnen einfach, ich wäre beschäftigt.«

»Beschäftigt womit? Dich davor zu drücken, an deinen unnützen Webseiten zu arbeiten? Das ist so typisch. So ist es immer, wenn du jemanden ein Jahr lang kennst und er nicht mehr glänzend und neu ist. Apropos: Hast du schon auf Dans Hochzeitseinladung geantwortet?«

Dan und ich waren zehn Jahre lang beste Freunde gewesen, die gesamte Schulzeit über. Er lebt immer noch in meiner Heimatstadt in England. »Wir haben unseren Zenit überschritten«, bemerkte ich wegwerfend.

»Ich hasse es, wenn du das sagst. Ich will auf seine Hochzeit gehen. Es wird bestimmt lustig. Findest du es nicht seltsam, dass wir seit sechs Jahren zusammen sind und noch kein einziges Mal deine Heimatstadt besucht haben?«

Sechs Jahre. Verdammt. Wie die Zeit verfliegt, wenn man auf der Couch liegt. »Jetzt übertreibst du aber. Wir waren doch da.«

»Ja, wir haben deine Oma abgeholt und sind dann direkt weitergefahren. Das war's.«

»Glaub mir: Für dieses Kaff war das lang genug.«

Annett war nicht glücklich über die Richtung, in die unser Gespräch sich entwickelte. Sie schnalzte missbilligend mit der Zunge, setzte ihre grünen Kopfhörer auf und wandte sich ihrem Laptop zu. Die Beziehung *dieser* beiden hatte ihren Zenit ganz offensichtlich noch nicht überschritten. Das Feuer der Leidenschaft brannte noch lichterloh, typisch für die Phase der ersten Verliebtheit.

Auf meinem Laptop blinkte das *Skype*-Logo auf: Ich hatte eine neue Nachricht bekommen. Sie kam von Annett, die ganze fünfundsiebzig Zentimeter von mir entfernt auf der Couch saß. Sie hatte mir den Link zu einem TED-Talk geschickt. Ich stöhnte. Das Gute an TED-Talks ist, dass sie ziemlich kurz sind. Das Schlechte ist, dass sie voller Leute sind, die TED-Talks geben. Diese typischen Überflieger und Weltenretter, bei deren Anblick man sich unwillkürlich fragen muss, warum man selbst noch nicht dazu gekommen ist, ein Waisenhaus in Kathmandu zu errichten. TED-Menschen schaffen so was, auch wenn sie blind zur Welt gekommen sind, schließlich bereits im Alter von zwölf Jahren – und zwar in der kurzen Zeitspanne zwischen der Entdeckung eines Medikaments gegen Alzheimer und der Verleihung des Friedensnobelpreises für Literatur. Ich dagegen war schon mit der Aufgabe überfordert, eine Glühbirne auszuwechseln. Eine Aufgabe, für die ich neun Stunden anberaumt hatte.

In dem TED-Talk ging es um monatliche Herausforderungen. Ein todernster High-Performer und Gutmensch, der für Google arbeitete, verkündete, dass man jeden Monat eine kleine Veränderung in seinem Alltag vornehmen sollte. Dann sollte man abwarten, ob diese Veränderung zu einer Gewohnheit wird, die das Leben bereichert. Auch wenn das nicht der Fall wäre, würde schon allein die Tatsache, dass man etwas Neues in sein Leben gebracht hat, dazu beitragen, das Verstreichen der Zeit spürbar zu machen. Oder so ähnlich. *Gähn.* Es klang, als wäre es einen Versuch wert, und ich hatte nicht die geringste Lust dazu. Ich zupfte Annett am Fuß. Widerwillig zog sie ihren Kopfhörer vom Ohr. »Was?«

»Warum hast du mir diesen Link geschickt?«

»Ich dachte, er wäre was für dich.«

Ich verzog das Gesicht. »Warum soll das was für mich sein, aber nicht für dich?«

»Weil ich tagsüber tatsächlich Dinge tue. Du sitzt bloß herum, entfernst Leute aus deiner Freundesliste und gehst allem aus dem Weg, was auch nur annähernd wie eine Verpflichtung aussieht.«

»Das ist jetzt aber ein wenig hart ausgedrückt.«

»Willst du behaupten, dass ich unrecht habe?«

Das wollte ich nicht. Ich betrachtete mich lediglich als einen originellen Charakter: emotional eher stromlinienförmig, frei von jeglichem Verlangen und noch dazu im Ruhestand. Doch dann musste ich an die vielen schwierigen Minuten denken, die ich in die Lösung des Apfel-Bananen-Dilemmas investiert hatte. Möglicherweise hatte ich die Dinge in letzter Zeit tatsächlich ein wenig zu sehr schleifen lassen. »Vielleicht sollte ich mir doch ein Projekt vornehmen. Ich könnte zum Beispiel jeden Tag ein Foto von mir machen«, unterbreitete ich Annett in ruhigem und gemessenem Tonfall meinen Kompromissvorschlag.

Sie lachte. Es war das tiefe, kehlige Lachen einer Person, der man gerade die Pointe zu ihrem Witz geliefert hat. »Glaubst du wirklich, die Welt braucht so viele Fotos von dir auf der Couch? Ich dachte mehr an so ein *Ich-führe-jeden-Tag-ein-Gespräch-mit-einem-Fremden-Projekt.*«

»WAS? Das ist so ziemlich die schlechteste Idee aller Zeiten.«

»Warum?«

»Dann müsste ich ja das Haus verlassen!«

»Genau.«

»Ich müsste mit Menschen reden.«

»Ja.«

»Draußen.«

»Mhm.«

Das war absurd. »Wie wäre es damit, jeden Tag etwas zu zeichnen?«

Sie schnaubte verächtlich. »Zu einfach.«

»Ich nehme mir vor, mich nicht selbst zu googeln?«

»Immer noch zu einfach. Du musst mal Planet Adam verlassen und dich in die wirkliche Welt wagen.«

»Uff«, machte ich und ließ mich tiefer in die weichen und schützenden Arme der Couch gleiten. »Das klingt aber ziemlich stressig.«

Wir beließen es dabei. Annett ging aus. Ich blieb zu Hause. Mit der festen Absicht, endlich diese Glühbirne auszutauschen. Ein paarmal war ich kurz davor. Irgendwann fing ich zum Trost an, mich selbst zu googeln.

Den nächsten Tag wollte ich eigentlich wieder in der warmen Umarmung der Couch verbringen. Es hätte wundervoll sein müssen. Schließlich war es das vorher immer gewesen. Doch irgendwas war anders. Sosehr ich mich auch in die Kissen kuschelte, es wollte sich einfach keine Gemütlichkeit einstellen. Der Couchbezug schien geradezu meine Haut zu reizen. Ich fühlte mich irgendwie... *schuldbewusst? Verachtenswert? Faul?* Wann immer ich die Augen schloss (was noch einen Tag zuvor ein ausgesprochen befriedigendes Mittagsschläfchen zur Folge gehabt hätte), sah ich das selbstgerechte Gesicht des TED-Onkels, Annett und meine eigene vorwurfsvolle Miene vor mir. Es war furchtbar. Vorwürfe von anderen waren schlimm genug. Aber Vorwürfe von mir selbst? Es war, als würde man sein neues Auto absichtlich gegen die eigene Hauswand setzen. Ich war immer stolz darauf gewesen, der ausgesprochen aktive Vorsitzende meines eigenen Fanclubs zu sein. Jetzt fragte ich mich plötzlich, ob das Problem nicht tatsächlich bei mir lag. Vielleicht war *ich* es, der seinen Zenit überschritten hatte? Ich war im Ruhestand? Mit achtundzwanzig? Mal ganz abgesehen davon, dass meine Rücklagen höchstens ausreichen würden, bis ich neunundzwanzig war – wer setzt sich denn mit achtundzwanzig zur Ruhe? Das geht doch gar nicht.

Früher war ich regelrecht abenteuerlustig – ein bisschen, manchmal. Zumindest reisten Annett und ich in unserer Anfangszeit viel. Wir sind sogar aus einer Laune heraus nach Neuseeland gezogen. Doch in den letzten beiden Jahren in Berlin hatte sich etwas verändert. Nun erschien mir alles so anstrengend. Warum sollte ich mich überhaupt anstrengen? Ich war doch glücklich mit der Situation. Oder?

Durch das Küchenfenster beobachtete ich das Kommen und Gehen in unserem Innenhof. Der DHL-Bote kam mit Paketen. Er war dreißig Minuten früher dran als gewöhnlich. Das Paar in der Wohnung über uns fing an, sich anzuschreien. Sie stritten sich die ganze Zeit, Tag für Tag. Ziemlich nervig, könnte man meinen, doch weil Annett und ich nur *die meiste Zeit* des Tages stritten, vermittelten uns die beiden Streithähne im Endeffekt das angenehme Gefühl, eine vergleichsweise gut funktionierende Beziehung zu führen. Wir erfreuten uns an ihren lautstarken verbalen Auseinandersetzungen voller Schimpfwörter. Manchmal öffneten wir sogar das Fenster, um besser mitzubekommen, wer gerade die Oberhand behielt.

Die Idee mit dem Projekt kam mir wieder in den Sinn. Möglicherweise war sie doch nicht so schlecht. Im Gegenteil: Vielleicht wäre das Ganze sogar gut für mich? Da sich mein Glaube an die Menschheit schon längst in Wohlgefallen aufgelöst hatte, hatte ich eigentlich nichts zu verlieren. Versuchsweise spielte ich mit dem Gedanken, es einfach mal zu probieren. Ganz entspannt. Ich würde zum Mittagessen rausgehen – und wer weiß: Vielleicht träfe ich dabei auf einen Fremden, mit dem ich reden konnte.

Ich entschied mich natürlich für das Restaurant, das unserer Wohnung am nächsten lag. Dort saß ich nun draußen an einem der Tische, aß Schnitzel mit Pommes und genoss einen der ersten sonnigen Tage des Jahres. Am Nachbartisch saß ein Mann mit lichtem Haar. Er trug einen Blaumann und aß ebenfalls Schnitzel mit Pommes. Es war offensichtlich, dass das Schicksal uns dazu bestimmt hatte, beste Freunde zu werden.

»Guten Appetit«, sagte ich auf Deutsch.

Er schaute mich ein wenig verwirrt an. Vermutlich lag es daran, dass er schon fünfundsiebzig Prozent seiner Mahlzeit zu sich genommen und damit seinen guten Appetit unter Beweis gestellt hatte. »Danke«, lautete seine Antwort.

Ich hatte ihn schon früher ansprechen wollen, aber mir hatte der Mut gefehlt, mein Adam-Deutsch an ihm zu erproben. Adam-Deutsch ist eine breiige Paste der deutschen Sprache ohne all diese schwerverdaulichen grammatikalischen Elemente. Es ist das, was man in einem Fremdsprachenkrankenhaus durch einen Strohhalm verabreicht bekommen würde.

»Schones Wetter«, sagte ich. »Sehr sonnig, ja? Hoffentlich es bleibt. Wie war deiner Schnitzel?«

Er war gerade dabei, ein Stück von seinem verbliebenen Schnitzel abzuschneiden, hielt inne und schaute mich mit fragendem Blick an. »Wie bitte?«

»Deiner Schnitzel. War gut?«

»Ja«, sagte er, als sei das erstens selbstverständlich und zweitens total egal. Dann wandte er sich wieder den Resten seines Mittagessens zu. Unsere Unterhaltung war zu Ende.

Abends erzählte ich Annett die Geschichte. Sie fand sie umwerfend komisch. »Siehst du? Wenn ich dich sonst frage, was du den ganzen Tag lang gemacht hast, erzählst du mir immer so was Ödes wie ›*Ich hab mir ein Sandwich gemacht*‹.«

»Tja, wahrscheinlich werde ich mir morgen wieder ein Sandwich machen.«

Sie lehnte sich in ihrem Sessel zurück. »Hör mal, ich finde deine Sandwich-Geschichten werden langsam ein wenig langweilig. Warum gehst du nicht morgen wieder raus und versuchst es noch einmal? Aber davor wechselst du diese verdammte Glühbirne.«

Ich ging wirklich wieder hinaus. Doch mein Projekt erwies sich als deutlich schwerer als gedacht. So lernte ich in den folgenden Tagen, dass es wenig ratsam ist, Frauen oder Kinder anzusprechen – insbesondere bei Frauen mit Kindern ist Vorsicht angebracht. Am siebten Tag meiner *Challenge* hatte ich es noch immer nicht geschafft, eine länger als fünf Minuten dauernde Unterhaltung zu führen. Die wenigen Leute, die mir antworteten, schienen davon auszugehen, dass sie einen Sexualstraftäter vor sich hatten. Oder dass ich Geld von ihnen wollte. Oder beides. Doch am achten Tag war Fußball angesagt: Champions League. Jede Kneipe würde das Spiel zeigen. Wenn das nicht die Chance für eine längere Unterhaltung war – schließlich teilen selbst Männer, die absolut nichts gemeinsam haben, eine Leidenschaft: Fußball. Das ist der Sinn und Zweck von Fußball.

Ich ging also zu der Kneipe, die unserer Wohnung am nächsten lag, um mir das Spiel anzuschauen. Inzwischen verließ ich mein Zuhause regelmäßig, entfernte mich aber nie mehr als drei Straßen von unserer Haustür, weil weiter weg sehr wahrscheinlich Monster lebten. An der Bar bestellte ich mir ein Bier, dann ließ ich meinen Blick durch den Raum schweifen, um das Potential der anwesenden Fremden abzuschätzen. Zwei Tische von mir entfernt saß ein ungepflegter Mann mit schwarzer Bomberjacke, schweren, schlammverkrusteten Doc-Martens-Stiefeln und dicken Dreadlocks. Er war schätzungsweise fünfundvierzig Jahre alt und ganz eindeutig ein Subversiver. Die Art Mensch, die regelmäßig von »denen da oben« oder dem »System« spricht, das man bekämpfen muss. Gerade war er damit beschäftigt, etwas in ein kleines Notizbuch zu schreiben. Nur gelegentlich warf er einen Blick auf das Spiel, das vor ein paar Minuten angepfiffen worden war.

Ich nahm mein Bier und ging zu ihm hinüber. »Was schreibst du denn?«

Er schaute von seinem Notizbuch hoch. »Gedichte«, sagte er. Er blätterte ein paar Seiten zurück und reichte mir sein Notizbuch. Ich setzte mich zu ihm. Das Gedicht handelte von der Zeit und ihrem Vergehen, von Flüssen und anderen Dingen, die irgendwie fließen, und sich daher gut als Metaphern für die Zeit und ihr Verstreichen eignen. Ich gab ihm das Notizbuch zurück. Er blätterte noch einige Seiten weiter zurück und reichte es mir erneut. Diesmal war es ein Gedicht über die Sonne: Sonnenaufgang, Sonnenuntergang und so weiter. Das übliche Sonnenzeug eben.

Dann fragte er mich, ob ich ein Smartphone hätte. Ich gab es ihm, und er rief damit seine Gedichte-Webseite auf. Zuvorkommend, wie er war, setzte er gleich ein Lesezeichen für mich. Dieser Mann wollte wirklich, dass ich mir seine Gedichte anschaute. Also tat ich das.

Sie waren nicht besonders gut.

Mir ist vollkommen klar, dass ich kein anerkannter Lyrik-Experte bin. Doch ein genauerer Blick auf die Seite des dreadlockigen Mannes bestätigte mein negatives Urteil: Seine, jetzt auf meinem Handy verlinkte, Seite war seit drei Jahren online und hatte es in dieser Zeit auf einen Facebook-Like gebracht. *Einen einzigen.* Ich wusste gar nicht, dass Facebook so niedrige Werte überhaupt anzeigt. Ich dachte, man bekommt das erste Dutzend Likes automatisch, gewissermaßen als Motivationshilfe.

Der Mann war Engländer und hieß Jim. Gleich zu Beginn unserer Unterhaltung teilte er mir mit, dass er »ein stolzer UKIP-Wähler« sei. UKIP steht für *United Kingdom Independence Party*. Wie ihr deutsches Pendant, die AfD, gibt die *Partei des Unabhängigen Vereinten Königreichs* Ausländern oder den »abgehobenen Bürokraten in Brüssel« die Schuld für alles.

»Ich hab auf Baustellen gearbeitet«, erklärte Jim. »Vierhundert Euro hab ich am Tag gemacht, als Verputzer.« Er schnalzte verächtlich mit der Zunge. »Heute nicht mehr. Keine Chance. Die Zeiten sind vorbei. Wegen der ganzen Polen und Litauern, die mittlerweile in England sind. Jetzt krieg ich mit Glück vielleicht noch zweihundert Euro am Tag!«

»Ich versuche, Schriftsteller zu werden«, erzählte ich ihm. »Früher habe ich zweihundert Euro für einen Artikel bekommen, inzwischen sind es eher null Euro pro Artikel. Da fällt mir auf: Auch das Internet ist voll von Polen und Litauern. Kann das Zufall sein?«

Jim hatte keinen Sinn für meinen Sarkasmus. »Das ist das Problem mit euch Liberalen. Ihr dürft die Bösen nicht beim Namen nennen. Ihr weigert euch zu sagen, wie es ist. Ihr habt zu viel Angst.«

Ich nahm einen Schluck von meinem Bier. Jim schaute mich unverwandt an, während er mit seiner Polemik fortfuhr. »Es darf kein Schwarz und Weiß geben, stimmt's? Alles ist ein einziges graues, politisch korrektes Wischiwaschi.«

Ich mochte ihn nicht. »Das kann man so nicht sagen. Ich will einfach nur wirklich sicher sein, dass etwas weiß oder schwarz ist, bevor ich es so nenne – oder abzuschieben versuche.«

Im weiteren Verlauf unserer dreißigminütigen Unterhaltung wollte ich ein paarmal einfach aufstehen. Jim mit den immer unangebrachteren Dingen, die er von sich gab, sitzenlassen. Er war in jeder denkbaren Hinsicht im Unrecht. Er war ein schlechter Mensch. Nun ja, zumindest war er ein schlechter Dichter.

Und doch blieb ich ...

Ich blieb sogar, als er – ein Engländer, der sich im Berliner Multikulti-Stadtteil Kreuzberg auf Englisch mit einem anderen Engländer unterhielt – ohne einen Anflug von Ironie sagte: »Ich glaube nicht an offene Grenzen. Die EU ist doch ein Witz.«

Ich weiß nicht, warum ich blieb. Vielleicht empfand ich es als meine Pflicht, diesem Mann den Weg aus seiner Ignoranz zu zeigen. Ihm zu beweisen, dass er auf der falschen Seite der Geschichte stand. Abgesehen davon: Obwohl es eine schlechte Unterhaltung war und ich mal wieder die meiste Zeit Vorwürfe zu hören bekam, dauerte sie schon deutlich länger als fünf Minuten. Sie war hervorragend für meine Statistik, denn so lange hatte ich bisher mit keinem Fremden gesprochen. Das war doch etwas, oder? Ich hatte außerdem das Gefühl, dass ich dranbleiben und Menschen, deren Einstellungen meinen vollkommen zuwiderlaufen, nicht einfach ignorieren sollte.

»Ich mag die EU«, erklärte ich ihm. »Natürlich hat sie ihre Macken, wie jede große politische Organisation, aber ich glaube, dass offene Grenzen und Freizügigkeit eine Entwicklung in die richtige Richtung sind.«

Er feixte: »Du meinst in Richtung von mehr Verbrechen und weniger Arbeit?«

»Menschen begehen Verbrechen, wenn sie keine besseren Alternativen haben. Man sollte die Leute einfach dort hingehen lassen, wo sie hinwollen. Dieses ganze *Es ist unser Suezkanal, Es ist deren Tempelberg, Du kannst nur hierherkommen, wenn du dieses Stück Papier hast*... Ländergrenzen sind doch Unsinn, oder?«

Jim sah das offenbar anders. Er schlug mit der Faust auf den Tisch. Sein Gesicht war rot vor Zorn. Einen Augenblick lang dachte ich, er würde mich schlagen. Stattdessen stand er auf, leerte sein Glas und ging hinaus in die Nacht. Ich blieb allein am Tisch zurück – die Hände zu wütenden Fäusten geballt. *Er ließ mich hier sitzen?!?!* Was bildete der Kerl sich eigentlich ein? Ich hatte doch rausgehen wollen! Ich war der Gute. Der Tolerante. Derjenige, der nett zu seiner Mutter, kleinen Katzen und litauischen Verputzern war. Ich stand auf der richtigen Seite der Geschichte. Er war der Böse. Das musste ihm doch klar sein. Aber es sah nicht danach aus, als wäre ihm das klar.

Ein anderer Mensch fand mich abstoßend. So abstoßend, dass er noch nicht mal eine Unterhaltung mit mir führen wollte. Er musste mich genauso lächerlich gefunden haben wie ich ihn. Diese Erkenntnis machte mich schwindlig. Ich musste mich an dem Tisch, an dem ich mittlerweile allein saß, festhalten. Ich war mir immer absolut sicher gewesen, dass ich einer von den Guten war. Jetzt ging mir auf, dass das wahrscheinlich jeder schlechte Mensch von sich dachte. Hatte Jim recht? Traute ich mich einfach nicht, Schwarz als *Schwarz* zu bezeichnen und Weiß als *Weiß*? Wusste ich denn, wie es wirklich zuging da draußen in der Wirklichen Welt®?

Wie sollte das denn gehen, wenn ich den ganzen Tag auf meiner sicheren Couch lag?

Am Anfang meines Projekts hatte ich geglaubt, ich hätte nichts zu verlieren. Doch plötzlich fühlte ich mich sowohl meiner Würde als auch meiner Weltsicht beraubt. Es war an der Zeit, einige Dinge zu überdenken – vor allem die Frage, warum zum Teufel ich mich wegen eines dämlichen TED-Talks auf ein Gespräch mit einem rassistischen Fremden eingelassen hatte. Ich schüttete den Rest meines Biers runter, stand auf und stapfte verärgert nach Hause. Unterwegs sprach ich keine Fremden mehr an. Es war einfach zu gefährlich.

Außerdem musste ich packen ...

Haltet mal kurz die Welt an, ein Mitläufer will aussteigen

Istanbul (Türkei): Erdoğan, Chronische Englischkeit, Gezi-Park, öffentliche Zurschaustellung von Tapferkeit, (un-)entspannte Städtereisen

In dieser Nacht schlief ich schlecht. Ich fühlte mich verfolgt. Verfolgt von Jim, dem Rassisten. Es war wie die Heimsuchung durch den Geist der vergangenen Weihnacht aus Charles Dickens' *Weihnachtsgeschichte* – nur dass dieser Geist Ausländer hasste, eine Bomberjacke trug und talentfreier Lyriker war. Vor dieser Zufallsbegegnung war ich eigentlich immer davon überzeugt gewesen, dass die Nachwelt eines Tages positiv über mich urteilen würde. Mir bescheinigen müsste, im Großen und Ganzen vernünftig gewesen zu sein. Während ich mich nun im Bett hin- und herwälzte und versuchte, den Schlaf herbeizuzwingen, war ich mir meiner Sache nicht mehr so sicher.

Noch weniger sicher war ich mir am folgenden Nachmittag, als Annett und ich in einem Flugzeug Richtung Istanbul saßen, das giftige Dämpfe in die Luft blies. Kohlendioxid, das sicher für den Untergang der Malediven und das Verschwinden der letzten Pandas verantwortlich war. Annett hatte einen Gangplatz und schaute sich etwas auf ihrem Laptop an. Man kann das Mädchen aus dem Wohnzimmer holen, aber nicht das Wohnzimmer aus dem Mädchen... Ich tippte sie an.

Widerwillig setzte sie ihren Kopfhörer ab. »Was?«

Ich suchte nach den richtigen Worten. Sie kamen nicht.

»Jaaaaa...?«, fragte sie nach.

»Glaubst... glaubst du, dass ich einer von den Guten bin? Dass ich unterm Strich mehr Gutes als Schlechtes tue?«

Sie runzelte die Stirn. »Was ist denn das für eine Frage? Und was bedeutet das überhaupt: *gut*?«

»Na ja, dieser Kerl von gestern Abend geht mir nicht aus dem Kopf. Wenn eine höhere Macht auf die Erde käme, so eine Art Karma-Buchhalter...«

»Das ist ja ein ziemlich abgefahrenes Szenario, das du da entwirfst.«

»Ich meine das mehr hypothetisch. Also wenn es so käme, glaubst du, dass man mich als überdurchschnittlich guten Menschen einstufen würde?«

Annetts Grimasse zeigte, dass meine Fragerei ihr auf die Nerven ging. Das waren keine Annett-Fragen, weil sie sinnlos und nicht zu beantworten waren. Annett lebt im wunderbaren Reich der Praktikabilität. Sie hat das Erwachsenendasein voll im Griff. Es gibt nichts, das sie nicht optimieren kann. Sie hat Excel-Tabellen zur Verwaltung ihrer Excel-Tabellen. Sie dachte eine Weile über diese sinnlose und nicht zu beantwortende Frage nach. Es war, als würde ein Grashüpfer über einen Mikrowellenherd nachdenken.

»Du hast kein Ehrenamt, du spendest nichts, du wählst nur, wenn ich alles für dich vorbereite und dir sage, für wen du stimmen sollst. Du rufst deine Eltern bestenfalls alle sechs Wochen einmal an. Du bist ungefähr so politisch wie ein nasser Schwamm. Und in puncto Menschlichkeit bist du eigentlich das, was die Deutschen einen *Mitläufer* nennen. Was heißt *Mitläufer* auf Englisch?«

»Ich bin nicht sicher, ob ich das wissen will.«

Annett neigte ihren Kopf. »*Also-ran*, vielleicht? *Tag-along*?« Das tat weh. »Aua.«

»Soll ich weitermachen?«, fragte sie. Mittlerweile schien sie sich an dem Unbehagen zu weiden, das sie mir bereitete.

Meine Beziehung zu Annett funktioniert nach einigen wenigen Regeln: Absolute Ehrlichkeit ist die wichtigste. Ich finde das gut. Allerdings muss man sich genau überlegen, was man fragt. Das hatte ich versäumt. Als ich nichts mehr sagte, verstand sie den Wink mit dem Zaunpfahl und setzte ihren Kopfhörer wieder auf. Da saß ich nun auf meinem Mittelsitz und kämpfte mit meiner inneren Mittelstandszerrissenheit.

Schon kurz nach der Landung gab es erste Anzeichen, dass dies nicht die entspannte Städtereise werden würde, die wir im Sinn gehabt hatten: Ada, die Vermieterin unserer Airbnb-Unterkunft, hatte uns geschrieben.

Ada: »Hi, Adam. Der gesamte Nahverkehr ist lahmgelegt. Hier geht alles ein bisschen drunter und drüber. Der Taxifahrer soll mich anrufen, okay?«
Ich: »Wer hat ihn denn lahmgelegt? Wir steigen gerade ins Taxi…«
Ada: »Was glaubst du denn, wer ihn lahmgelegt hat? Der Taxifahrer soll mich anrufen.«

Ich hatte keine Ahnung, wer ihn lahmgelegt hatte. Es ist ja nicht so, dass der öffentliche Nahverkehr so etwas wie einen Hauptschalter hat, den man einfach umlegen kann, oder? Er ist ja keine Stehlampe.

Ich: »Der Taxifahrer sagt, er kennt die Adresse. Wir sehen uns gleich.«

Ada: »Er soll mich trotzdem anrufen, ich kann ihm sagen, welche Straßen noch offen sind.«

Ich: »Warum sind denn die Straßen geschlossen?«

Ada: »Schaust du keine Nachrichten? Hier sind große Demonstrationen.«

Ich schaue keine Nachrichten. Ehrlich gesagt, meide ich sie wie andere Menschen Cholesterin. Aber das ist nichts, das man an die große Glocke hängt. *Nein, Ada. Ich bin ein Mitläufer.* Ignoranz ist keine Auszeichnung.

Es gab noch einen weiteren Grund, der mich daran hinderte, dem Taxifahrer das Handy in die Hand zu drücken: Ich leide an einer Erbkrankheit mit dem Namen Chronische Englischkeit (C.E.). Aufgrund der C.E. ist es mir nicht möglich, anderen Menschen Umstände zu bereiten, und seien diese auch noch so klein. Einen Taxifahrer zu bitten, jemanden anzurufen? Unvorstellbar. Es war schließlich sein Job, eine Adresse zu lokalisieren und sie in einem motorisierten Fahrzeug aufzusuchen. Er war Logistikprofi. Zugegeben, er war ein vor sich hin murmelnder und ziemlich ungepflegter Logistikprofi mit Dreitagebart, schütterem Haar und nicht mehr ganz weißem T-Shirt. Aber ungeachtet seines Erscheinungsbildes war er unbestreitbar ein Logistikprofi. Ich konnte unmöglich die Qualifikation dieses Mannes in Zweifel ziehen, indem ich ihm unterstellte, dass er nicht über die aktuellen Straßenschließungen in dieser, *seiner* Stadt auf dem Laufenden war.

Doch je mehr wir uns Adas Wohnung näherten, desto offensichtlicher wurde es, dass weder er noch wir auf dem

Laufenden waren. Immer wieder bogen wir in Straßen ein, die von jungen Menschen in improvisierter Straßenkampfausrüstung blockiert wurden. Sie sahen aus, als wären sie unterwegs zu einem Reunion-Konzert der Achtziger-Jahre-Kultband Village People. Tatsächlich jedoch verbarrikadierten sie die Straßen mit alten Möbeln, Betonbrocken und Müll.

»Verdammte Idioten«, schimpfte der Taxifahrer. Er war wirklich gar nicht auf dem Laufenden.

»Wogegen protestieren diese Leute?«, fragte ich.

»Protestieren, ja«, antwortete er und warf zwei Frauen mit einer großen Regenbogen-Fahne einen vernichtenden Blick zu. »Verdammte Terroristen.«

Er war offensichtlich kein sehr netter Mann. Die wenigen englischen Brocken, die er kannte, spie er ärgerlich in meine Richtung. Auf Türkisch bellte er vermutlich nicht jugendfreie Wörter in die entgegengesetzte Richtung aus dem Fahrerfenster: an die Adresse von Fußgängern, anderen Autofahrern und unbelebten Objekten, die die Stirn hatten, sich uns in den Weg zu stellen. Unbelebte Objekte schienen ihn besonders zu verärgern.

»Diese Leute sehen nicht wie Terroristen aus«, sagte ich.

»Terroristen, ja«, stimmte er mir zu.

Ich hätte gerne weiter über diesen Punkt diskutiert, verkniff es mir dann aber doch. Denn er fuhr, als säße er in einem Gokart und hätte dank eines magischen Pilzes unendlich viele Leben. Ich dagegen hatte nur das eine, und laut Annett und einem Rassisten, den ich in einer Kneipe getroffen hatte, lebte ich nicht einmal das richtig. In je mehr Straßen wir einbogen, um sie umgehend wieder rückwärts zu verlassen, und je mehr Demonstranten wir sahen – mit ihren bemalten Gesichtern, gefärbten Haaren, zerrissenen Jeans und farbbespritzten Westen –, desto stärker wurde mein Eindruck, dass dies keine Terroristen waren. Vielleicht waren sie in diesem Konflikt sogar die Guten. Sind Demonstranten nicht praktisch immer die Guten? Das ergibt sich doch schon daraus, dass Protestieren weitaus mehr Anstrengung erfordert als Nicht-Protestieren:

	Demonstranten	Nicht-Demonstranten
Voraussetzungen:	Wut	keine
Aufwand:	hoch	keiner
Erforderliche Transparente:	viele	keine
Erfolgswahrscheinlichkeit:	gering	sicher

Unser Taxifahrer bog in eine weitere Seitenstraße ein, stand erneut vor einer improvisierten Barrikade und schimpfte laut: »Scheiße!«

»Wusstest du davon?«, fragte ich Annett, die auf dem Rücksitz ihre Schaulust auslebte.

»Ja, ich hab auf *Spiegel Online* davon gelesen. Aber ich wusste weder, dass die Proteste so groß sind, noch, dass wir in ihrer Nähe sein würden.«

Als uns dämmerte, dass wir dieselben Straßen bereits zum dritten Mal durchfuhren, überwand ich meine Hemmungen, rief Ada an und gab das Handy an den Fahrer weiter. Fünf Minuten später und fünf Stockwerke höher waren wir am Ziel.

Ada begrüßte uns an der Tür mit einer herzlichen Umarmung. Ein Außenstehender hätte meinen können, dass unsere Beziehung weit über den profanen Austausch von Geld gegen Wohnraum hinausging. »Ich war nicht sicher, ob ihr durchkommen würdet. Hattet ihr keine Angst?«

Annett und ich wechselten einen leeren Blick: Wir wären durchaus zu Angst in der Lage gewesen, wenn wir gewusst hätten, wovor wir Angst haben sollten.

»Angst vor den Protesten?«, fragte Annett. »Wir haben in Berlin auch jede Menge Demonstrationen.«

»Wirklich?«, fragte Ada, während sie uns die Diele und eine kleine, aber gut geschnittene Küche zeigte. »Hier ist die Stimmung gerade ziemlich aggressiv. Die Polizisten führen sich auf wie die Tiere. Ihr solltet vorsichtig sein.«

»Wir werden uns nicht hineinziehen lassen«, versicherte ich ihr auf dem Weg in Richtung Wohnzimmer. »Wir wollen nur ein paar Tage Urlaub machen. Ganz entspannt.«

Sobald die Wohnungsbesichtigung beendet war, ließen wir uns auf das riesige marineblaue Ecksofa fallen. Es war hier eigentlich wie daheim – nur mit mehr Regenbogenfahnen.

»Worum geht es bei den Demonstrationen?«, fragte ich, während Ada uns aus einer leuchtend roten Kanne Tee einschenkte.

»Es ist kompliziert«, antwortete sie. »Spezielle Dinge, aber auch allgemeine Dinge. Ich glaube, es ist vor allem das Gefühl, dass Erdoğan die Türkei in einen islamischen Staat wie Saudi-Arabien verwandeln möchte. Sie haben sogar versucht, das Küssen in der Öffentlichkeit unter Strafe zu stellen! Könnt ihr euch das vorstellen?«

Ada war Ende zwanzig. Sie hatte kurzes Haar, das auf einer Seite komplett abrasiert war. Jedes Ohr war mindestens sechsmal gepierct, auf ihren Hals war ein Fisch tätowiert.

Wenn sie ihre Wohnung vermietete, übernachtete sie bei ihrer Freundin, die in der Nähe ein Restaurant betrieb. Sie passte ungefähr so gut in einen islamischen Staat wie ich in ein italienisches Frauenkloster. Ich konnte nachvollziehen, warum sie protestierte: Sie hatte eine Menge zu verlieren.

Adas Telefon piepste. »Oh, Scheiße. Ich muss gehen«, sagte sie und ließ skrupellos ihren Tee verwaisen. »Ich schlafe seit ein paar Tagen mit Freunden im Gezi-Park. Es gibt neue Entwicklungen.« Es klang bedrohlich, wie sie das Wort Entwicklungen aussprach. »Vielleicht habt ihr ja Lust, nachher mal vorbeizukommen?«

Was wir als Antwort murmelten, sollte zeigen, dass wir durchaus in Betracht zogen, diese Idee zu realisieren – und gleichzeitig implizieren, dass dies niemals geschehen würde. Engländer sind die Beethovens dieser eigentümlichen Symphonie, doch nach mehreren Jahren geduldigen Beobachtens und Übens hat es auch Annett zu einer gewissen Meisterschaft gebracht.

Als Ada aufbrach, war ihr Gesicht merklich blasser. Annett und ich feierten dennoch unsere Zweisamkeit und platzierten ein paar weitere Körperteile auf dem Sofa. Es war sehr bequem. Kurze Zeit später waren von draußen ziemlich laute Schläge zu hören. Als würde ein Schlagzeuger ohne Rhythmusgefühl begeistert lostrommeln. Der Lärm wurde größer, je näher wir dem Balkon kamen. Als wir ins Freie traten, hatten wir einen atemberaubenden Panoramablick. Wir sahen von hier oben mindestens hundert andere Balkone, auf denen Menschen mit Kochlöffeln auf Töpfe und Pfannen schlugen. Es war unglaublich, wie ein gigantisches Kochgeschirr-Orchester. Eine Art Kochtopf-La-Ola. Auf dem Balkon schräg unter uns erschien ein kleines Mädchen von höchstens fünf Jahren mit einem Pfannenwender in der Hand. Neben ihr stand ihre Mutter. Sie beugte sich zu der Kleinen runter und hielt ihr eine Kasserolle hin. Das Mädchen begann, mit großer Hingabe darauf einzuschlagen. Ab und zu traf sie sogar. Es war großartig: So einfach, effektiv und unkompliziert konnte Protest sein.

»Sollen wir mitmachen?«, fragte ich Annett.

»Ich weiß nicht. Wir wissen doch gar nicht genau, für was sie trommeln.«

Ich wollte Annett nichts von meiner Theorie erzählen, nach der Demonstranten immer recht haben. Immerhin hatte sie in der Vergangenheit schon des Öfteren eine unselige Neigung zu faktenbasierter Argumentation gezeigt. Ich dagegen komme eher aus der anekdotischen Richtung.

Wir schlossen uns nicht an, schauten aber mit Vergnügen und Bewunderung zu, während wir das Geschehen mit einer Vielzahl positiver Adjektive kommentierten. Später erfuhren wir, dass diese Form des Protests in der Türkei eine lange Tradition hat. Der Lärm verebbte nach ein paar Minuten, woraufhin die Leute wieder in ihre Wohnungen gingen. Unserer Unterhaltung beraubt, verließen wir die Wohnung, um essen zu gehen.

»Sollen wir mal nachsehen, was im Park los ist?«, fragte Annett.

Ich kratzte mich am Bart. »Das klingt alles ziemlich heftig. Willst du denn dahin?«

»Ich glaube, ich will vor allem was essen.«

Ich lächelte. »Das klingt mehr nach meinem Geschmack. Lass uns doch durch die kleinen Gassen schlendern. Vielleicht finden wir was, wo wir draußen sitzen können.«

Einmal vor der Tür wurde uns schnell klar, dass das Leben

in Istanbul auf der Straße abläuft. Kinder spielen Fußball, treffen parkende Autos und rennen weg, wenn die schimpfenden Besitzer auftauchen und ihnen eine Tracht Prügel androhen. Ältere Menschen in höher gelegenen Wohnungen lassen Eimer an Seilen herunter, die von ihren jüngeren und mobileren Nachbarn mit Gemüse und Obst gefüllt werden. Die Leute fahren mit ihren Mopeds bis direkt vor die Türen der Restaurants, werden von ihren Freunden mit Küsschen begrüßt und paffen an einer Shisha. Vermutlich liegt das daran, dass die Istanbuler um ihr gutes Wetter wissen – das macht sie sehr entspannt. Morgen wird sicher wieder die Sonne scheinen. Und übermorgen? Sieht auch ziemlich gut aus.

Wir schlenderten durch ein paar Seitenstraßen. Unser Kompass war die typische Touristenmethode *Welche Straße ist die schönste?*. Wir bogen um die Ecke und hatten gerade ein nettes, kleines Café mit blaugemusterten Mosaiktischen entdeckt, als ich plötzlich ein Brennen in meinem Hals verspürte. Ich hustete.

»Was riecht denn da so komisch?«, fragte Annett und fing im gleichen Atemzug ebenfalls an zu husten.

In diesem Moment rannte vor uns eine Gruppe Demonstranten aus einer Gasse. Einer von ihnen blieb kurz stehen, um sich eine milchige weiße Flüssigkeit ins Gesicht zu gießen. Wir drückten uns in einen Hauseingang, um sie passieren zu lassen. Vier Polizisten in voller Schutzmontur kamen um die gleiche Ecke und stürmten hinter den Demonstranten her. Wir standen noch immer gegen die Hauswand gepresst, als einer der Polizisten einen zischenden Behälter in Richtung der Flüchtigen warf. Er prallte von einer Wand ab und landete ein paar Meter rechts von uns. Leicht schwankend trabten die Polizisten mit ihren klobigen Helmen, Schilden und Gasmasken an uns vorbei. Die Wolke aus dem Wurfgeschoss breitete sich rasch aus. Nur ein paar Sekunden, und das Gas schnürte uns die Kehle zu. Es brannte höllisch.

Ich war noch nie zuvor mit Tränengas in Berührung gekommen – wenig verwunderlich, wenn man bedenkt, wie selten ich das Haus verlasse. Es fühlt sich an wie eine Mischung aus Ertrinken und Verbrennen: eine ausgesprochen unangenehme Erfahrung.

Adrenalin schlug auf unsere inneren Kochtöpfe ein... Sollten wir kämpfen oder fliehen? Rennen. Nur weg von hier. Wohin? Egal. *Los...*

Wir rannten weg von den Demonstranten und Polizisten. An der nächsten Ecke standen noch mehr Polizisten, hinter denen wir einen Demonstranten erkennen konnten, der gerade einen Stein in ihre Richtung warf.

Dann vielleicht doch lieber nicht in diese Richtung.

Immer noch rennend – was gar nicht so einfach ist, wenn man versucht, nicht zu atmen –, erblickten wir zu unserer Linken eine offene Hofeinfahrt und hasteten hindurch. Die Welt war plötzlich sehr schmal geworden: Meine zugeschwollenen Augen gaben nicht mehr als zwei Schlitze frei. Hinter uns kamen auch ein paar Demonstranten in den Hof, die nicht weniger mitgenommen waren als wir. Sie schlossen die Pforte und verschwanden in einem Hauseingang. In der Hoffnung, dass die Luft im Inneren weniger beißend sein würde als hier draußen, folgten wir ihnen. Wir fanden uns wieder in einer Bar, wo die Tresenkraft klaglos die Rolle eines Lazarettpflegers übernommen hatte. Bei unserem Anblick eilte der Barkeeper sofort herbei und spritzte uns etwas von der geheimnisvollen milchigen Flüssigkeit ins Gesicht.

»Das würde helfen«, erklärte er in gebrochenem Englisch. Es half tatsächlich. Unsere Augen öffneten sich wie Blüten in der Sonne, und wir nahmen unsere Umgebung zum ersten Mal richtig wahr. Wir waren in einer alternativen Bar gelandet, an deren Wänden handgeschriebene Parolen prangten. Die schweren purpurroten Vorhänge schirmten den dunklen Raum perfekt gegen die politischen Explosionen ab, die sich draußen auf der Straße ereigneten. Überall waren Demonstranten, die sich gegenseitig Erste Hilfe leisteten, Wunden verbanden, Informationen austauschten, Angehörige anriefen und auf Fernsehgeräten an der Wand die Nachrichten verfolgten. An der Theke bestellten wir uns etwas Starkes für unsere geschwächte Konstitution. Schließlich war ich so politisch wie ein nasser Schwamm und hatte mich auf einer entspannten Städtereise gewähnt. Wie hatte die Sache so schnell aus dem Ruder laufen können?

Die Demonstranten setzten uns darüber ins Bild, was passiert war. Die Polizei versuchte gerade, das Protestlager im Gezi-Park zu räumen, wo Hunderte Menschen campierten. Jeden Tag waren Tausende weitere gekommen, um sie zu unterstützen. Jetzt hatte die Regierung genug und ließ die Peitsche knallen. Die Polizei hatte den klaren Auftrag, die Kontrolle über den Park zurückzuerobern. Die Demonstranten leisteten Widerstand. Es kam zu Gewaltausbrüchen, und die Scharmützel breiteten sich in die umliegenden Straßen aus – so auch in die Gasse, in die wir zufällig hineingestolpert waren.

Wir leerten unsere Drinks, dankten den Barkeepern, wünschten den Demonstranten Glück, öffneten die Tür und schnüffelten wie Hunde vorsichtig hinaus ins Freie. Nachdem wir festgestellt hatten, dass sich die Luft einigermaßen atmen ließ, schlichen wir weiter in den Innenhof. Der Appetit war uns vergangen. Wir beschlossen, uns in unsere sichere Unterkunft zurückzuziehen.

Zwei Ecken weiter stoppten wir vor einer brennenden Barrikade, auf die ein Mannschaftswagen der Polizei zuraste. Wir rannten zurück, um das Hindernis in weitem Bogen zu umgehen. Verirrt und vollkommen planlos, fanden wir uns wenig später auf der İstiklal Caddesi (Unabhängigkeitsstraße) wieder, eine der Hauptgeschäftsstraßen des Stadtteils Beyoğlu. Sie läuft direkt auf den Taksim-Platz zu, der seinerseits zum Gezi-Park führt. Die Straße war voller Demonstranten, die sich in kleinen Gruppen sammelten und mit improvisierter Straßenkampfmontur ausrüsteten: Bauarbeiterhelme, Schutzbrillen, Atemmasken und Anti-Tränengas-Milchshakes. Von der İstiklal-Straße aus würden sie auf den Taksim-Platz vorstoßen, auf die Polizei treffen, mit Tränengas attackiert werden, sich zurückziehen, ausruhen und erneut losziehen. Aus Angst vor Ausschreitungen verschlossen die Ladenbesitzer gerade hektisch ihre Schaufenster mit Rollläden und Gittern. Neben uns tauchte auf einmal ein junger Mann mit einem Pappkarton auf.

»Gasmasken«, rief er, »wer möchte Gasmasken!«

Unwillkürlich mussten wir über diese Geschäftstüchtigkeit lachen. Das war wirklich mal ein innovativer Pop-up-Store.

»Das ist ganz normal im Nahen Osten«, sagte der Verkäufer. »Das Geschäft geht vor.«

Wir kauften jeder eine Gasmaske. Es waren keine wirklichen Gasmasken, sondern mehr so weiße Atemschutzmasken, die Maler und Heimwerker benutzen – oder eben Touristen, deren entspannte Städtereise anders als erwartet läuft.

Wir verfolgten das Geschehen mit einer Mischung aus Erstaunen, Angst und Unsicherheit. Und wir waren nicht die Einzigen. Mit uns waren zahlreiche andere Menschen auf den Straßen unterwegs, die ihren alltäglichen Geschäften nachgehen wollten. Wie wir waren sie zwischen die Fronten geraten, und sie wussten ebenso wenig, wie sie mit heiler Haut wieder hier rauskommen sollten.

Ich schaute zu Annett neben mir, die mit aufgezogener Maske unsere Karte studierte. »Das läuft ja nicht besonders gut«, sagte sie. Ihre gedämpfte Stimme war in dem Geräuschpegel aus Sirenen und Protestrufen kaum zu verstehen. Das Weiße in ihren Augen war nicht mehr weiß. Plötzlich kehrte dieser Geruch zurück. Die Menschen begannen, sich rasch in unsere Richtung zu bewegen.

»Ich hab keine Ahnung, welche Richtung sicher ist«, sagte ich, »aber ich war vorhin auf der Couchsurfing-Seite. Die veranstalten heute ein Treffen in der İstiklal-Straße, und zwar in einer Bar über diesem Restaurant mit dem blauen Schild. Warum gehen wir nicht dorthin und warten, bis alles vorüber ist?«

Damit wären wir zumindest weg von der Straße. Außerdem gehen Annett und ich regelmäßig zu Couchsurfing-Treffen, wenn wir unterwegs sind, um Einheimische kennenzulernen. Beziehungsweise taten wir das, als wir noch regelmäßig reisten. Unter der angegebenen Adresse fanden wir eine verbeulte Metalltür, auf der der Name der Bar stand. Die Bar selbst befand sich im dritten Stock. Es war eins dieser absichtlich schäbig gehaltenen Lokale mit nicht zusammenpassendem Mobiliar, die auf Teufel komm raus und ohne Erfolg so tun, als wäre dieser Eindruck keine Absicht. Im Hintergrund lief Reggae.

Es waren circa zwanzig Gäste in der Bar. Die Couchsurfing-Gruppe hatte sich auf die Plätze vor den drei großen Fenstern verteilt. So hatten sie einen ungestörten Blick auf das Drama des Unmuts, das auf der İstiklal-Straße gespielt wurde.

Von unseren Plätzen aus konnten wir sehen, wie ein Demonstranten-Block von einer Front schildbewehrter Polizisten zurückgedrängt wurde. Hinter ihnen schoss der Strahl des Wasserwerfers, angereichert mit weiteren Tränengasgranaten, in Richtung der Menschen. Ein Demonstrant hob eine der zischenden Gasgranaten auf und warf sie zurück in Richtung der Polizei.

»Ich glaub es nicht«, sagte eine junge Inderin. »Das ist ja wie im Film.«

»Worum geht es überhaupt bei den Protesten? Ich meine, ich weiß, dass diese Leute Anti-Erdigen sind«, fragte ein Kanadier mit roter Baseballkappe.

»*Erdoğan*«, korrigierte ein hagerer Eiheimischer mit Vollbart, der sich als Ahmed vorstellte. Auf seinen rechten Zeigefinger war ein kleines As tätowiert. »Erdoğan ist ein...« Er wandte sich hilfesuchend an seine Freundin, ein türkisches Mädchen mit dicker, rotgerahmter Brille. Sie soufflierte ihm eine Übersetzung. »Ein *Tyrann*«, sagte er. »Zuerst wollte er aus dem Park eine dämliche Einkaufszone machen – noch eine.«

»Aber es hat schon früher angefangen«, unterbrach das Mädchen, »er versucht, das parlamentarische System zu verändern, damit er an der Macht bleiben und Abtreibungen verbieten kann. Er ist schrecklich.«

Die folgenden Stunden verbrachten wir vor diesen Fenstern, schauten hinaus, redeten mit den Couchsurfern, tranken, um unsere Nerven zu beruhigen, und waren tief beeindruckt von der Tapferkeit und Entschlossenheit der Protestierenden auf der Straße unter uns. Sie liefen sehenden Auges in eine Konfrontation mit bewaffneten Polizisten, wohl wissend, dass man sie mit Tränengas besprühen, mit Wasser beschießen, verprügeln, mit Gummigeschossen verletzen oder verhaften würde.

Wir wurden Zeugen vieler absurder Momente: Aus einer Rauchwolke tauchte etwa plötzlich ein kleiner Junge im Kinderwagen auf, geschoben von seiner verzweifelt rennenden Mutter. Mutter und Kind trugen die gleichen Bauarbeiterhelme, Atemschutzmasken und Schutzbrillen. Der Helm des Jungen war viel zu groß und verschluckte fast seinen ganzen Kopf. Er hielt ihn mit einer Hand hoch, und seine kleinen Augen spähten darunter hindurch. Dabei machte er einen vollkommen ruhigen Eindruck. Als wäre er auf dem Heimweg von einem Zoobesuch. In gewisser Weise war er das ja auch – allerdings kam er aus dem Menschenzoo.

Nach Einbruch der Dunkelheit war nur noch schwer zu erkennen, was vor sich ging. Irgendwann wurde ein alter Sessel angezündet, der schnell in Flammen aufging, während drei oder vier Demonstranten triumphierend um ihn herumtanzten. Die beiden Einheimischen in unserer Zuschauergruppe ärgerten sich. »Das ist nicht richtig, Mann«, sagte Ahmed. »Wir müssen anständig protestieren. Sonst sind wir nicht besser als *die*.«

Ein Mann, der ein paar Einkaufstüten in der Hand hielt, tauchte neben dem brennenden Sessel auf. Er sah aus, als wäre er in einem dieser neuen Shoppingcenter einkaufen gewesen und hätte sich auf dem Weg in die Tiefgarage verlaufen. Er stellte seine Tüten ab, zog sein Smartphone raus und schoss mit dem Feuer im Hintergrund ein paar Selfies, während er mit der freien Hand gestikulierte, als wäre er ein Gang-Mitglied.

»Autsch, das ist ja zum Fremdschämen«, stöhnte Annett und rieb sich die Stirn.

Der Mann hob seelenruhig seine Plastiktüten auf und ging weiter.

»Diese Leute sind verrückt«, sagte Andrea, ein Argentinier, der mit uns am Fenster stand. Er hatte durchdringende Augen, die einen zu lange anschauten und zu tief bohrten. Er schien von dem, was wir sahen, am tiefsten betroffen. Ich beschloss, ihm einen Drink auszugeben, wenn ich von der Toilette zurückkam. Vielleicht würde ihn das ein wenig aufheitern. Mein Adrenalinspiegel war inzwischen ein wenig gefallen. Ich fühlte mich hier oben, in der Sicherheit der Bar, erstaunlich gut, und bewunderte weiter die Demonstranten und ihre Bereitschaft, für ihre Überzeugungen einzustehen. Für all das, was ihrer Meinung nach nötig war, um ihr Land besser zu machen. Sie waren keine Mitläufer.

Auf der Toilette bemerkte ich, dass die schmalen, rechteckigen Fenster zerbrochen waren und die giftigen Dämpfe von außen hereinließen. Ich trug immer noch die Atemschutzmaske um den Hals. Vorsichtig schnüffelte ich in jede der drei Kabinen hinein. Welche würde meiner Gesundheit am wenigsten Schaden zufügen? Dann brachte ich meine Maske wieder in Position. Als ich mich zu den Klängen der Straßenproteste erleichterte, kratzte es in meinem Hals.

Es klingt jetzt vielleicht wie ein Klischee, aber ich fühlte mich in diesem Augenblick sehr präsent. Alles andere war plötzlich egal. Ich fühlte mich ... interessiert. Ich war ein Teil von etwas Größerem. Ich lag nicht auf unserer Couch.

Dann gab ich die Drinks aus. Andrea nickte wortlos zum

Dank. Öffnete seinen Mund. Schloss ihn wieder. Nickte noch einmal. Nahm einen Schluck Bier. Kratzte sich am Kopf. Runzelte die Stirn. Blickte tief in unsere Seelen und war enttäuscht.

»Ich kapier's nicht, Mann«, sagte er schließlich. Er deutete in Richtung Fenster. »Ich versteh das nicht. Nichts davon. Dieses Land. Politik. Die ganzen Konflikte. Ihr kommt aus Deutschland, oder? Deutschland hat an zwei Weltkriegen teilgenommen und beide verloren. Argentinien an *null*. Trotzdem ist Deutschland heute eine der größten Wirtschaftsmächte der Welt ... und ... wir sind *nichts*. Wir kämpfen gegeneinander, gegen unsere Politiker – genau wie hier, in der Türkei. Versteht ihr?«

Wir verstanden.

»Warum sind nicht *wir* Deutschland, und *ihr* seid Argentinien? Oder die Türkei? Oder Aserbaidschan? Oder Nordkorea? Warum gibt es ein paar Länder, die funktionieren, während in den anderen bloß Chaos herrscht?«

Das war eine gute Frage. Ich dachte während der nächsten ein, zwei Stunden am Fenster darüber nach. Wieder eine dieser Fragen, die man gar nicht beantworten kann. Eigentlich waren es eher tausend Fragen auf einmal, die in eine viel zu enge Schublade gequetscht worden waren. Mit einem hatte Andrea auf jeden Fall recht: Auf jedes beliebte Exponat im Menschenzoo – ob New York, die Pyramiden, die Chinesische Mauer, das Great Barrier Reef oder Rom –, das 99 Prozent Aufmerksamkeit, Bewunderung und Tourismus für sich verzeichnen kann, kommen Dutzende Länder, Tausende Städte, Hunderte Millionen von Menschen, die *da draußen* leben: weit, weit weg, an Orten, von denen man kaum je etwas mitbekommt. Wo die übliche Rechnung *Menschen + Ressourcen/Zeit = funktionierende Gesellschaft* überhaupt nicht mehr aufgeht. Es liegen Welten zwischen dem Leben dort und dem Wohlstand, der Freiheit und der (relativen) Gleichheit, die wir in Deutschland genießen.

Inzwischen war es nach Mitternacht. Auf den Straßen sah man weniger Protestierende. Offenbar hatte die Polizei jetzt mehr Erfolg dabei, all diejenigen, die nicht schnell genug fliehen konnten, zusammenzutreiben und zu verhaften. Wieder kamen große Mengen Tränengas zum Einsatz. Viele der Demonstranten sammelten die leeren Tränengasgranaten ein und nahmen sie mit – vermutlich als Andenken. Direkt unter unserem Fenster warf ein Polizist mit Gasmaske eine Granate in Richtung einer kleinen Gruppe Demonstranten, die sich gerade zurückzog. Das Geschoss prallte von einer Hauswand ab und fiel hinter eine überquellende Mülltonne auf der anderen Seite der İstiklal-Straße. Niemand schien davon Notiz zu nehmen.

Als wir das nächste Mal auf die Uhr schauten, war es 1.30 Uhr. Aufgeputscht durch all das Adrenalin hatten wir das Abendessen, zu dem es nie gekommen war, schon lange vergessen. Wir standen nebeneinander am Fenster der Bar. Das Chaos draußen hatte sich ein wenig beruhigt.

»Sollen wir uns verdrücken?«, fragte Annett.

Ich kaute an meiner Lippe. »Das Problem ist«, sagte ich mit Nachdruck, »dass die Polizei inzwischen jeden, der jetzt noch draußen herumläuft, für einen Demonstranten hält. Wir müssten die İstiklal überqueren, um zurückzukommen – und da ist noch ziemlich was los. Ich glaube nicht, dass wir das schaffen.«

»Ja, wir müssen einen anderen Weg finden.«

Ich nickte. »Wenn du bereit bist, bin ich dabei. Wir können versuchen, eine weite Schleife zu laufen.«

Beklommen standen wir auf und verabschiedeten uns vom Rest der Gruppe. Die anderen verzogen missbilligend das Gesicht. Sie gaben uns mit Gesten zu verstehen, dass wir das nicht tun dürften. Wir sollten uns hinsetzen. Abwarten, bis es vorbei ist. Wir dankten ihnen für ihre Anteilnahme, erklärten, dass uns schon nichts passieren würde, verabschiedeten uns erneut und gingen in Richtung Ausgang. Die Tür war verschlossen. Der Barkeeper kam hinter dem Tresen hervor und gestikulierte wie die anderen. Auch er wollte uns am Hinausgehen hindern.

»Nicht sicher«, sagte er.

»Das wissen wir.«

Er zeigte hinter sich: »Hierbleiben.«

Ich deutete in eine Richtung, weg von der İstiklal-Straße: »Es ist okay, wir werden den Kämpfen aus dem Weg gehen.«

Es war rührend – er schien ehrlich besorgt um uns. Seit unserer Landung in Istanbul waren alle Menschen uns freundlich und entgegenkommend begegnet. Nun ja, abgesehen von den Leuten, die uns mit Tränengas bombardierten oder Dinge in unserer Umgebung in Flammen setzten. Aber das hatten sie sicher nicht persönlich gemeint.

»Danke, aber wir kennen die Risiken«, sagte Annett, »uns wird schon nichts passieren.«

Der Mann ließ seinen Blick auf den Boden sinken. »Okay«, sagte er schließlich, »aber geht in diese Richtung.«

»Ja, in diese Richtung«, bestätigte ich und zeigte ebenfalls in die Richtung seines ausgestreckten Zeigefingers.

Das Treppenhaus trug noch das aromatische Parfum des Abends: *Eau de Rébellion*. Auf der Straße wandten wir uns nach links – so, wie wir es allen anderen versprochen hatten.

»Moment«, rief ich Annett quer durch den Rauch einer in der Nähe brennenden Mülltonne zu.

Sie hob ihre Maske an: »Was?«

Ich drehte mich um und schaute in die andere Richtung.

»Warte hier, es dauert nur eine Minute.«

Bevor sie die Chance hatte zu protestieren, rannte ich zurück in Richtung İstiklal-Straße. An der Ecke warf ich einen schnellen Blick nach links und rechts. Zu meiner Linken, etwa hundert Meter von mir entfernt, stand ein Polizeifahrzeug. Die Luft war rauchgeschwängert, meine Augen tränten, und ich sah verschwommen. Auch wenn es dumm war ... aber aus irgendeinem Grund wollte ich unbedingt eine Tränengasgranate haben. Und zwar die, die hinter die Mülltonne auf der gegenüberliegenden Straßenseite gefallen war. Als ich den Eindruck hatte, dass es sicher genug war, rannte ich hustend aus meiner Deckung hinaus. Die Luft war eine wahre Giftsuppe. Nur ein paar Meter vor mir sah ich die Mülltonne ...

Hinter ihr glänzte ein metallisches Objekt. Meine Lungen schrien um Gnade. Ich hielt mich an der Mülltonne fest, um nicht umzukippen, bückte mich und spürte das kühle Metall in meiner Hand. Sie lag noch da. Ich hatte sie. Ich hätte nicht sagen können, warum ich sie unbedingt haben wollte, aber zur Klärung dieser Frage würde später noch genug Zeit sein: in rückblickendem Bedauern. Denn als ich den Behälter aufhob, erkannte ich trotz meiner verschwommenen Sicht ein blau-silbernes Design, das mir irgendwie bekannt vorkam.

Nein, das konnte unmöglich sein. Oder etwa doch?

Ich hatte nicht meine Gesundheit aufs Spiel gesetzt und eine Verhaftung riskiert für ...

Niemand konnte so dumm sein, oder?

Ich hob das Ding etwas höher.

Es war ... nicht richtig.

Es war ... zu schlank.

Es war ... keine Tränengas-Granate.

Es war ... *eine Red-Bull-Dose.*

Angewidert ließ ich die Dose fallen. Das war ein neuer Tiefpunkt. Ich zog mich auf dem gleichen Weg, wie ich gekommen war, zurück. Annett stand da, wo ich sie zurückgelassen hatte, die Hände in die Hüften gestützt, und versuchte zu begreifen, was ich da eigentlich gerade tat. Inzwischen hatten wir den größten Teil der İstiklal hinter uns gelassen. Wenn wir die nächste Straße nach links gingen, waren wir praktisch zu Hause – fünf oder sechs Minuten Fußweg, höchstens. Ich deutete in die entsprechende Richtung, und Annett rannte los. Wir rannten noch immer – mit zusammengepressten, tränenden Augen und nassen Wangen –, als uns aus ebendieser Seitenstraße plötzlich zwei Polizisten entgegenkamen, die einen Demonstranten verfolgten.

Annett wandte sich nach rechts, zurück in Richtung Bar, und ich folgte ihr. Sieben oder acht Häuser weiter entdeckten wir einen Obst- und Gemüseladen, der unglaublicherweise geöffnet war. Zumindest waren vier oder fünf Menschen im Inneren zu sehen. Wir versuchten, die Tür aufzumachen, aber sie war verschlossen. Ich beugte mich vor und bekam einen Hustenfall. Ein Mann Mitte sechzig mit einem ordentlich gestutzten grauen Bart schloss uns auf. Dann holte er zwei kleine blaue Plastikstühle, auf die wir uns setzen konnten. Die Demonstranten im Laden boten uns wieder etwas von diesen Demonstrations-Milkshakes an, und der Besitzer brachte uns rasch etwas Tee. Man musste in diesem Land nur sehr wenig tun, um Tee angeboten zu bekommen. Er wurde ohne jegliche Provokation verteilt.

Es war jetzt 1.45 Uhr.

»Ich kann immer noch nicht fassen, dass du mich da einfach stehengelassen hast«, sagte Annett wütend.

Ich wischte mir die Tränen aus den triefenden Augen. »Es tut mir wirklich leid. Aus der Bar sah ich eine Tränengasgranate hinter den Mülltonnen. Ich weiß, es ist dumm, aber ich wollte sie als Souvenir mitnehmen.«

Sie ließ das einige Minuten auf sich wirken. Offenbar kam meine Ehrlichkeit nicht allzu gut an.

»Wie konntest du nur so dumm sein? Das ist einfach nur ...«, sie machte eine Pause, »unglaublich dumm.«

»Ich weiß«, sagte ich und wich mit Hilfe des Fußbodens ihrem Blick aus.

»Und wo ist die Granate jetzt?«

»Es war eine ...« Ich machte mehrere Anläufe, die Geschichte zu erzählen, aber ich konnte es nicht, ohne einen Lachanfall zu bekommen.

»Oh mein Gott ... so viel Dummheit ...« Annett schaute mich von ihrem kleinen Plastikstuhl aus an und versuchte, wütend zu bleiben, aber es war einfach zu absurd. Es dauerte nicht lang, bis ihre ganze gereizte Fassade zu bröckeln begann und wir uns beide lachend die Tränen, die Milch, den Tee und wer weiß welche anderen Flüssigkeiten noch aus dem Gesicht wischten, ohne recht zu wissen, warum.

»Ehrlich gesagt – es war eine Red-Bull-Dose«, brachte ich schließlich heraus.

Sie hörte auf zu lachen.

»Idiot«, sagte sie mit großer Bestimmtheit – so wie der Sprecher eines Geschworenengerichts das Urteil »*schuldig!*«

verkündet. Die schwarze Situationskomik setzte sich nahtlos fort, als der Besitzer des Ladens hinter uns auftauchte und eine Salatgurke in die Luft hielt.

»Jetzt wäre doch der perfekte Zeitpunkt, um ein paar Gurken und Tomaten für euer Mittagessen morgen einzukaufen, oder?«

Im Nahen Osten macht das Business nie eine Pause.

Wir dankten ihm für den Tee und wagten uns gurken- und tomatenlos erneut hinaus in die Menschenmenge. Es war einfach nicht die richtige Zeit, um über unser morgiges Mittagessen nachzudenken. Abgesehen davon war schon längst morgen. Mit Hilfe unserer Karte nahmen wir einen weiten Umweg zurück nach Hause. Es war 3 Uhr, als wir ankamen, und wir waren immer noch zu aufgedreht zum Schlafen. Wir schalteten den Fernseher an und schauten Nachrichten. Es war ein komisches Gefühl, zur Abwechslung einmal selbst eine Nachricht zu sein.

Am nächsten Tag erreichten wir den Park gerade in dem Moment, als der letzte Abfall, den die Demonstranten hinterlassen hatten, in Müllautos geladen wurde. In den folgenden Tagen gab es noch weitere Demonstrationen – an ein paar nahmen wir sogar teil –, und wir spürten noch einige Male das Brennen und Zerren von Tränengas in unserem Nervensystem. Im Verlauf der zehntägigen Unruhen wurden mehr als achttausend Menschen verletzt und viertausendneunhundert festgenommen. Fünf Menschen starben. Hundertfünfzigtausend Tränengasgranaten wurden eingesetzt. Keine davon kam mit uns nach Hause.

Wir waren dennoch beide traurig, als wir nach Berlin zurückfliegen mussten. Es war ein krasser und interessanter

Trip gewesen. Wegen all der Aufregung und der Energie, die von den Demonstranten ausging, und wegen all der beeindruckenden Menschen, die wir trafen. Und dann aber auch wegen der eher ruhigen Aktivitäten am Ende unserer Reise, als wir uns dem üblichen Touri-Kram widmeten: mit der Fähre über den Bosporus schippern. Von einer aggressiven Frau in einem *Hammām* massiert werden. Die Architektur von Kirchen, Moscheen, Synagogen, Palästen und Basaren bewundern. Istanbul ist eine unglaublich charismatische Stadt, ein verführerisches Best-of aus Asien und Europa, aus Tradition und Moderne.

Als wir zu Hause an unserem Küchentisch saßen, die Rucksäcke schlaff zu unseren Füßen, sprudelte ich über vor Elan: Ich wollte gleich über unseren nächsten Trip reden.

»Weißt du, ich hab mir im August ein paar Wochen freigehalten«, fing ich an, »für die Deutschland-Rundreise. Und am Kühlschrank hängt noch die Liste mit all den Dingen, die wir in Berlin unternehmen wollten.« Im Hintergrund gurgelte die Kaffeemaschine. »Also, Istanbul war sicher nicht das, was ich ausgesucht hätte. Entspannung geht anders. Aber es war so faszinierend. All diese Energie.«

Annett schaute skeptisch. Ich zügelte meinen Enthusiasmus ein wenig. »Oh, äh, das soll natürlich nicht das Leiden der Menschen dort banalisieren.«

»Also, du bist ... Aber ich weiß, was du meinst. Es war wirklich intensiv. Ich bin froh, dass wir am Ende noch ein bisschen Touri-Programm machen konnten, aber ich glaube kaum, dass diese Dinge in meiner Erinnerung den gleichen Stellenwert haben werden.«

Ich beugte mich auf meinem Stuhl vor. »Und es geht auch nicht nur um Istanbul. Ich glaube, du hast recht. Ich häng hier nur auf Planet Adam herum. Ich hatte Glück mit meinen Webseiten und diesem ersten Buchvertrag, der mir einfach in den Schoß fiel. Ich hab einen Job, den ich von überall in der Welt machen kann. Und ich hab ein bisschen Geld. Die meisten Menschen würden töten für einen Job, wie ich ihn habe. Aber ich gammle hier nur rum, immer im gleichen Trott. Also ...«

»Oh nein«, sagte Annett und nahm vorsichtshalber schon einmal die Schutzhaltung ein, die einem im Flugzeug für den Fall eines Absturzes nahegelegt wird. »Das läuft jetzt doch hoffentlich nicht auf *Eat Pray Love* hinaus? Willst du losziehen und dich selbst finden?«

»Nein«, beruhigte ich sie. »Aber dieser Andrea hat recht – es gibt so viele verrückte Orte auf der Welt. Orte, wo kaum jemand hinfährt, um Urlaub zu machen. Ich würde gern ein paar mehr solcher Orte sehen. Vielleicht könnte ich diesmal ein Buch mit dem Titel *How to Be Human* schreiben – oder die Formel der Menschlichkeit finden.«

Annett lachte und verschüttete etwas von dem Kaffee, den sie gerade einschenkte. »Du hast echt das Ego eines Tyrannen. Ich bin mir allerdings nicht so sicher, dass es das gibt: die eine Formel der Menschlichkeit. Abgesehen von *Jeder macht, womit er durchkommt*.«

Ich zuckte mit den Schultern. »Ja, kann sein. Aber es ist einfach wichtig, dass ich mich wieder für etwas interessiere und dass ich diesem Interesse nachgehe. Ich sollte schauen, wo es mich hinführt – oder uns, wenn du mitmachen willst.«

»Du willst also die Deutschland-Rundreise absagen?«

»Wäre das für dich okay?«

»Hab ich denn eine Wahl?«

»Na ja, ich könnte auch allein los.«

Sie lachte spöttisch: »Du allein da draußen? Du kannst ja ohne Hilfestellung nicht mal ein Spiegelei machen.«

Eine Weile saßen wir schweigend da. Wahrscheinlich stellten wir uns beide vor, wie ich versuchte, ohne Hilfe ein Spiegelei zuzubereiten.

»Nee ... ich bin dabei«, sagte Annett schließlich, »aber wenn deine neuentdeckte Wanderlust damit endet, dass wir im Himalaya in einem Tempel knien und unser Qi in Einklang bringen, indem wir die vielen Namen des Einen Wahren Gottes rezitieren – dann bin ich draußen!«

Dass die superrationale Annett in eine derartige Situation geraten würde, war ungefähr so wahrscheinlich wie Commander Spock an einem Freitag, den 13., beim Wahrsager zu treffen. »Keine Sorge«, sagte ich. »Das wird nicht passieren. Und ich weiß auch schon, wo wir als Nächstes hinfahren.«

Danke, Jesus ... Plastikstühle

Kissi (Ghana): Das Evangelium vom Grünen Tee, Schnips-Shakes, Schwarzgebrannter

Zu Beginn der nächsten Szene sitzen unsere beiden Protagonisten noch immer am Küchentisch. Sie essen ein Nudelgericht, das der männliche Part zubereitet und der weibliche gerade kritisiert hat, weil »da die Leidenschaft fehlt«.

»Jetzt mach's nicht so spannend«, sagte Annett, der noch immer etwas Sauce auf der Oberlippe hing. »Wo willst du als Nächstes hin?«

Ich wackelte wild mit den Händen neben meinem Kopf und begann zu singen: »Aaa-fri-ka-ha.«

»Wenn du jetzt vorhast, einen auf *König der Löwen* zu machen, verlasse ich dich.«

Ich nahm die Hände wieder runter.

»Afrika ist ziemlich groß, hast du eine spezielle Gegend im Sinn?«

»Ich dachte an ... Ghana.«

»Ghana?! Wegen der Meurers?«

Manuel und Massimo Meurer sind zwei gute Freunde von uns, die für eine ghanaische Hilfsorganisation namens *Future Hope People* arbeiten, zusammen mit einem waschechten Ghanaer namens Djarbah. Annett hatte mich durchschaut:

Das war tatsächlich der Hauptgrund. Dazu kam, dass viele Menschen – darunter hoffentlich auch einige, die tatsächlich schon mal dort gewesen waren – Ghana als »Afrika für Anfänger« bezeichnen. Wir waren Anfänger. Das waren jetzt natürlich nicht die besten Argumente, um einen Tausend-Euro-Flug in ein Land zu rechtfertigen, von dem wir nichts wussten. Dennoch: Unsere Verbindung mit Ghana war stärker als mit jedem anderen afrikanischen Land. Außerdem waren wir zu alt dafür, einen ganzen Kontinent noch nie gesehen zu haben. Das musste sich ändern.

Annett schaute sich im Zimmer um, dann schaute sie an die Decke und stocherte schließlich erneut in ihrem unglaublich köstlichen Nudelgericht herum. »Ich kaufe den *Lonely Planet* für Ghana«, sagte sie und stand auf.

Ich blickte auf ihren halb geleerten Teller. »Willst du nicht erst mal fertig essen?«

Sie verzog das Gesicht. »Wie kommst du darauf, dass ich noch nicht fertig bin?«

Es stellte sich heraus, dass es gar keinen *Lonely Planet* für Ghana gibt, was mich wiederum in meiner Auffassung bestärkte, dass dieses Land genau das richtige für uns war. Stattdessen holten wir uns einen *Bradt-Travel-Guide* – bekanntermaßen das Nonplusultra für abseitige Reiseziele. Zwei Wochen und eine kursorische Lektüre später buchten wir die Flüge.

Ich schrieb Djarbah eine E-Mail mit einer Menge Fragen und erhielt auch bald eine Antwort, in der er nicht eine einzige davon beantwortete:

»Hallo Adams,
vielen Dank für deine Mail, aber die Verbindung ist heute so

schlecht. Ich melde mich morgen.
Gruß,
Djarbah«

In den nächsten Wochen hörte ich nichts mehr von ihm. Also fragte ich Manuel, ob Djarbahs sporadisches Kommunikationsverhalten normal war. Er erklärte mir, dass Djarbah für Internetzugang eine halbe Stunde in die nächstgelegene Stadt fahren musste. Das dortige Internetcafé arbeitete mit einem Hotspot, der über ein einziges Handy lief. Manchmal dauerte es fünfzehn Minuten, eine einzige E-Mail zu öffnen. Als ich das hörte, wünschte ich mir, ich hätte mir ein wenig mehr Mühe gegeben mit meiner Mail. Es muss wirklich nerven, so viel Zeit in das Öffnen einer Nachricht zu investieren, die voller Kommafehler ist. Als ich die Antworten auf meine Fragen erhielt, waren wir bereits in Accra, der Hauptstadt Ghanas, angekommen.

Ich glaube, diese ganzen »Afrika-für-Anfänger«-Sprüche waren daran schuld, dass wir uns Accra ganz anders vorgestellt hatten. So hatte ich wirklich eine Stadt erwartet. Vorgeblich ist Accra auch eine Stadt mit genügend Menschen, Gebäuden und Staus, um diesen Ehrentitel zu rechtfertigen. Die Gebäude sind aber ziemlich klein und willkürlich aneinandergereiht. Als hätte ein Kind mit LEGO-Steinen gespielt und es dann übertrieben, wirkt Accra, als wäre es durch übergroßen Enthusiasmus ruiniert worden. Ich fand es dennoch recht einladend.

»Djarbah?«, fragte ich, als ich im Innenhof des Hotels meine ghanaische SIM-Karte ausprobierte.

Eine Stimme dröhnte aus meinem Handy: »Adams?«

»Djarbah! Wir haben es geschafft, wir sind in Accra!«

»Oh, sehr gut. Wie gefällt es euch?« Djarbah hat eine majestätische Art zu sprechen. Gemächlich und schlendernd – wie gutgekleidete Senioren beim Sonntagsspaziergang.

»Es ist ... äh ...« Ich überging Kleinigkeiten wie die ständigen Stromausfälle und die drückenden Temperaturen oberhalb der 40-Grad-Marke. »Es ist ... sehr gut.«

»Gut, gut. Wann kommt ihr nach Kissi?«

»In zwei Tagen, am Dienstag. Ist das okay für dich? Wenn nicht, können wir auch länger hierbleiben ...«

»Dienstag – oh, sehr gut. Nehmt den Bus nach Takoradi und sagt dem Fahrer, dass ihr in Kissi aussteigen wollt. Ruft mich an, wenn ihr da seid.«

Am nächsten Tag besuchten wir den Strand im alten Teil von Accra. Dort gibt es ein kleines Waisenhaus. Einige der Kinder kamen heraus und rannten zwischen unseren Beinen herum. Sie probierten die paar Brocken Englisch, die sie beherrschen, an uns aus und taten all die niedlichen Dinge, die Kinder tun, bevor sie etwas Schreckliches anstellen.

Allerdings folgten sie uns nicht an den Strand. Das überraschte mich, doch wir sollten bald erfahren, warum. In den meisten Ländern ist ein Strand etwas, das die Menschen wertschätzen. Ein wirtschaftlicher Aktivposten, an dem man zum Beispiel eine Strandbar eröffnen kann. Das ist schließlich nur an einem Strand möglich. Eine Strandbar wiederum lockt Touristen an den Strand, die bekanntermaßen dazu neigen, die Schönheit der Natur mit einem farbenfrohen Cocktail in der Hand zu genießen. Diesen Touristen kann man dann das Geld aus der Tasche ziehen. Ein wahrhaft fairer Handel. In Ghana hat dieses Denken allerdings noch nicht Einzug gehalten. Als ich in dem warmen goldenen Sand stand, spürte ich etwas unter meinem Fuß. Etwas Matschiges. Es war eine Windel. Ich ließ meinen Blick den Strand entlangschweifen und entdeckte noch jede Menge weiteren Müll. Ghanas Strände sind im Grunde genommen riesige Außentoiletten, in denen der Ozean als eine Art natürliche Klospülung fungiert. Zumindest kurzfristig. Nach ein paar Tagen »Afrika für Anfänger« hielt sich unsere Lust auf den Fortgeschrittenenkurs in Grenzen. Vielleicht würden uns die ländlichen Gebiete mehr zusagen.

Am nächsten Tag gingen wir zum Busbahnhof – um postwendend festzustellen, dass es so etwas hier überhaupt nicht gibt. Stattdessen fanden wir uns inmitten eines riesigen Getümmels unter freiem Himmel wieder, das je nach Bedarf als »Markt« oder »Busbahnhof« bezeichnet wird. Wobei es natürlich keine zentrale Planung gibt, die eine derart hochtrabende bürokratische Nomenklatur rechtfertigen würde. Wir hatten in den letzten Tagen schon ein paar kleinere Exemplare solcher Getümmel gesichtet. Dieses hier jedoch schoss den Vogel ab – und versuchte anschließend, uns diesen Vogel zu verkaufen. Er saß in einem Käfig, den eine Frau in bunten Gewändern auf ihrem Kopf balancierte ... und die Frau war ziemlich beharrlich. Egal, wie oft wir ihr erklärten, dass wir kein Interesse an einem Vogel hatten, herzlichen Dank.

Um uns herum tanzten Tausende Menschen den Cancan der fliegenden Händler: Es gab Obst, Wasser, Autoteile, Gebäck und – natürlich – Vögel. Das Kuriose an ghanaischen Märkten ist, dass sie keine erkennbare Begrenzung haben. Wie aus dem Nichts tauchen sie vor einem auf. Und dann, bevor man überhaupt die Chance hat, sich zu entziehen, ist man plötzlich mittendrin und verbringt die nächste Stunde mit dem Versuch, wieder hinauszufinden.

»Das ist ein bisschen wild«, rief ich Annett zu, als ein vorbeischlitternder Motorroller meinen Fuß nur um wenige Zentimeter (definitiv im einstelligen Bereich) verpasste. Als Engländer neige ich in Stresssituationen zu Understatement, das ist so etwas wie eine kulturelle Schmusedecke.

Annett hatte sich auf die Zehenspitzen gestellt und versuchte, einen Blick über den Stand für Handyguthaben hinweg zu erhaschen, der uns die Sicht verstellte: »Es muss doch irgendeine Art von System geben, oder?« Aha, auch sie versuchte, auf ihre kulturelle Prägung zurückzugreifen.

Als uns beiden die Absurdität unserer Äußerungen klarwurde, blieben wir im Schutz eines riesigen roten Vodafone-Schirms stehen und gönnten uns eine kurze Lachpause. Noch ein Stand, der Handyguthaben verkaufte. Die Kundschaft bestand wahrscheinlich aus den Menschen, die sich im Getümmel verliefen und verzweifelt um Hilfe telefonieren mussten.

Schließlich fanden wir – mehr durch Glück als Orientierung – den Abschnitt des Getümmels, wo die Busse standen. Er lag gut hundert Meter von dem Bereich mit den Autoteilen entfernt, direkt hinter einem Gang mit Bücher- und Bibelständen. Eigentlich ganz logisch.

Mit den öffentlichen Verkehrsmitteln läuft es in Ghana ein wenig anders als bei uns. Es gibt zum Beispiel keine Fahrpläne. Busse sind einfach eine Zeitlang da, und wenn sich ihre Plätze gefüllt haben, sind sie wieder weg. Es gibt normale Busse und etwas größere Busse, die sogar eine Klimaanlage haben. Sie haben auch mehr Sitze, deshalb dauert es länger, bis sie voll sind. Außerdem gibt es Tro-tros, die jeder nehmen kann, dem es egal ist, ob man einen ganzen Sitzplatz bekommt oder nur einen halben – oder ob man die Hühner eines Mitreisenden auf den Schoß nehmen muss. Tro-tros sind Kleinbusse und stellen die lokale Alternative – quasi die Do-it-yourself-Variante – im öffentlichen Nah- und Fernverkehr dar: So regelt ein Kumpel des Fahrers die Schiebetür und das Ein- und Aussteigen der Leute. Als echter Multitasker verantwortet dieser Kumpel auch das Marketing, indem er immer wieder seinen Kopf aus der Seitentür streckt und den Namen der Endstation hinausruft. In vielerlei Hinsicht ist das Tro-tro mehr als einfach nur eine Beförderungsmethode. Die Fahrt allein ist schon fast eine Reise wert, denn sie bietet dem Fahrgast eine außerordentliche Menge an Unterhaltung für weniger als einen Euro. Andererseits sind Tro-tros auch meist überfüllt und haben keine Sicherheitsgurte: Die hohe Wahrscheinlichkeit zu sterben ist daher ebenfalls inklusive. Was wir, selbst für einen Euro, deutlich zu teuer fanden.

Wir entschieden uns für den großen Bus mit Klimaanlage. Kissi lag etwa drei Stunden entfernt an der Küste, und wir wünschten uns für die Fahrt ein wenig Komfort – und natürlich Sicherheitsgurte. Leider waren wir an diesem Tag die ersten Fahrgäste mit solchen Bedürfnissen und mussten bis zur Abfahrt auf eine ganze Busladung ähnlich vermögender und sicherheitsbewusster Menschen warten. Zumindest war es uns so möglich, das Getümmel auf dem Platz aus der sicheren Distanz unseres Bussitzes zu beobachten. Wenn es zu brenzlig wurde, konnten wir uns sogar anschnallen. Ganz außen vor waren wir dennoch nicht: Alle drei Sekunden kamen ein paar Händler an unser Busfenster, die uns etwas verkaufen wollten. Oft befand sich dieses Etwas auf ihrem Kopf. Noch öfter handelte es sich um Vögel.

Das Gute an Ghana ist, dass es immer Unterhaltung gibt. Das Schlechte an Ghana ist, dass man oft auf diese Unterhaltung angewiesen ist. Denn das, was man eigentlich machen möchte und was eigentlich ganz einfach sein sollte, ist hier alles andere als einfach. Also bleibt einem nichts anderes übrig, als herumzusitzen und das beschauliche und oft komische Nichtfunktionieren zu beobachten.

Während der Bus sich nach und nach füllte, stiegen wir gelegentlich aus, um uns die Beine zu vertreten. Wir lasen, hörten Musik und stritten uns über alles und nichts – was zwei Menschen eben tun, die schon eine Weile zusammen sind. Immer mehr Sitze um uns herum wurden von den entsprechenden Hinterteilen eingenommen, und zwei lange Stunden später war der letzte Platz endlich besetzt. Der Bus setzte sich in Bewegung. *Hurra!*

Offenbar waren nicht nur für alle Sitze Fahrkarten verkauft worden: Direkt neben meinem Platz in der fünften Reihe kauerte ein weiterer Fahrgast im Mittelgang. Als der Bus sich mit mehr Glück als Verstand seinen Weg aus dem Getümmel bahnte, erwachte der Mann plötzlich zum Leben. Ich ging davon aus, dass er für uns predigen würde. Wir hatten das schon des Öfteren erlebt. Jemand stieg in ein Fahrzeug ein, um die Reise zu segnen und jeden der Reisenden daran zu erinnern, dass Gott ihn liebte. Das war natürlich völlig unverbindlich und *pro bono* (das bedeutet kostenlos und hat nichts mit dem Sänger der Gruppe U2 zu tun), freiwillig, frei verfügbar, gratis ... *Oh, Sie wollen mir ein Trinkgeld geben? Wirklich? Nun, das kommt unerwartet und ist wirklich nicht der Grund, warum ich das hier mache, aber wenn Sie darauf bestehen ...*

Doch der Mittelgang-Mann zog ein dunkelgrünes Päckchen Tee aus einer Plastiktüte.

»Guten Tag, meine Damen und Herren«, begann er so souverän, als sei er als offizieller Keynote-Speaker für die Fahrt gebucht worden. Danach verfiel er in einen Wechsel aus Englisch und einer einheimischen Sprache. »Dieser Tee hat Kraft, Brüder und Schwestern.«

Er hielt sich mit einer Hand am Gepäcknetz fest und schaukelte im Gang vor und zurück. Seine Worte schleuderte er im Rhythmus seiner Bewegungen hinaus. Mit der anderen Hand hielt er das grüne Teepäckchen hoch.

»Das ist kein normaler *A-Teh*. Kein Früchtetee. OOOOH NEI-HEIN! Der hier ist-a *stark*. Den machst du in die Kanne, du rührst um und du holst ihn wieder-a *raus*. Den lässt du nicht drin. Nein! Der hat-a *Kraft*. Meine Damen und Herren, die Vorteile, die VOR-TAY-LEH von diesem A-TAY...« An dieser Stelle machte er eine dramatische Pause und neigte leicht den Kopf, bevor er sich erneut zu seiner vollen majestätischen Größe aufrichtete.

»WOW ... *A-WOW* ...«

Während unserer Zeit in Accra hatten wir versucht, die Stunden, in denen es Strom gab, zu nutzen, indem wir so viel fern wie möglich schauten. Wir waren jedes Mal aufs Neue geschockt: *God TV, Praise TV, Hallelujah TV*... Bestimmt fünfzig Prozent der Fernsehprogramme waren religiöse Sender und zeigten Männer, die praktisch genau so aussahen wie dieser hier. In Ghana war man offenbar so an diesen predigenden Verkaufston gewöhnt, dass er für alles benutzt wurde – selbst für das Evangelium vom Grünen Tee.

Der Mann peitschte sein Publikum weiter auf: »Er ist gut für die Verdauung, GUT für die Kopfschmerzen, GUT für *oh so* viele Gesundheitsvorteile, SO VIELE. Männer, er ist auch gut für euer, ihr wisst schon«, zwinkerte er. »Mm hmmm. Jawohl. Meine Damen und Herren – er ist auch gut gegen *den Krebs*!«

Nach zwanzig Minuten hochenergetischem Verkaufsgespräch waren vier Päckchen verkauft, und der Mann stieg aus. Ohne ihn verlief die Fahrt eher eintönig. Unser größter Spaß bestand von nun an darin, aus dem Fenster zu schauen und nach lustigen Geschäftsschildern zu suchen. Ghanas religiöse Neigung zeigt sich in allen Lebensbereichen. Die Ghanaer sind unglaublich stolz auf ihre Frömmigkeit, und die Namen, die sie ihren Unternehmen geben, sind ein Mittel, die Welt daran teilhaben zu lassen. So versuchten konkurrierende Bäckereien und Handyläden dann auch, einander mit Namen voller Frömmigkeit und Glaubensfestigkeit zu übertreffen. »Mein Erlöser lebt – *Fast Food*« war mein erster Favorit, bevor er von »Klatscht für Jesus – *Fisch*« abgelöst wurde, was seinerseits dem letztlichen Gewinner »Danke Jesus… *Plastikstühle*« weichen musste.

Nach vier Stunden – wir waren schon eine Stunde länger unterwegs als erwartet – stieß mich Annett in die Rippen. »Kannst du noch mal beim Fahrer nachfragen?«, bat sie.

»Warum muss immer ich gehen?« Es ist schon erstaunlich, dass es auch in Beziehungen mit Frauen, die sich Feministin nennen, immer eine Menge Dinge gibt, die automatisch der Mann erledigen muss.

»Geh einfach…«

Ich ging.

»Hallo, Sir«, sagte ich und näherte mich vorsichtig dem Fahrer. Ich wollte ihn auf keinen Fall ablenken oder durch übermäßige Unhöflichkeit erschrecken. »Nur zur Sicherheit: Sie sagen uns, wenn wir Kissi erreichen, ja?«

Der Mann drehte sich mir zu, während der Bus ein weiteres Mal in ein stattliches Schlagloch stürzte. »Ja, nicht weit. Zehn Minuten noch.«

Ich trottete zu Annett zurück. »Zehn Minuten, sagt er.«

Sie runzelte die Brauen und zog ihr Handy heraus. »Das hat er schon beim letzten Mal gesagt, vor einer Stunde.«

Schließlich war es nicht der Fahrer, sondern ein Mitreisender (und Grüntee-Käufer) auf einem der Nachbarsitze, der uns darauf aufmerksam machte, dass wir bald Kissi erreichen würden und uns langsam fertigmachen sollten. Ein anderer Fahrgast sah uns aufstehen und machte wiederum den Fahrer darauf aufmerksam, dass er anhalten sollte, was er auch tat – auf ziemlich gefährliche Art und Weise. Die Bremsen quietschten, die Passagiere erlitten ein leichtes Schleudertrauma, und wir stiegen aus.

Die Hitze umfing uns mit aller Macht und geradezu aggressiv – wie eine ehemalige Geliebte, die das Ende der Beziehung nicht akzeptieren will. Wir suchten Schutz unter einem nahe gelegenen Baum. Ich rief Djarbah an. Auch er behauptete, er wäre in »zehn Minuten« da.

Fünfzehn Minuten später hielt vor uns ein verbeulter Toyota, aus dem deutsche Hiphop-Musik dröhnte. Ich erkannte den Mann, der ihn fuhr, sofort. Erstens, weil er ein leuchtend gelbes Borussia-Dortmund-Trikot mit dazugehöriger Kappe trug. (Wie viele Borussia-Dortmund-Fans mochte es hier geben? Wir waren schließlich eine ganze Ecke vom Ruhrpott entfernt.) Zweitens, weil er riesig war.

Mir ist bewusst, dass Ausdrücke wie »überlebensgroß« heutzutage inflationär verwendet werden. Nun, wenn ich sage, dass Djarbah überlebensgroß war, dann meine ich das auch, und zwar in der ursprünglichen Bedeutung des Wortes. Er ist zwei Meter hoch und vier Meter breit, ein einziges Muskelpaket. In seiner Jugend war Djarbah ein landesweit erfolgreicher Tennisspieler, und er strahlt noch immer eine Fitness aus, die einen Leistungssportler auf den Gedanken bringen könnte, es lieber mit einer Karriere in den sozialen Medien zu versuchen.

»Adams!«, rief er, sprang aus seinem Wagen und versuchte einen Händedruck. Da auch seine Hände und die zugehörigen Muskelpartien riesig waren, wurde daraus aber mehr eine Art Ringer-Griff, mit dem Djarbah meinen gesamten Unterarm wie eine Weintraube zerquetschte. Am Ende dieser herzlichen Misshandlung entzog er seine Hand und schnipste mit seinen gigantischen Fingern. Mein Arm fühlte sich seltsam taub an. Seine besten Zeiten hatte er jetzt vermutlich hinter sich.

»Ihr habt es geschafft«, sagte Djarbah dann und machte sich daran, Annett zu umarmen. »Wie geht es euch? Schön, dass ihr hier seid. Wie war die Reise?«

Annett schien mit der Umarmung, die ihr zuteilwurde, etwas besser zurechtzukommen, vielleicht aufgrund ihres jahrelangen Boxtrainings. »Sie war okay«, antwortete sie.

Ich versuchte, meinen Arm durch Schütteln wiederzubeleben. »Aber der Busfahrer hatte offensichtlich keine Ahnung, wo Kissi ist. Er sagte zwei Stunden lang, dass wir in zehn Minuten ankommen.«

Djarbah lachte: ein tiefes, schweres, dröhnendes Lachen. Der Boden erbebte. Einige Blätter fielen von dem Baum, unter dem wir standen. Surfer in Papua-Neuguinea berichteten von verstärkter Wellenaktivität. »Ghanaer sind nicht so gut, was Zeit angeht. Vielleicht brauchen wir sie nicht so wie ihr. Präzision ist nichts für uns.«

Es wäre ein Understatement, dies als Understatement zu bezeichnen. Ghana war lange Zeit britische Kolonie, vielleicht war das ein Grund für Djarbahs Affinität zum Tiefstapeln. Wenn wir in Accra Leute auf der Straße angehalten und nach dem Weg gefragt hatten, konnten uns diese nicht nur keine Auskunft geben: Sie schienen plötzlich selbst nicht mehr sicher, wo sie sich eigentlich befanden. Wie Zeichentrickfiguren, die über eine Klippe rennen und einfach immer weiterlaufen – bis sie auf die Idee kommen, nach unten zu schauen. So viel zum Thema Präzision.

Wir setzten uns zu ihm ins Auto und Djarbah bog von der Hauptstraße auf einen kleineren Feldweg ab. Hoppelnd ging es im ersten Gang voran, was seltsam gut zu der Hiphop-Musik im Radio passte. Ich fühlte mich in ein MTV-Video aus den frühen Neunzigern versetzt. Djarbah winkte, nickte oder rief fast allen Menschen zu, an denen wir vorbeifuhren. Ein kleiner Mann in einem gefälschten Barcelona-Trikot rief etwas zurück und Djarbah brach in brüllendes Gelächter aus... eine Malediveninsel weniger. An einer Stelle fuhren wir so langsam, dass ein Bekannter Djarbah die Hand schütteln konnte. Das hat er zweifellos kurz darauf bereut. Wieder endete der *Handshake* mit einem Schnipsen. War das der ghanaische *Schnips-Shake*?

Eine freundliche Seele würde den Ort Kissi vielleicht als »malerisch« oder »schön« bezeichnen. Sie würde den halb überfluteten Fußballplatz, auf dem einige Ziegen an den letzten verbliebenen Grashalmen kauten, »authentisch« nennen. Vermutlich Adjektive wie »echt« oder »rustikal« benutzen. Ich selbst bin nur eine begrenzt freundliche Seele. Ich bin bereit, mich auf Attribute einzulassen wie »existiert«, »hat Potential« oder – wenn es unbedingt sein muss – »auf einem guten Weg«.

Djarbahs nagelneues Heim hingegen wirkte deutlich beeindruckender als die schmucklosen einstöckigen Gebäude, die wir auf dem Weg passiert hatten. Da das Haus auch als Zentrale von *Future Hope People* diente, verfügte es darüberhinaus über eine Reihe zusätzlicher Zimmer, die eigentlich für die freiwilligen Helfer der NGO vorgesehen waren. Momentan bewohnten es allerdings lediglich Djarbah, seine Frau Monica und ihre vier Kinder. Und wir. Wir stiegen aus. Djarbah ging zum Kofferraum und holte unser Gepäck heraus. Er trug es mit einer Hand, wie ein Körbchen Erdbeeren. Musste er so angeben?

Monica war auf der großen Veranda mit der Zubereitung von Fufu beschäftigt. Fufu ist eine Kartoffelbrei-ähnliche Substanz. Sie wird aus Yamswurzeln gemacht, die mit einer riesigen Holzkeule gestampft werden.

»Ihr sitzen«, sagte Monica und zeigte auf ein paar Plastikstühle. »Willkommen.« Sie kompensierte ihren Mangel an englischer Grammatik spielend durch ein Übermaß an Enthusiasmus. Ihr breites Lächeln kannte keine Pausen.

In Ghana gilt die Devise »big is beautiful«. Körperumfang impliziert Wohlstand. Er signalisiert, dass man Kalorien verschwenden kann. Monica war in dieser Hinsicht außerordentlich verschwenderisch. Sie konnte sich zweifellos bewundernder Blicke sicher sein, wenn sie unterwegs war, um weitere überflüssige Kalorien einzukaufen. Während wir auf das Fufu warteten, dachte ich darüber nach, was für eine verrückte menschliche Eigenart es doch ist, dass wir immer das Exotische oder das Unerreichbare als schön empfinden. Während wir Europäer uns im Sonnenstudio wälzen, um dunklere Haut zu bekommen, und schwitzend im Park unsere Runden drehen, um Gewicht zu verlieren, halten die Asiaten ihr Gesicht bedeckt, um einen hellen Teint zu bewahren. Und die Bürger Ghanas hauen sich die doppelte Portion Brathähnchen auf den Teller, um bloß nicht abzunehmen. Wir Menschen lieben es, uns selbst das Leben schwerzumachen.

Ein paar Minuten später erschienen vier Miniaturmenschen, von denen drei eine Schuluniform trugen. Es waren die Kinder von Djarbah und Monica: ihr Sohn Nana sowie die drei Töchter Julia, Judith und Theresa, allesamt im Alter zwischen neun und zwei Jahren. Sie waren kaum angekommen, da hatte Nana bereits einen Besen in der Hand und fegte das ohnehin saubere Wohnzimmer. Ich schnappte mir den Kleinen und versuchte mich am Schnips-Shake. Nana war so nett, angesichts meiner miserablen Technik nur in ein ganz leises Lachen auszubrechen.

Am nächsten Tag fuhr uns Djarbah in die nahe gelegene Schule. »Ist das eine private oder eine staatliche Schule?«, fragte ich ihn, als wir durch ein weiteres Schlagloch hüpften und sein Kopf am Wagendach anschlug. Autofahren in Ghana ist, als würde man über die Mondoberfläche rumpeln.

»Das ist auch ein bisschen kompliziert, Adams. Theoretisch sollte die Regierung für Schulbildung sorgen. Aber, nun ja, das Geld kommt nie komplett in den Schulen an.«

»Was passiert denn mit dem Geld?«

»Korruption passiert, Adams«, sagte er nüchtern. »Die staatliche Schule, die wir uns jetzt ansehen, wurde großteils von *Future Hope People* erbaut.«

Die Schule bestand aus vier großen, einfachen Betongebäuden auf einem Feld – oder einer Fläche, die vermutlich einmal ein Feld gewesen war. Jetzt war es mehr ein großer Platz. Ein Exfeld. Es war Pausenzeit, und draußen spielten Hunderte Kinder, alle ordentlich in grün-weiße Uniformen gekleidet. Die Unterrichtsräume waren von außen zugänglich, über jedem stand in weißer Farbe der Name der Klasse.

»Wirst du ihm jemals sagen, dass dein Name nicht Adams ist?«, fragte Annett, als wir aus dem Wagen stiegen.

»Nein, das wäre jetzt zu peinlich. Bitte nenne mich auch Adams, Annetts.«

Djarbah war uns einen seiner Siebenmeilenschritte voraus. Wir konnten ihn gerade noch sehen. »Ich bringe euch jetzt zum Direktor«, sagte er. »Ich bin sicher, dass ihr einige Fragen an ihn habt.«

Sätze, die mit »Ich bin sicher, dass...« beginnen, gehören fraglos zu den wirkungsvollsten Methoden, um einen anderen Menschen zu verunsichern. Annett und ich schauten uns bestürzt an.

Der Direktor war ein kleiner Mann mit einem runden Gesicht und einer runden Sonnenbrille. Er begrüßte uns enthusiastisch und bat uns, auf zwei kleinen Holzschemeln Platz zu nehmen. Rechts und links von ihm standen zwei Frauen, die uns nicht vorgestellt wurden. Annett und ich saßen den dreien in einer Art Patt gegenüber. Djarbah stand im Türrahmen, vermutlich, weil es hier einfach keine Möbel gab, die mit seiner Masse aufnehmen konnten.

»Djarbah ist ein großer Mann in dieser Gegend«, begann der Direktor. Ah... ein weiteres Beispiel für das ghanaische Understatement. Djarbah wäre am Ende einer magischen Bohnenranke gut aufgehoben gewesen. »Er ist ein großer Freund unserer Schule. Gehören Sie auch zu *Future Hope People*?«

Annett und ich tauschten Blicke aus – plötzlich unsicher, woher wir kamen und warum wir dort nicht mehr waren. »Sind Sie vielleicht freiwillige Helfer?«, fügte er helfend hinzu. Was wiederum unsere Verunsicherung bezüglich all der Dinge, die wir nicht waren, vergrößerte.

»Nein, wir sind nur als Urlauber hier«, sagte Annett schließlich.

Der Direktor schaute erst die eine, dann die andere Frau neben sich an. Die beiden Frauen schauten den Mann an. Djarbah schaute auf das Exfeld. Dann begann der Direktor zu kichern. Die Damen schlossen sich ihm an. Djarbah entschuldigte sich und ging vor die Tür.

»Sicher haben Sie einige Fragen?«, fragte der Direktor, als er fertiggekichert an.

Ich schaute Annett an. Sie blieb stumm.

»Fragen, genau ...«, stammelte ich, »hmmm ...« Ich versuchte, mir irgendeine Art von Frage auszudenken. Eine normale, menschliche Frage, eine unverfängliche Frage, die dennoch Interesse bekundet. »Was ... ääh ... hmmm ... *Wie viele Schüler gibt es denn an der Schule?*«

Brillant. Tiefschürfend. Relevant. Volltreffer. Diese Frage hatte der Direktor mit an Sicherheit grenzender Wahrscheinlichkeit niemals zuvor gehört. Er gab eine Antwort, die ich nicht hörte, weil ich bereits damit beschäftigt war, mir die nächste Frage auszudenken. Diese war ebenso gehaltvoll wie die erste. Ein übermäßig kritischer Geist hätte allenfalls bemängeln können, dass es sich um exakt die gleiche Frage handelte. Wobei das Wort *Schüler* durch das Wort *Lehrer* ersetzt worden war. Nach fünf oder sechs Fragen ging mir der Stoff aus. Ich stupste Annett mit dem Fuß an. Das verwirrte sie. Ich stupste sie erneut. Es schien nicht zu helfen.

»Ich nehme an, du hast auch einige Fragen, Annetts?«, übergab ich schließlich das Zepter.

Sie stellte ihre Frage und warf mir einen Dafür-wirst-du-später-büßen-Blick zu: »Djarbah sagte, dass das Schulsystem Probleme mit Korruption hat?«

Der Direktor nickte verständnisvoll. Das veranlasste die Damen an seiner Seite, ebenfalls zu nicken.

»Es gibt *mehr* als genug Geld«, sagte er, »mehr als genug! Aber vor uns kommen der Bezirksrat, der Ortsrat und schließlich der Bildungsbeirat. Sie können sich vorstellen, wie viele Hände da aufgehalten werden. Deshalb sind wir leider auf Wohltäter von außen angewiesen. Wohltäter, wie Sie es sind.«

Die beiden Frauen nickten.

Diesmal machte die andere »mmmhhm«.

Sie waren ein eingespieltes Trio.

Jetzt waren wir auf einmal »Wohltäter von außen«? Ich hatte uns für verwirrte und naive Touristen gehalten, die versuchten, Afrika für Anfänger zu erleben. Djarbah kam gerade rechtzeitig zurück, um unsere Identitätskrise zu beenden. »Adams, Annett, vielleicht wollt ihr eine Führung?«, fragte er.

»Gute Idee«, antwortete der Direktor.

»Mmmmh«, sagten die beiden Frauen unisono.

Der Direktor bat eine der beiden Frauen, Mrs Ansah zu holen. Mrs Ansah erschien prompt. Auch sie war, im kalorischen Sinn des Wortes, ausgesprochen schön. Ihre obere Hälfte schien den unteren Teil ein wenig zu überfordern, so dass sie gebeugt lief. Wie eine in sich zusammenfallende Hochzeitstorte. Nichtsdestotrotz war sie sehr herzlich und schien erfreut über unsere Gesellschaft. Vielleicht fand sie auch einfach nur, dass wir uns besser benahmen als die Kinder in ihrer Klasse.

Mrs Ansah führte uns in die erste Klasse, Basic 1. Hier saßen die jüngsten Kinder, es waren etwa zwanzig, auf hölzernen Schulbänken. Mrs Ansah postierte uns direkt neben der Tafel, auf die in Groß- und Kleinbuchstaben das Alphabet geschrieben war. Dann wurden wir der Klasse als »*special guests from Germany*« vorgestellt. Mit dieser Bezeichnung konnten wir leben. Sie war angemessen unscharf.

Die Kinder standen auf. »Willkommen, Sir, willkommen, Madam. Wie geht es Ihnen?«, riefen sie im Chor.

Annett und ich schauten uns an. Das war unerwartet und ein wenig unangenehm.

»Hallo Klasse«, sagte ich und versuchte selbstbewusst zu klingen. »Uns geht es gut, danke. Und, *äh*, wie geht es euch allen?«

Ohne das geringste Zögern riefen die Schüler wieder wie aus einem Munde: »Uns geht es gut.« Dann setzten sie sich wieder.

Danach sagte niemand mehr etwas.

Wir standen einfach da.

Ich hatte keine Fragen.

Annett hatte keine Fragen.

Die Kinder hatten keine Fragen.

Sie starrten uns an, einige flüsterten miteinander. Ich hatte das Gefühl, dass sie mich mit ihren kleinen, unschuldigen Augen durchbohrten. Wahrscheinlich waren sie es gewohnt, freundliche NGO-Typen zu treffen. Mitfühlende Menschen, die hierherkamen, um ihnen zu helfen. Die mit ihnen gemeinsam das Land besser machen wollten. Sie erkannten bestimmt auf den ersten Blick, dass ich nicht zu diesen Menschen gehörte. Dass ich meine Glühbirnen bei Amazon kaufe, weil ich zu faul bin, auf die Straße zu gehen. Dass ich meinen Biomüll nicht aus der Plastiktüte nehme, bevor ich ihn in die Tonne werfe – obwohl auf der Tonne explizit steht, dass man das nicht tun soll. Dass ich noch nicht einmal sicher bin, ob ich Entwicklungshilfe für sinnvoll halte oder ob das meiste davon die Lage langfristig eher noch verschlimmert. Diese sechsjährigen Kinder konnten sehen, dass ich ein Schwindler war. Ich wusste es auch. Ich war keiner von den Guten. Ich schaute zu Mrs Ansah hinüber. Sie lächelte zurück. Ich schaute zum Klassenlehrer, der an seinem Tisch etwas las. Ich nickte ihm zu. Er schaute hoch, nickte zurück und wandte sich wieder seiner Lektüre zu.

Wir hatten immer noch keine Fragen.

Nach einer gefühlten Ewigkeit, die wahrscheinlich nur eine Minute dauerte, machte Annett eine Geste Richtung Tür. Mrs Ansah nickte und wir setzten uns erleichtert wieder in Bewegung. Eine weitere potentiell unangenehme Situation war überstanden.

Als wir vom Klassenraum auf das Exfeld traten, atmete ich erleichtert auf. Bald läge dieser Schulbesuch hinter uns. Wir konnten zurückfahren und mit Djarbah auf seiner Veranda Mau-Mau spielen. Wir machten einige Schritte in Richtung Auto. Mrs Ansah aber tat das nicht.

»Hier entlang«, sagte sie und zeigte hinter sich: »Basic 2 ...«

Wer hatte denn etwas von Basic 2 gesagt? Doch es war zu spät, sie hatte bereits einen Fuß im Klassenzimmer. Es gab keine Möglichkeit, da wieder rauszukommen, ohne Mrs Ansah zu beleidigen. Also rein in Basic 2.

»Willkommen, Sir, willkommen, Madam. Wie geht es Ihnen?«

»Uns geht es gut. Wie geht es euch?«

»Uns geht es gut.« Es war Wort für Wort der gleiche Text.

Und dann standen wir wieder alle da. Schweigend. Aller Fragen ledig. Zwanzig Kinder starrten uns an. Ich murmelte so etwas wie, dass das hier ja eine sehr nette Klasse sei und versuchte dann, den Ausgang zu erreichen. Draußen machten wir wieder ein paar Schritte in Richtung Auto.

»Also ... Basic 3«, sagte Mrs Ansah und steuerte uns in Richtung des nächsten Klassenzimmers.

»Wie viele Klassen gibt es?«, flüsterte Annett.

Da die Bezeichnungen weiß auf schwarz an den Türrahmen standen, ließ sich das leicht feststellen. Es gab noch weitere sechs. Die Peinlichkeit war fast körperlich zu spüren. Wir waren Hochstapler. Hochstapler auf dem Präsentierteller. Hochstapler, die nicht hier waren, um zu helfen. Hochstapler, die keine Freiwilligenarbeit leisten wollten. Hochstapler ohne Fragen. Armutstouristen. Gaffer. Mitläufer. In den nächsten fünfundzwanzig Minuten klapperten wir alle Klassen ab, begleitet von dem Refrain »uns geht es gut«.

Dann verließen wir triumphierend den letzten Raum und liefen zurück über das Feld zum Computerzentrum. Wir waren sicher, dass unsere Führung nun zu Ende war und wir endlich die Rückfahrt antreten würden, als Djarbah ankündigte, er hätte noch ein paar Besorgungen zu machen. Dafür würden uns jetzt einige Schüler das Dorf zeigen. Wie aus dem Hut gezaubert erschienen plötzlich zwei Jungs auf der Bildfläche. Ich fragte, wie es ihnen ging und war nicht überrascht zu erfahren, dass es ihnen gutging. Sie fragten, warum wir in Ghana waren, und Annett erklärte, dass wir Urlaub machten.

»In *Ghana*?«, kam es ungläubig zurück.

Die beiden gehörten zu den älteren Schülern der Schule, sie waren vielleicht dreizehn oder vierzehn Jahre alt. »Haben die Jungs keinen Unterricht?«, fragte ich Djarbah.

Djarbah wischte meine Bedenken nonchalant vom Tisch. Er war offenbar nicht der Ansicht, dass die nächsten ein oder zwei Stunden gravierende Auswirkungen auf den Bildungsweg der beiden haben würden. »Es sind gute Jungs«, sagte er dann, und an die beiden gewandt: »Ihr müsst ihnen unbedingt zeigen, wo der Schwarzgebrannte gemacht wird.« Dann stapfte er zurück zum Auto.

Wir stellten uns einander vor.

»Hallo, Sir«, sagte der Erste und schüttelte mir die Hand. »Mein Name ist Kofi.« Er war ein hübscher Junge, mit einer ungewöhnlich leisen Stimme. Der Zweite hatte ein rundes Gesicht und lispelte leicht. Er hieß Michael.

Im Schlepptau unserer neuen Aufpasser entfernten wir uns langsam, aber sicher von der Schule und zogen auf der staubigen Straße weiter in Richtung Ortskern. Wir mieden die Sonne, wo immer es möglich war. Streng genommen nirgends. Es dauerte nicht lange, bis sich drei weitere Jungs unserer Prozession angeschlossen hatten. Es war eine lustige und ausgelassene Gruppe. Überhaupt sind Ghanaer ein vergnügtes Volk. Sie haben eine scherzhafte und unbeschwerte Art und reden überall miteinander, die ganze Zeit. Es gibt auch kaum andere Möglichkeiten, um an Informationen zu gelangen. Ein Sinn für Humor und ein nicht allzu riesiges Ego sind ziemlich hilfreich, wenn das, was man an einem Tag erledigen wollte, mal wieder überhaupt nicht klappt. Da man sich bei kaum etwas auf den Staat verlassen kann, muss alles ausgehandelt werden. Die hohe Kunst der Konversation ist in Ghana also ausgesprochen nützlich, um nicht zu sagen überlebenswichtig. Wo wir auch hinschauten, sahen wir Ghanaer, die auf Dingen saßen oder sich an Dinge anlehnten und leise miteinander scherzten. Die Geschwindigkeit des Lebens war niedrig. Ich war noch nie an einem Ort gewesen, wo so viele Menschen im Einklang miteinander so wenig taten.

»Wie viele Kirchen gibt es in Kissi?«, fragte Annett die Jungs. Jetzt hatte sie auf einmal Fragen! Unsere Begleiter begannen laut zu zählen. Sie konnten sich auf neun einigen, einer von ihnen allerdings schwor, dass es zehn waren. Zehn Kirchen in einem Städtchen mit gerade einmal tausendfünfhundert Einwohnern? Wo es nicht einmal gepflasterte Straßen oder eine verlässliche Stromversorgung gab? Noch nicht einmal Gras?! Unmöglich, nicht zu dem Schluss zu kommen, dass hier jemand gewaltige Probleme mit dem Priorisieren hatte. Wir kamen an einer im Bau befindlichen Kirche vorbei: offenbar Nummer zehn.

Unsere Führer brachten uns zu einem Feld außerhalb der Stadt. Dort steuerten wir eine kleine Wellblechhütte an, in deren Mitte ein großer Trog aufgestellt war. Dahinter standen mehrere große Metallfässer. Auch hier saßen, nach echter ghanaischer Art, einige Männer herum. Es waren fünf an der Zahl. Sie hatten sich auf purpurfarbenen Plastikstühlen direkt vor dem Trog niedergelassen – dort, wo sie dem hier produzierten Erzeugnis am nächsten waren. Alle außer einem schliefen oder waren tot. Der Ethanolgeruch in der Hütte war so stark, dass es uns schier die Nasenhaare versengte.

Wir hatten den Schwarzgebrannten gefunden.

Kofi richtete ein paar Worte an denjenigen der fünf Brennmeister, der den wachsten Eindruck machte. Widerwillig kam der Mann auf die Beine, wobei er sich mit einer Hand an der Hüttenwand abstützte. Sein hageres Gesicht und die hervortretenden roten Augen zeigten deutlich, dass er den Produkten aus seiner eigenen Herstellung nicht abgeneigt war. Vermutlich war er selbst einer seiner besten Kunden. Seine Lichter brannten noch, aber das Haus war offenbar schon längere Zeit verlassen. Er zog ein rotes Tuch aus der Hosentasche und wischte sich den Schmutz in seinem Gesicht hin und her, bevor er zu einer Erklärung des Gärprozesses ansetzte. Da er kein Englisch sprach, fungierte Kofi freundlicherweise als Übersetzer. Kurzgefasst funktioniert das Ganze folgendermaßen: Chemikalien und Wasser kommen rein, Hitze wird zugeführt, Alkohol kommt raus.

Michael erkundigte sich, ob Annett und ich vielleicht etwas von dem Schwarzgebrannten kosten könnten. Diese Idee fanden die Jungs wahnsinnig aufregend. Meine inneren Organe weniger. Der Mann hob eine orangefarbene Plastikschüssel vom Boden auf, spülte sie mit etwas Wasser aus und tauchte sie in den Trog. Die Jungs kamen näher, gestikulierten und lachten gespannt, als der Mann mir die Schüssel reichte. Ich trank so wenig ich konnte, ohne meinen Gastgeber zu beleidigen. Die Jungs jubelten, während die Flüssigkeit meine Zunge verkohlte und sich dann wie ein Buschfeuer südwärts ausbreitete. Annett lehnte dankend ab. Wenn ich den Geschmack beschreiben müsste, würde ich sagen, es schmeckte ... chemisch. Dieses Getränk hatte nur eine einzige Aufgabe, nur eine einzige Funktion: Es sollte dich die furchtbaren Umstände deines Lebens vergessen lassen, die dich auf die Idee gebracht hatten, dieses Zeug zu trinken. Diese Funktion erfüllte der Fusel todsicher.

Ich dankte dem Brennmeister ausgiebig und gratulierte ihm zu der Kunstfertigkeit, mit der er seinen Job erledigte. Er lächelte zurück, und mir fiel auf, dass er nie wieder in seinem Leben Zahnschmerzen haben würde. Vermutlich hatte es damit zu tun, dass sein Motor inzwischen ausschließlich von Schwarzgebranntem angetrieben wurde. Der Mann brauchte wahrscheinlich überhaupt keine Zähne mehr. Evolution zum Anfassen.

Plötzlich gab es einen lauten Knall. Dann einen zweiten. Aus einem der Fässer spritzte Flüssigkeit. Dann sahen wir Flammen. Etwas brannte hinten in der Hütte. Die Kinder stoben auseinander, und auch der Mann wurde aktiv: Er rief seine Kollegen zu Hilfe und rannte nach hinten.

»*Run!*«, schrie unser Gastgeber – womit er unter Beweis stellte, dass er zumindest ein englisches Wort kannte. Wir ließen uns das nicht zweimal sagen.

Später saßen wir auf Djarbahs Veranda und spielten Mau-Mau. Djarbah gewann mit solcher Regelmäßigkeit, dass bereits der Verdacht auf Falschspiel geäußert worden war. Ich mischte neu.

»Viele Menschen geben den Weißen die Schuld dafür, dass Afrika ins Chaos gestürzt wurde. Was meinst du denn?«, fragte ich.

Seine Augenbrauen gingen in die Höhe. »Schuld? Wofür sollten wir ihnen die Schuld geben?«

»Meinst du nicht, dass Ghana heute besser dastehen würde, wenn die Briten es nicht kolonisiert hätten?«

»An Ghana ist niemand schuld außer die Ghanaer. Aber warum Schuld? Hier ist es doch gut. Geh doch mal nach Togo oder Nigeria.«

»Ich dachte, Nigeria sei ziemlich weit entwickelt? Haben die da nicht eine Menge Öl und mit Nollywood eine florierende Filmbranche?«

»Nein. Neiiiin! Adams, du solltest wirklich einmal nach Nigeria. Du wirst nicht an einem Stück zurückkommen. Ich war schon zum Tennisspielen da. Niemals würde ich dahin zurück! Ghana ist völlig anders. *Wir* sind die afrikanische Erfolgsstory.«

Die Kinder saßen mit uns auf der Veranda, die Schulbücher vor sich auf dem Boden ausgebreitet. »Dad, was ist der Unterschied zwischen mir und Gott?«, fragte Nana auf Englisch – seiner Unterrichtssprache.

Djarbah sann über diese Frage nach und strich sich auf der Suche nach Inspiration durch seinen Kinnbart.

»Zeig mir mal dein Buch«, sagte er. Nana brachte es ihm.

Djarbah schaute hinein, kratzte sich am Hinterkopf, blätterte eine Seite zurück, las ein Stück, strich sich den Bart, blätterte einige Seiten vor und las noch ein wenig. Plötzlich weiteten sich seine Augen. Er klatschte in die Hände. Mehrere Bäume in der näheren Umgebung wurden entwurzelt. »Ganz einfach, mein Sohn. Der Unterschied zwischen dir und Gott ist, dass du ein Sünder bist!«

Annett und ich schauten uns verwirrt und ungläubig an. Nana kehrte so oft die Wohnung, er konnte doch kein Sünder sein.

»Gott ist kein Sünder«, fuhr Djarbah fort. »Du bist ein Sünder. Das ist der Unterschied zwischen dir und Gott. *Schreib das auf.*«

Ich bat darum, Nanas Buch sehen zu dürfen.

Von weitem wirkte es wie ein normales Schulbuch: Es ging um englische Grammatik, Multiplikation, die Struktur der Atome und so weiter. Doch auf jeder dritten oder vierten Seite hatte jemand eine Passage über Gott, die Kirche oder ein Wunder hineingeschmuggelt. Das erschien mir nicht besonders ... nun ja: akademisch stringent. Ich reichte das Buch an Annett weiter, die es durchblätterte, das Gesicht verzog und seufzte. Als sie es mir zurückgab, deutete sie auf den Text der hinteren Umschlagseite: »Gespendet von der Pfingstkirche«. Die Evangelikalen holten sich die Kinder wirklich, solange sie jung waren.

»Werden alle Schulbücher von den Kirchen gespendet?«

Djarbah dachte einen Augenblick nach und kratzte ein paar weitere seiner XXL-Körperteile. »Ja, ich glaub schon.«

Das erklärte sehr viel über sein Land.

»So wunderbar Djarbah und seine Familie sind«, sagte Annett, als wir nachts im Bett lagen. »Ich freue mich wirklich auf zu Hause.«

»Ich weiß. Ich mich auch.«, antwortete ich. Das war nicht unbedingt das, was man am Ende eines Urlaubs empfinden sollte.

»Es ist nur... Man sieht hier so viele Menschen, die ihre Energie in etwas stecken – und du bist felsenfest davon überzeugt, dass es eine totale Sackgasse ist.«

Annett ist in der DDR aufgewachsen und wurde schon in jungem Alter gegen organisierte Religionen indoktriniert. Die DDR war sich selbst Religion genug. Ich drehte mich um und sah sie an. Mehrere scharfkantige Bettfedern gaben widerwillig meinen Rücken frei.

»Ich weiß nicht. Ich kann verstehen, warum das für die Leute hier eine attraktive Botschaft ist. Der Gedanke, dass es mehr gibt als dieses Leben.«

»Das ist doch genau der Punkt! Wenn sie ihr Geld nicht an diese Gruppen verschenken würden, könnten sie es investieren und die Dinge wirklich verbessern. Religion ist das genaue Gegenteil von dem, was sie brauchen. Nämlich, sich auf das Hier und Jetzt zu konzentrieren.«

Überraschenderweise – das hier war schließlich kein Nollywoodfilm – erschien genau in diesem Moment die durchtrainierte und muskulöse Gestalt eines Superhelden im Türrahmen. Er trug kein Hemd.

»Adams, wir müssen sofort ins Krankenhaus. Mit Monica stimmt etwas überhaupt nicht.«

Ich zog mich schnell an und lief ins Wohnzimmer. Dort versuchte Djarbah gerade, Monica in Richtung Haustür zu bugsieren. Sie war im Nachthemd, schweißgebadet und wehrte sich. Sie schien in einer Art Trance zu sein und murmelte etwas Unverständliches vor sich hin.

»Hilf mir, sie ins Auto zu bekommen«, rief Djarbah.

Ich schob meinen Kopf unter einen ihrer breiten Arme, während Djarbah sich unter den anderen zwängte. Gemeinsam versuchten wir, Monica den kleinen Hügel hinunter zum Auto zu führen, besser gesagt: zu schleifen.

»Annett, du hast die Verantwortung«, rief Djarbah nach hinten über die Schulter. »Pass auf die Kinder auf.«

»Was?!« Sie kreischte fast. »Wie soll ich das machen?«

Annett kann mit Kindern ungefähr so gut umgehen wie andere Menschen mit Felsbrocken, die auf sie geworfen werden. Glücklicherweise waren Djarbahs Kinder geradezu besorgniserregend wohlerzogen.

Wir konnten Monica nur mit Müh und Not aufrecht halten. Als wir sie sanft zusammenklappten und in den Fond des Autos schoben, hatte sie Schaum vorm Mund. Dann sank sie – immer noch stöhnend und unzusammenhängend murmelnd – in sich zusammen.

Es war furchterregend.

Djarbah schlug frustriert auf das Lenkrad, während wir im ersten Gang über die Straße hoppelten. Beim Blick auf meine Füße fiel mir auf, dass ich in der Eile vergessen hatte, Schuhe anzuziehen. Ebenso wie Djarbah. Wir bogen in eine Straße, fuhren eine sanfte Anhöhe empor und hielten vor einem dunklen rechteckigen Gebäude, dem Krankenhaus. Wir sprangen aus dem Auto und schleiften Monica mehr schlecht als recht hinein. Eine Schwester führte uns gleich in ein Dreibettzimmer. Wir ließen Monica, die wie eine Mumie aussah und nur noch halb bei Bewusstsein war, auf eins der zwei leeren Betten fallen. Es war nicht bezogen. Neben Monica lag eine extrem alte Frau, deren Gesicht über und über von Falten bedeckt war. Ihr Atem ging schwer. An ihrem Bett saß eine junge Frau, die ihre Hand streichelte und leise weinte. Eine Schwester kam herein und schob Monica einige Pillen in den Mund.

Beim Besuch dieses Krankenhauses wurde mir zum ersten Mal klar, warum Krankenhäuser normalerweise weiß sind. Weiß zeigt, dass man nichts zu verbergen hat. Doch das Krankenhaus von Kissi wirkte – obwohl alle nett waren und im Angesicht offensichtlich begrenzter Mittel ihr Bestes taten – wie ein Ort, den man, wenn man ihn nicht bereits krank aufsuchte, fast sicher krank wieder verlassen würde.

Ich wartete allein auf dem Gang, in wachsender Sorge um Monica. Ich fühlte mich schrecklich unbeholfen. Es gab nichts, was Djarbah oder ich tun konnten, um ihr zu helfen. Es ist schön und gut, dass die Menschheit mittlerweile so zivilisiert ist, dass sich nur noch einige wenige Menschen über ein Feld beugen und dem Boden Nahrung entlocken müssen. Oder an gefährlichen Orten unter Drehbänke und Webstühle kriechen, um etwas zu reparieren. Doch nun, da wir alle Yogalehrer, Graphikdesigner und Comedy-Autoren geworden sind, vergessen wir gern, wie dermaßen unfähig wir sind, wenn die eigentlichen Lebenskompetenzen gefragt sind. Wenn es um das geht, was wirklich wichtig ist: um Leben und Tod. Angenommen, es gäbe eine Zombie-Epidemie und die Gesellschaft würde zusammenbrechen, was könnte ich tun? Was könnte ich in die Waagschale werfen? *Witze?* Wahrscheinlich wäre es das Beste, mich anstandshalber den hungrigen Horden zu opfern. So könnte sich vielleicht noch ein Arzt, Physiker oder Profifußballer durch die

Hintertür verdrücken. Ich glaube, das ist der Grund, warum wir Krankenhäuser hassen: Sie erinnern uns daran, wie schnell wir alles verlieren können.

Djarbah tauchte wieder neben mir auf. Er wirkte kleiner als noch vor einer Stunde. Er setzte sich neben mich auf die Bank vor Monicas Zimmer. »Es geht ihr ein wenig besser«, sagte er.

»Sie haben ihr etwas gegeben und jetzt schläft sie. Ich werde zurückfahren. Dann können wir den Kindern sagen, dass sie sich keine Sorgen machen müssen.«

»Weiß der Arzt, was es ist?«, fragte ich.

»Nein. Das übersteigt die Möglichkeiten dieses Ortes. Ich werde sie für einige Tests in die nächste Stadt bringen müssen, sobald es ihr wieder bessergeht.«

Ich glaube nicht, dass in dieser Nacht irgendjemand gut schlief. Glücklicherweise wurde Monica am nächsten Tag entlassen, und wir sahen sie noch einmal kurz, bevor wir uns verabschiedeten, um noch etwas mehr von dem Land zu erkunden.

Zurück in unserer dekadenten deutschen Mittelstandsexistenz, fiel es uns schwer, die Ghana-Erfahrung einzuordnen. Es ist immer schön, wenn man ein Erlebnis sauber in eine mentale Schublade einsortieren kann: gute Erfahrung, wunderbare Erinnerung, Reifeprozess, Trauma (nicht öffnen). So richtig passte Ghana in keine dieser Kategorien.

Ich hatte in erster Linie ein schlechtes Gewissen, weil wir derart planlos aufgebrochen waren. Nun, da mir das Land und seine Bewohner nähergekommen waren, hätte ich auch leicht frustriert sein können. Schließlich bewegt sich Ghana viel zu langsam, um jemals ein afrikanisches Deutschland zu werden. Aber solche Gedanken ergeben keinen Sinn. Djarbah hatte recht: Es gibt dort nichts wiedergutzumachen. Ghana ist, was es ist. Es ist sein eigenes Ding. Eine afrikanische Erfolgsgeschichte.

Monica erholte sich wieder. Die Tests ergaben, dass sie an einer leichten Form von Epilepsie leidet. Sie bekommt Medikamente dagegen. Wie es ihr jetzt geht?

Es geht ihr gut.

Die (beinahe unendliche) Nachtbusfahrt nach Wuhan, oder: Warum mangelnde Vorbereitung nicht als Reisemangel durchgeht

Wuhan (China): Schnäppchen, Chunyun, John Wang, unerwartete Wintereinbrüche

Ich würde gern berichten, dass unser nächstes Reiseziel das Ergebnis eines sorgfältigen Auswahl- und Abwägungsprozesses war, dem wiederum umfangreiche Recherchen bezüglich des perfekten Nachfolgers von Istanbul und Kissi vorausgegangen waren. Es erfolgten auch tatsächlich Recherchen ... Zumindest erfolgte etwas, das als leichte Morgen-Recherche durchgeht: Annett und ich durchforsteten das als »Facebook« bekannte Prokrastinationsportal, während wir ein erfrischendes Glas Orangensaft und eine leicht gebutterte Scheibe Toast konsumierten.

Zuerst stieß ich über einen politisch engagierten Freund auf die Stellenanzeige einer Hilfsorganisation in Trujillo, die einen Mitarbeiter im Bereich Logistik und Übersetzung suchten. Ich leitete sie weiter an Annett. Zwar hatte ich keine Ahnung, wo Trujillo eigentlich liegt, aber diese Kleinigkeiten konnte man ja klären, wenn wir erst einmal in Trujillo waren. Berlin ist ganz nett, aber ist es auch so nett wie Trujillo?

Vielleicht, vielleicht auch nicht. Neu ist manchmal so gut wie besser, oder? Vielleicht, vielleicht auch nicht. Nach dieser kurzen Tagträumerei über mein neues Leben in Trujillo scrollte ich in meinem Newsfeed weiter nach unten und sah dort – da ich zahlreiche dieser unschätzbaren Schnäppchenportale abonniert habe –, dass es gerade extrem günstige Flüge nach China gab.

Bis zu diesem Zeitpunkt hatten weder Annett noch ich jemals den Wunsch verspürt, nach China zu reisen. Nicht ein einziges Mal. Nicht mal, wenn wir uns was vom chinesischen Take-away holten. So viel zur berauschenden Wirkung von Schnäppchen. Der Wirbel der Ankündigung *Fünfzig-Prozent-Nachlass-bei-sofortiger-Buchung* lässt dich schwindeln. Du denkst nicht mehr darüber nach, was du eigentlich willst, und informierst dich danach, wo und wie du es bekommst. Nein, das Schnäppchen funktioniert umgekehrt. Das Schnäppchen fragt nicht, *warum*. Es fragt: *Warum nicht?*

Oder in diesem Fall: Warum nicht im Januar nach China fliegen? Ja, warum eigentlich nicht. Cleverer Schachzug, Schnäppchen. Sehr cleverer Schachzug.

Sechs Wochen später lagen unsere leeren Rucksäcke vor uns auf dem Bett. Oh ja, wir konnten immer noch spontan sein, wenn wir wollten – oder besser gesagt, wenn das Schnäppchen es wollte.

»In China ist es heiß, oder?«, fragte ich Annett. »Ich hab noch nie jemanden sagen hören, dass es in China kalt ist.«

Sie holte gerade etwas aus dem Kleiderschrank. »Ich denk schon. Lass uns trotzdem ein paar warme Sachen einpacken – für alle Fälle. Schließlich haben wir Januar.«

Wenn Sie sich fragen, wie zwei derart naive und weltfremde Menschen es geschafft haben, das Erwachsenenalter zu erreichen, kann ich Ihnen keine überzeugende Antwort liefern. Ich habe schon mal gegoogelt, ob es eine Fährverbindung von Thailand nach Neuseeland gibt. Ich dachte, die Falklandinseln liegen vor der Küste Italiens, und ich war eine Zeitlang davon überzeugt, dass die offizielle Landessprache Brasiliens Brasilianisch ist. Ich dachte, die große weiße Statue oberhalb von Rio würde eine Frau darstellen – wegen der langen Haare. Annett dagegen ist ein Produkt des exzellenten deutschen Bildungssystems. Deshalb trägt sie allein die Verantwortung für das, was dann folgte.

Denn als sich nach der Landung in Schanghai die Flugzeugtüren öffneten, empfing uns statt der brütenden Hitze, die wir erwartet hatten, beißende Kälte. Ich konnte gerade noch den Reißverschluss an meinem Hoodie hochziehen.

»Hast du vor Abflug mal das Wetter gecheckt?«, fragte Annett.

»Nein. Hast du?«

»Seh ich so aus?«, sagte sie und zeigte auf ihr Outfit: Sie trug Jeans, T-Shirt und Strickjacke – wir waren beide für den europäischen Spätsommer gekleidet. Die Fernsehbildschirme in der Ankunftshalle informierten uns darüber, dass die Außentemperatur fünf Grad Celsius betrug. Es war einer der härtesten Winter seit fünfzig Jahren. Schon die Nachricht allein ließ meine Zähne klappern. Genauer gesagt: noch mehr klappern.

»Wir sollten uns schleunigst ein paar warme Klamotten besorgen«, sagte Annett, deren Understatement immer besser wurde.

»Vielleicht finden wir auch einen Laden für mehr Hirn«, fügte ich hinzu.

Aber das Wetter war nicht das einzige Problem. Wir waren

mitten während der Feierlichkeiten zum chinesischen Neujahrsfest in Schanghai gelandet. Wir wären nie auf die Idee gekommen, dass das ein Problem sein könnte. Im Gegenteil, für uns war das eher ein zusätzlicher Anreiz gewesen: Wir hatten uns auf Feuerwerk eingestellt, Tänze unter Papierdrachen, den Genuss unzähliger Mao Tais sowie auf eine ordentliche Portion unverkrampften Patriotismus. Stattdessen hatten wir uns in ungeeigneter Kleidung und voller kultureller Ignoranz mitten in den *Chunyun* katapultiert: die größte Migrationsbewegung der Welt. Während des chinesischen Neujahrsfestes sind siebenhundert Millionen Menschen unterwegs.

In diesem Jahr siebenhundert Millionen *und zwei*.

Es wird wahrscheinlich keinen überraschen, dass der Personenverkehr unter dem Ansturm so vieler Leute, die versuchten, irgendwohin zu gelangen, wo sie nicht waren, völlig zusammenbrach. Als wir eine Woche später an den Bahnhof mussten, wollten außer uns noch siebzigtausend andere Menschen Zugfahrkarten ergattern. Sie campierten zum Teil dort. Aus dem Fenster unseres Taxis hatte es ausgesehen wie die Zombie-Apokalypse, die ich mir vorgestellt hatte, als ich im Krankenhaus von Kissi saß. Bloß, dass hier niemand an uns interessiert war. Kein Wunder, wir hatten bislang ja mehrfach unter Beweis gestellt, dass wir kein Gehirn hatten. Als wir versuchten, uns durch die Menschenmenge zum Ticketschalter durchzuschlagen, ergriff jemand die Gelegenheit, mich um meine Brieftasche zu erleichtern.

Es waren keine Zugfahrkarten zu bekommen, also versuchten wir unser Glück am Busbahnhof. Später erfuhren wir, dass die anderen Wartenden ein paar Stunden nach unserem Weggang die Nase voll davon hatten, geduldig

Schlange zu stehen: Sie durchbrachen einfach die Sicherheitsschranken und stürmten die Züge. Wir waren nur knapp einem Aufstand entkommen.

China – warum eigentlich nicht ...?
Eigentlich hatten wir uns mit dem Zug von Schanghai bis zu den Terrakottakriegern von Xi'an schlängeln wollen. Dann sollte es weitergehen nach Beijing, die alte (versmogte) Stadt, und von dort aus zurück nach Deutschland. Zu Hause in unserem Wohnzimmer hatte das wie ein guter Plan ausgesehen. Auf jeden Fall machbar. Schanghai, Huang-Shan-Gebirge, Xi'an und die Terrakotta-Armee, Beijing und die Chinesische Mauer. Überhaupt kein Problem. Entfernungen? Passt schon. Ein paar nette Zugfahrten, ein paarmal Bus. Aber es war etwas ganz anderes, jeden Kilometer dieses Landes unter sich vorbeigleiten zu spüren, während man versuchte, nicht zu erfrieren, ausgeraubt zu werden oder einen Hass auf Schnäppchenblogs zu entwickeln. Uns beschlich das Gefühl, dass China wesentlich größer war als unsere Geduld.

Nachdem wir unsere Route geändert hatten, konnten wir endlich Fahrkarten aus Schanghai raus bekommen. So kletterten wir einige Zeit im Huang-Shan-Gebirge – zeitweise in einem Schneesturm –, bevor wir schließlich Tickets für eine vierzehnstündige Fahrt mit dem Nachtbus ergatterten: Von der Kleinstadt Tangkou sollte es in die Megacity Wuhan gehen. Am Abend vor unserer Abfahrt schneite es so stark, dass wir schon befürchteten, der Bus würde vielleicht gar nicht fahren. Aber er fuhr, und das mit nur dreißigminütiger Verspätung.

Als wir einstiegen, erwarteten uns keine Sitze, sondern drei Reihen zweistöckiger Etagenbetten aus Metall. Die Größe der Betten konnte man als einigermaßen vernünftig bezeichnen – vorausgesetzt, man war von einer Körpergröße, die in China als vernünftig gilt. Mir selbst fehlen wahrscheinlich nur zehn Zentimeter und man würde mich auf chinesischen Jahrmärkten als Freak in einem Käfig ausstellen, wo kleine Kinder mich mit Stöcken traktieren könnten. Ich bekam Krämpfe, wenn ich mir mein angehendes Nachtquartier auch nur anschaute.

Zu meiner Rechten gab es ein Fenster, das einen intimen Blick auf den draußen tobenden Schneesturm bot. Sichtweite: fünf Zentimeter. Hoffentlich kann der Busfahrer mehr sehen, dachte ich, als ich in mein Bett kroch und mich in einer Mischung aus Fötushaltung und *Brace Position* zusammenkauerte.

»*Cesou, cesou, cesou*«, murmelte Annett in ihrem Bett, das direkt neben meinem war. Wir lagen beide in der unteren Etage des Mittelgangs. *Cesou* ist Mandarin für Toilette.

»Du kannst unmöglich auf die Toilette müssen. Wir waren doch erst eine Minute, bevor wir an Bord gingen«, sagte ich.

Sie starrte mich mit leerem Blick an. »Unterschätz mich nicht.«

Plötzlich war ein lautes »HRRRKCHCHCHMPF« zu hören.

Annett stöhnte. Der Chinese über ihr hatte tief in sich hineingeblickt und war mit einer ansehnlichen Portion Schleim wieder an die Oberfläche gekommen. Diesen spuckte er in eine kleine Plastiktüte, die rechter Hand an seinem Hochbett hing: sein persönlicher Spuckbeutel.

»Was raus muss, muss raus« ist eine Parole, die sich in China allgemeiner Beliebtheit erfreut: Es ist vollkommen in Ordnung, nach Belieben zu spucken, zu rülpsen oder zu furzen. Wir hatten anfangs noch versucht, uns anzupassen und unsere europäische »Lass mal lieber drin«-Philosophie zu überwinden – doch sie war einfach zu fest in unserem Wesen verankert. Anders als der Schleim des Chinesen.

Ich fiel in einen leichten Schlaf, wurde aber durch einen weiteren nicht minder geräuschvollen Flüssigkeitsexodus abrupt wieder geweckt. Ich schaute rüber zu Annett, die gerade nach der Koje über ihr trat. »China ist widerlich«, schimpfte sie.

Wie sich zeigte, hatte der Mann über ihr mit seinem letzten Geschoss das Ziel verfehlt, so dass nun Schleimfäden von oben auf Annetts Bett tropften. Er linste kurz über den Rand, um herauszufinden, wer nach ihm trat. Dann lächelte er ein weitgehend zahnloses Lächeln, richtete seinen Spuckbeutel und legte sich wieder zur Ruhe.

Eine Stunde unserer Fahrt war vorüber. Nur noch dreizehn weitere.

Vorn im Bus unterhielt sich lautstark die Crew. Insgesamt waren vier Mann Besatzung an Bord. Ich hatte keine Ahnung, warum ein Bus eine vierköpfige Mannschaft brauchte. Wahrscheinlich lag es einfach daran, dass wir uns in China befanden, wo schon der Besitz eines Eimers als Dreipersonen-Job gilt. Der Bus hielt an. Vor dem Fenster war eine dicke, flauschige weiße Schneedecke zu sehen. Ich schloss die Augen und versuchte, noch etwas zu schlafen.

Eine Stunde später war ich immer noch wach. Wir hatten uns immer noch nicht bewegt. Ich ging den Gang entlang nach vorne, um meine unpraktischen europäischen Riesenglieder zu strecken, und sah durch die Windschutzscheibe ein großes blinkendes »X«. Dahinter war eine Schranke, und diese Schranke war geschlossen. Das ist in aller Regel nicht der Zustand, in dem man eine Schranke sehen will. So machen Schranken keinen Spaß. Die Brücke, die hinter der Schranke lag, war – wahrscheinlich wegen unsicherer Straßenverhältnisse – gesperrt.

Die Crew war in eine intensive Diskussion vertieft. Kopf der Mannschaft war ganz offensichtlich der Fahrer. Er hatte dichtes Wuschelhaar, das er in Beatles-Manier zur Seite gescheitelt trug. Sein Körper war durchtrainiert und geschmeidig, die Haltung vorbildlich. Ein Gürtel mit großer Metallschnalle hielt seine verblichene Jeans – sie war nicht etwa künstlich verwaschen, sondern durch langes Tragen verblichen. Wenn der Fahrer nicht gerade sprach, kaute er. Wie ein wiederkäuendes Rind. Er hatte etwas von einem chinesischen John Wayne, *John Wang*, gewissermaßen. Die Crew schaute mich erwartungsvoll an, weil ich mich ihnen näherte, als wollte ich etwas sagen. Was ich aber nicht wollte. Weil ich nicht konnte. Ich kehrte an meinen Platz zurück. Die Crew diskutierte weiter.

Ich stellte mir vor, wie John sagte: »Leute, es gibt ein Problem. Die Brücke ist gesperrt, und wir haben heut Nacht zwei Passagiere aus dem Westen an Bord. Einer von ihnen stammt aus England. England hat ungefähr die Ausmaße einer großen Melone. Vermutlich war er noch nie länger als zwölf Minuten von zu Hause weg. So lange dauert es nämlich, diese winzige Insel zu umsegeln. Ich befürchte, er wird an Reiseerschöpfung sterben, wenn wir nicht pünktlich in Wuhan ankommen. Stell dir den ganzen Papierkram vor! Wir brauchen einen Plan...«

In Wahrheit sagte er wohl eher etwas wie: »Leute, wir haben ein Problem. Der Whiskey ist bald alle. Die Brücke ist gesperrt, und ich hab echt keine Ahnung, wo zur Hölle wir sind. Dementsprechend auch nicht, wo wir Nachschub bekommen können...«

Drei Stunden waren vergangen.

Wir bereiteten uns auf unsere erste Nacht im leider stehenden Bus vor. Sie war endlos: Als hätte irgendjemand jeder einzelnen Sekunde das Gewicht von zehn Sekunden verliehen. Die Brücke blieb weiterhin gesperrt. Wir standen weiterhin davor. Das »X« blinkte weiter vor sich hin. Die Nacht wehrte sich nach Kräften, bevor sie endlich ihrem Erzfeind, dem Morgen, wich. Der Blick aus dem Fenster zeigte weiterhin nichts plus Schnee.

Die meisten Menschen denken, China ist überbevölkert. In Wirklichkeit sind weite Teile des Landes öde wie die Mondoberfläche. Die Städte fühlen sich tatsächlich überfüllt an – und zwar dermaßen, dass man vorsorglich damit begonnen hat, Städte zu bauen, die man noch gar nicht braucht. Backup-Städte. Reserve-Städte. B-Seiten-Städte. Städte voller leerer Häuser. Vierundsechzig Millionen Häuser in China stehen völlig leer. Und jenseits der Städte gibt es noch jede Menge Platz.

Zehn Stunden waren vergangen.

Ich entschuldigte mich bei meinen wütenden Gliedmaßen, die ein Treffen einberufen hatten und damit drohten, mich hinauszuwerfen. Mein Rücken wurde besonders deutlich. Er hatte keine gute Zeit. Er wollte eine Veränderung. Aus dem Morgen wurde später Vormittag. Weil wir davon ausgegangen waren, dass wir nicht mehr als eine Vierzehn-Stunden-Fahrt vor uns hatten, die noch dazu über Nacht stattfand, bestand unser Proviant nur aus zwei Croissants und einem halben Liter Wasser. Wir teilten uns gerade eines der Croissants zum Frühstück, als mit unserem furchtlosen Anführer etwas passierte. Plötzlich ließ er den Motor an, wendete den Bus und fuhr hektisch den Standstreifen entlang, an all den ebenfalls wartenden Autos vorbei.

Fünfzehn Stunden waren vergangen.

»Hrrrrrrrk. Tsssst«, kam ein Geräusch von oben. Annetts Bettgenosse war wieder auf Speichelernte. Sein Beutel hatte sich über Nacht ziemlich gefüllt. Annett warf mir einen *Warum-sind-wir-noch-mal-nach-China-gekommen*-Blick zu. Ich blickte finster zurück. *Die Flüge waren wohl nicht ohne Grund so billig gewesen, was? Wenn es zu gut ist, um wahr zu sein, dann ist es wahrscheinlich... China.*

Um 14 Uhr nachmittags kam der Bus ein weiteres Mal schlingernd zum Stehen. In etwa zwanzig Metern Entfernung waren zwei Holzhütten zu sehen.

»Wuhan ist auch nicht mehr, was es mal war«, sagte ich.

Annett setzte sich in ihrer Koje auf. »Ich glaube, es ist *Cesou*-Pause.«

Während unserer ersten Nacht im Hotel zur geschlossenen Schranke hatte es lediglich inoffizielle Toilettenpausen gegeben. Die Leute konnten aussteigen, wann immer ihnen danach war und sich am Straßenrand erleichtern. Dabei gab es keinerlei Privatsphäre, wobei Privatsphäre hier ohnehin eine ziemlich neue Idee war und ungefähr so bekannt wie das Higgs-Teilchen.

Wir stiegen aus und marschierten zu den Hütten. Der eisige Wind schnitt uns ins Gesicht. Als ich schließlich angekommen war, sah ich, dass die Toilette keine Türen hatten. Stattdessen formten ein paar überlappende Holzwände eine Schikane, die ohne viel Tamtam zu einem großen Loch führte, das in der Mitte des Raums im Lehmboden ausgehoben worden war. In einem Mafiafilm wäre jetzt plötzlich jemand aufgetaucht, der ganz schnell einen Polizeispitzel in der Grube verschwinden lässt. Es sah aus, als hätte die Gemeinde wirklich eine öffentliche Toilette bauen wollen, doch nachdem der Bürgermeister zum feierlichen Beginn der Bauarbeiten vorbeigekommen war, um für das Pressefoto symbolisch etwas Erde auszuheben, waren alle wieder verschwunden. Als hätten sie geglaubt, dass der Job damit erledigt war.

Das Loch war von allen Seiten zugänglich. Der Mann vor mir trat heran und begann umgehend, sich zu erleichtern. Ich überlegte, ob ich es ihm gleichtun oder abwarten und ihm Privatsphäre gewähren sollte. Ich entschied mich für den diskreten Schritt zurück. Der Rest der Busbesatzung sowie einige männliche Passagiere schauten verwundert. Sie fragten sich bestimmt, warum ich die Nicht-Tür blockierte. Schließlich drängten sie sich an mir vorbei und versammelten sich um das Loch. Es folgten Wasserspiele, wie ich sie nur aus dem Vergnügungspark kannte. Allerdings mit anderer Färbung, etwas außer Takt und begleitet von reichlich Spucke.

Ich verfolgte das Geschehen mit einer Mischung aus Grauen und Ungläubigkeit. In unserem vertrauten Alltag geben wir uns gerne dem Glauben hin, dass die Menschheit eine hohe Entwicklungsstufe erklommen hat. Schließlich haben wir Dinge wie die Laser-Augenchirurgie, Crème brûlée und Kapstadt erfunden. Doch hin und wieder erlebt man einen dieser Momente – man bleibt im Verkehr stecken, bringt ein Kind zur Welt, ist hungrig –, wo man schlagartig erkennt, wie dünn der Firnis unserer Zivilisation ist. Dann zeigen wir uns als die rasierten Affen, die wir in Wirklichkeit sind. Acht Männer in eine Grube urinieren zu sehen, das konnte ich in diesem Augenblick feststellen, ist ebenfalls ein solcher Moment. Als ich wieder vor die Hütte trat, sah ich Annett, die sich bückte, um sich mit Schnee die Hände zu waschen.

»Wie war's da drinnen?«, fragte ich.

Sie streifte mich mit einem unsteten Blick. »Lass uns niemals darüber sprechen.«

Ich bückte mich, um mir ebenfalls die Hände zu säubern.

Sie warf einen Blick über die Schulter in Richtung der Damentoilette. »Am schlimmsten waren die Geräusche«, flüsterte sie und vergaß dabei völlig, dass sie beschlossen hatte, niemals darüber zu sprechen. »Sie haben alles gleichzeitig gemacht. Keine Körperflüssigkeit blieb unberücksichtigt. Das einzig Gute ist, dass alle meine Hemmungen gerade eines gewaltsamen Todes gestorben sind. Ich könnte mich jetzt und hier erleichtern. Vor dir, wenn du willst.« Sie griff nach ihrer Gürtelschnalle. »Sag einfach Bescheid.«

Ich sagte nicht Bescheid. Stattdessen kehrten wir schnell in den warmen Bus zurück.

Siebzehn Stunden waren vergangen.

»Wir hätten vor Stunden am Ziel sein sollen«, bemerkte ich, als wir uns wieder in unsere Kojen legten.

»Ich weiß. Meinst du, wir fahren zurück nach Tangkou?«

Ich zuckte mit den Schultern. Wir mussten es abwarten. Schließlich konnten wir niemanden fragen. Zurück in meiner Koje, ernüchtert und wundgelegen, zog ich mir die Decke übers Gesicht. Sie roch nach Zigaretten. Annett und ich wussten, dass es in China ein ungeschriebenes Gesetz gegen öffentliche Zuneigungsbezeigungen gibt. Aber rebellisch, wie wir uns gerade fühlten, hielten wir trotzdem über den Gang hinweg Händchen. Wir redeten nicht viel, weil es nicht viel zu reden gab. Wir steckten fest. Immerhin steckten wir gemeinsam fest.

Im Jahr zuvor hatten wir All-Inclusive-Pauschalurlaub auf Malle gemacht. Wie schnell sich die Dinge ändern... So etwas kann man in China übrigens besonders leicht sagen. Nirgends auf der Welt ändern sich die Dinge so schnell wie hier. Oft denkt man ja, dass Fortschritt automatisch eine Veränderung zum Guten bedeutet. In diesem Moment hatte ich allerdings nicht das Gefühl. Vielleicht war es gut, dass Annett die Idee, nach Trujillo zu ziehen, sofort verworfen hatte.

Der zweite Tag dämmerte von uns, und wir legten uns für die zweite Nacht zur Ruhe. Unser Bus stand in einer Autoschlange – vor der gleichen Brücke, die wir bereits am Vortag nicht hatten passieren können. Allerdings hatten wir da am Anfang der Schlange gestanden. Heute standen wir an ihrem Ende. Wir hatten einen ganzen Tag damit verbracht, uns rückwärts zu bewegen.

Niemand im Bus schien sich irgendwie darum zu sorgen, dass wir alle eines Abends in ein Fahrzeug gestiegen waren, in dem wir nun – anstatt es wie geplant am folgenden Tag wieder zu verlassen – noch eine Weile würden sitzen müssen. Es gab keine Meuterei. Nicht einmal eine Andeutung von Unzufriedenheit. Niemand stellte die Autorität der Busbesatzung in Frage. Alle saßen einfach still in ihrer Koje. Es wurden keine Freundschaften geschlossen, kein Essen miteinander geteilt. Das überraschte mich.

China hat lediglich eine Partei: die Kommunistische Partei Chinas (KPCh). Deren Propagandaabteilung kontrolliert akribisch, was die Menschen über sie sagen und wer überhaupt etwas sagen darf. Da wir in Deutschland leben, müssen wir uns glücklicherweise nicht mit solchen Einschränkungen abfinden. Wir wurden sogar in dem Glauben erzogen, dass unsere Meinung wichtig ist. Dass unsere Regierung uns etwas schuldet und nicht umgekehrt. Wenn in Großbritannien oder Deutschland ein Staatsbus die Fahrt einstellen würde, dauerte es sicher keine dreiundzwanzig Stunden und fünfundfünfzig Minuten, bis man rebelliert oder eine halbwegs passable Meuterei auf die Beine gestellt hätte.

Die zweite Nacht brach an.

»Wie hungrig bist du? Sagen wir auf einer Skala von eins bis zehn«, fragte ich Annett.

»Ich war hungrig, vor ungefähr sechs Stunden, würd ich sagen. Da war ich bei acht. Jetzt bin ich eher bei sechs oder so.«

Ich hatte exakt das gleiche Gefühl. »Es ist, als wüsste mein Körper, dass es nichts zu essen gibt, und hat deshalb aufgegeben, mich damit zu nerven.«

Annett ließ ihre Beine in der Luft kreisen, um die Blutzirkulation in Gang zu halten. »Ja, es ist verrückt, oder? Ich hab damit gerechnet, immer hungriger und hungriger zu werden. Bis ich an nichts anderes mehr denken kann. Und dann würde ich anfangen zu jagen und zu sammeln oder so.«

»Wenn man so was unternimmt wie diesen Trip hier – oder auch unsere letzten Reisen –, wird einem irgendwie klar, dass man viel flexibler ist, als man sich das jemals vorstellen konnte«, antwortete ich, ohne irgendwas irgendwo kreisen zu lassen.

Sie dachte darüber nach. Man konnte ihr ansehen, dass sie mir nur zu gerne zugestimmt hätte. Sie schien sich wirklich zu bemühen. »Ja... okay... dennoch: Wenn ich die Wahl hätte, würde ich mich trotzdem dafür entscheiden, unflexibel zu sein, aber in Besitz von Kaffee und Kuchen.«

Vierundzwanzig Stunden waren vergangen.

Ich verbrachte die zweite Nacht damit, wie Fleisch am

Döner-Spieß zu rotieren. Ich versuchte, eine Gegend meines Körpers zu finden, die nicht weh tat und mir ein paar Minuten seligen und erholsamen Schlaf gönnen würde. Irgendwer musste meinen Rücken in einen Schraubstock gespannt haben. Zumindest fühlte er sich so an. Meine Zunge war durch die Dehydration angeschwollen. Ich hatte nur ein halbes Croissant gegessen und eine halbe Flasche Wasser getrunken. Eine einsame Träne der Frustration kullerte über meine Wange. Ich hätte gerne noch weitere Tränen freigesetzt, aber ich durfte keine Flüssigkeit verschwenden.

»HRRRRRKCHCHTCHCH«, bemerkte der Mann im Bett über Annett. Es war der vernünftigste Diskussionsbeitrag seit Stunden.

Am nächsten Morgen konspirierte die Crew erneut. Ein wildes Flackern lag in John Wangs Augen. Zwar war das Projekt »Wir verbringen die erste Nacht wartend vor einer Bücke, geben auf, fahren den ganzen Tag und stehen am Ende wieder vor der gleichen Brücke« kein sonderlich großer Erfolg gewesen. Doch er hatte mehr als ein Eisen im Feuer, und aus dem nächsten würde er ein echtes Kunstwerk schmieden. Das sah ich ihm an. Die ältere Dame in der Koje vor mir hustete leidenschaftlich: vielleicht als Aufmunterung, vielleicht auch nur vor Resignation. Es schneite immer noch, wenn auch etwas weniger als am Vortag.

Selbst wenn John gewollt hätte, konnten wir die Schlange jetzt nicht mehr wie gestern einfach so verlassen, denn der Standstreifen war mittlerweile ebenfalls voller Autos. Wir waren zugeparkt. Die Schlange setzte sich hinter uns fort, so weit das Auge reichte. Eine weitere Stunde verstrich.

»Scheißmist«, fluchte Annett und trat frustriert gegen das Fußende ihrer Koje. Sie hatte es aufgegeben, vollständige Sätze zu formulieren, vermutlich um Energie zu sparen. Dann plötzlich wehte ein kalter Lufthauch in den Bus. Die Vordertür stand offen. Zwei von Johns Spitzenkräften standen draußen. *Action – endlich gab es Action!*

Der eine ging zum Fahrzeug vor uns und bat den Fahrer, so dicht es ging an seinen Vordermann heranzufahren. Das zweite Teammitglied überzeugte den Fahrer zu unserer Rechten, in die vor uns frei gewordene Lücke hineinzufahren. Dadurch entstand rechts von uns ein Freiraum, in den der hinter uns wartende Fahrer hineinstoßen konnte. Der Bus konnte somit ein Stück rückwärts fahren, was wiederum vor uns ein Stück Straße frei werden ließ. Dann begann der ganze glorreiche Prozess wieder von vorn.

Es war ein Meisterstück. John schlug in ekstatischer Freude auf sein Lenkrad ein, während sich der Bus langsam, Stück für Stück, rückwärts aus der Schlange herauswand. Weg von der gesperrten Brücke. Auto um Auto um Auto. Wir bewegten uns! Zum ersten Mal seit langer Zeit bewegten wir uns wieder. Die mürrische Stimmung im Bus hob sich. Die Menschen begannen, mit ihren Kojennachbarn zu reden. Annett und ich feierten mit dem letzten halben Croissant und ein paar Schluck Wasser. Es war eine gute Zeit, es war die beste Zeit.

Sechsunddreißig Stunden waren vergangen.

Wir näherten uns dem Ende der Schlange. Ich konnte hinter uns ein Stück freie Straße erkennen, wir waren fast draußen. Der Busfahrer begann, in drei Zügen in Richtung Freiheit zu wenden. Dann sah ich in der Ferne ein Fahrzeug mit Blaulicht, das rasch näher kam.

Annett war nach hinten gegangen, um besser sehen zu können. »Es ist die Polizei.«

»Scheißmist«, sagte ich und imitierte ihre Sprachverdichtung. Das Polizeiauto kam hinter uns zum Stehen, als der Bus in einem Fünfundvierzig-Grad-Winkel aus dem Ende der Schlange herausragte. John sprang hinaus, um mit dem Polizisten zu sprechen. Der setzte seine Sonnenbrille auf und blieb gelassen. Das war absurd – John würde sich doch sicher nicht von einem Mann, der im Schneesturm eine Sonnenbrille trug, von seinem Vorhaben abbringen lassen. Wer war dieser Trottel? Begriff er denn nicht, dass die Menschen in diesem Bus litten?

Seit ganzen siebenunddreißig Stunden litten sie.

John spuckte theatralisch auf den Boden. Abwechselnd grunzend und mit den Armen wedelnd, wies er auf die Schlange, auf seinen Bus und dann auf die Straße hinter uns: die freie Straße. Der Polizist rauchte und schaute John zu. Er blieb aber unbeeindruckt. In China werden in jeder Sekunde fünfzigtausend Zigaretten geraucht. Das ist eine bemerkenswerte Statistik – und während Sie sie lesen, wurden weitere hunderttausend geraucht. Und noch mal hunderttausend.

Irgendwann ging John die Puste aus. Der Polizist schüttelte den Kopf. John spuckte wieder und kletterte vorsichtig zurück in den Bus. Er war geschlagen. Er war nur ein paar Minuten vor der Tür gewesen, doch als er sich wieder hinters Steuer setzte und sich den Schnee von der Kleidung wischte, wirkte er um fünf Jahre gealtert. Statt seine Freiheitswende fortzusetzen, reihte er sich wieder in die Schlange der wartenden Autos ein. Jetzt standen wir ganz, ganz hinten.

Irgendwo weit vor uns blinkte ein großes gelbes »X« unverdrossen weiter.

»Scheißscheißmist«, sagte ich.

»Haben wir noch Wasser?«, fragte Annett. Zwei Schlucke später hatten wir keines mehr.

Die Stimmung während der folgenden drei Stunden war düster. Ich glaube, wir alle hatten uns mental an einen dunklen Ort zurückgezogen. Da erhob sich plötzlich ein Murmeln. Ein Kartenspiel wurde unterbrochen. Die Besatzung war mit neuem Leben erfüllt. Und dann das schönste aller Geräusche: Der Motor wurde stotternd angelassen. Vor uns war ein Abschnitt frei geworden. Sollte das etwa heißen? Nicht im Ernst?! *Ja*, wir fuhren ein Stück vorwärts. Dann noch ein Stück. Wirklich? *Ja*. Die Brücke war wieder offen. Als ich aus dem Fenster blickte, hatte es aufgehört zu schneien. Halleluja. Es dauerte eine Stunde, bis wir wieder vorn angelangt waren und die Schranke passierten. Als wir die Brücke überquerten und auf den zugefrorenen Fluss unter uns hinausschauten, brandete Jubel auf.

»Glaubst du, jetzt haben wir's bald geschafft?«, wagte ich, Annett zu fragen.

»Ich weiß nicht. Ich trau mich nicht, es zu glauben.«

»Wenn wir vor noch einer Brücke stehen bleiben, werde ich mich von ihr runterstürzen.«

Dann ließen wir die Brücke hinter uns ... eine Brücke, vor der wir bestimmt vierzig Stunden lang ausgeharrt hatten. Die nächsten Stunden konnten wir ungehindert fahren und durchbrachen sogar mehrmals die Zwanzig-Stundenkilometer-Schwelle – eine fast atemberaubende Geschwindigkeit. Annett fand ganz unten in ihrem Rucksack versteckt eine kleine Rolle Pringles. Wir feierten sie wie einen Sechser im Lotto.

Einundvierzig Stunden waren inzwischen vergangen.

Dann sahen wir das erste Hinweisschild auf Wuhan. Unser Ziel war zwar noch nicht wirklich in Sicht, mittlerweile aber offenbar nicht mehr als eine Tagesreise entfernt. Der Bus stieß einen kollektiven Seufzer der Erleichterung aus. Annett und ich ließen den Stress, der schwer auf uns gelastet hatte, von uns gleiten und trampelten abwechselnd darauf herum.

Dann, so unspektakulär, wie es begonnen hatte, war es wieder vorbei. Wir sahen Schilder, die bestätigten, dass wir die Stadtgrenze von Wuhan erreicht hatten. Die Hütten wichen himmelhohen Rauchsäulen aus Beton. Einspurige Straßen schwollen auf acht Spuren an und waren zunehmend mit Werbetafeln für Tablets und Smartphones verschandelt.

Vor einer Werkstatt mit dem Logo des Busunternehmens kam unser Bus zitternd zum Stehen. Annett und ich waren überglücklich. Wir schnappten unsere Taschen und strebten beschwingten Schrittes zur Bustür. Als wir sie erreichten, wurden wir von einem Mitglied der Busbesatzung zurückgewunken.

»Was?«, fragte ich ihn. »Wir sind doch da, oder? WUHAN?«

Er schüttelte den Kopf und bedeutete uns erneut, zurück an unsere Plätze zu gehen. Niemand sonst versuchte auszusteigen. Annett sah blass und enttäuscht aus.

»Ach, wir haben so lange gewartet«, war alles, was mir dazu einfiel.

Annett seufzte. Die Mannschaft stieg aus und begann, die Reifen zu wechseln. Sie entfernten die schweren Ketten, die uns durch den Schnee geholfen hatten. Warum der Reifenwechsel nicht bis zu unserer Ankunft warten konnte, leuchtete mir nicht ein, und es war auch niemand an Bord, der es mir erklären konnte. Wir kletterten zurück in unsere Kojen. Ich fühlte mich wie ein Gefangener im Todestrakt, den man in die Freiheit entlassen hat, nur um ihn auf dem Gefängnisparkplatz wegen eines geringfügigen Verkehrsdelikts erneut festzunehmen und in seine alte Zelle zu werfen.

Fünfundvierzig Minuten später waren sie fertig. Das war es jetzt aber? Das Ende vom Lied, oder? Doch dann kam wie aus heiterem Himmel ein Hundewelpe aus dem Restaurant gegenüber gerannt und suchte Zuflucht unter unserem Bus. Der Besitzer rannte, mit einem Stock in der Luft herumfuchtelnd, hinter ihm her. Mir erschien das Ganze wie eine Metapher: Dieser Bus war das Leben, der Stock das Schicksal, und wir alle waren Hundewelpen.

Der Anblick eines Mannes, der in einer schmutzigen Schürze um unseren Bus herumlief und mit einem Stock nach einem versteckten, kläffenden Welpen stocherte, gab mir den Rest. Von Frustration überwältigt, begann ich, gegen mein Bett zu treten. Der Damm brach. Bevor ich mich versah, war ich in Tränen aufgelöst. Ich weiß nicht einmal, woher ich die Flüssigkeit nahm. Annett erwischte es ebenfalls. Und dann fingen wir beide an zu lachen. Es war – in vielerlei Hinsicht – ein wunderbarer Moment. Es sind solche Momente, für die wir Menschen auf Reisen gehen. Momente, in denen wir ganz bei uns sind. Und die uns viel länger in Erinnerung bleiben werden als hundert Nächte mit Netflix auf dem Sofa, tausend Businessmeetings oder zehntausend ereignislose Fahrten zur Arbeit und wieder zurück. Es sind solche Erfahrungen, die zu einer *deiner* Geschichten werden. Teil deiner Identität. *Hab ich dir schon mal die Geschichte von dem Schneesturm erzählt? Nein? Dann setz dich mal hin und hör zu...*

Zweiundvierzig Stunden waren vergangen.

John Wang und seine Crew – motiviert und voller Energie nach ihrem erfolgreichen Reifenwechsel – geboten dem stockwedelnden Verrückten Einhalt. Sie steckten die Köpfe zusammen, um einen besseren Welpenbefreiungsplan zu entwickeln.

»Das wird bestimmt gut«, sagte Annett, die durch das Fenster zusah.

»Es würde mich nicht wundern«, erwiderte ich, »wenn sie beschließen, einfach zu warten, bis der Kleine ausgewachsen ist und nicht mehr unter den Bus passt.«

»Nein, auf keinen Fall! Das ist viel zu praktisch gedacht.«

Nun gingen ein paar der Männer in die Garage, aus der sie mit einem großen leeren Zementsack sowie einigen langen Stangen wieder zurückkehrten. Ihr neuer Plan erwies sich als Verfeinerung des bereits gescheiterten Plans. Die Idee war, den Hund in eine Ecke der Bus-Unterseite zu treiben, von wo aus er schließlich in den Zementsack fliehen würde – aus freien Stücken. Ganz zwanglos. Er hätte sonst ja keine andere Möglichkeit, den nach ihm stochernden Stangen zu entkommen. John hockte neben der Vordertür des Busses, den geöffneten Sack in den Händen.

Leider hatte niemand dem Welpen das Drehbuch gegeben. Er verpatzte immer wieder seinen Einsatz. Jedes Mal, wenn eine Stange unter den Bus geschoben wurde, bellte er sie wild an und schnappte danach. Dass fremde Männer ihn mit langen Stangen traktierten, vermittelte ihm offenbar nicht den Eindruck, dass alles in bester Ordnung war und er sein Versteck verlassen konnte, um in einen gemütlichen dunklen Stoffsack zu schlüpfen.

Eine junge Frau mit weißer Steppjacke und rotem Schal verfolgte das Geschehen. Sie war ungefähr Mitte zwanzig und man sah ihr an, dass sie großes Mitgefühl mit dem Hündchen hatte. Sie schimpfte mit den Männern und forderte sie auf, ein paar Schritte zurückzutreten. Dann kauerte sie sich unter den Bus und lockte den Welpen mit der chinesischen Version von »Hierher, Fifi, braves kleines Hundchen, so ist es brav, du bist ein ganz Süßer, komm her zu mir«. Der Hund rannte direkt in ihre Arme. Die berüchtigten Waffen einer Frau? Jedenfalls missbrauchte sie umgehend das Vertrauen des armen Tiers, indem sie es umstandslos dem Restaurantbesitzer mit der schmutzigen Schürze übergab. Dann ging sie davon. Eine klassische *Femme fatale*. Das arme Hündchen würde niemals mehr einer Frau vertrauen, solange es lebte – was wahrscheinlich höchstens einen Monat dauern würde. Der Besitzer packte es im Nacken und schwenkte es nach rechts und links – wie ein Dirigent seinen Taktstock, während er zurück in sein Restaurant lief.

Dreiundvierzig Stunden waren vergangen.

Die Crew stieg wieder in den Bus. Der Motor sprang an. Die neuen, kettenlosen Reifen begannen sich zu drehen. Wir waren wieder unterwegs, fuhren weiter ins Zentrum von Wuhan. Es sah aus wie die anderen chinesischen Städte, die wir gesehen hatten. Ein Labyrinth aus Wolkenkratzern und langweiligem Beton. Schnell gebaut und funktional. Ästhetik oder Nachhaltigkeit waren nebensächlich für diese Städte. Sie sollten vor allem die Millionen, die ihr Leben auf dem Land gegen die Verheißungen von Neonlicht und urbanem Fortschritt eintauschen wollten, maximal schockieren und beeindrucken.

Als wir das nächste Mal hielten, stürmten alle aus ihren Kojen zu den Türen. Alle, außer Annett und mir. Wir konnten nicht glauben, dass es wirklich vorbei war. Dieser Bus hatte uns oft genug falsche Hoffnungen gemacht. Zweifellos würde gleich wieder etwas schiefgehen, oder? Dort draußen warteten sie mit langen Stangen und Zementsäcken auf uns, um uns am Kragen zu packen und ohne viel Aufhebens zurück in unsere Kojen zu werfen.

Doch die Tür öffnete sich. Die Leute stiegen aus. Draußen hatte sich die Besatzung aufgereiht, die sich von allen Fahrgästen verabschiedete. Sie schüttelten Hände und scherzten über unsere Odyssee. Die Herzlichkeit zwischen ihnen und unseren Mit-Geiseln/Passagieren ließ erkennen, dass dies auch für sie keine normale Tour gewesen war. Sie waren genauso erleichtert, dass es vorüber war. Mit nur dreißig Stunden Verspätung. John streckte mir seine Hand hin: Sie fühlte sich an wie Leder. In seinen Augen lag echtes menschliches Empfinden.

Du dummer Westler mit deiner schimpfenden Freundin – du bist eigentlich ganz in Ordnung. Geh hinaus in die Welt, mein Sohn, du bist frei. Ich hab dir alles beigebracht, was du wissen musst. Du kannst in einer Streichholzschachtel schlafen, von einem halben Gebäckstück am Tag leben und in eine offene Grube pinkeln. Du hast gedacht, dass du ein Kontrollfreak bist? Vergiss es. Hast gedacht, du würdest unausstehlich, wenn du nicht deinen Kakao zum zweiten Frühstück bekommst? Unsinn.

Ich trat rauf auf die Straße und schaute ein letztes Mal auf meine Uhr.

Vierundvierzig Stunden waren vergangen.

Sofort fielen die Straßenhändler über uns her. Völlig egal, was die Chinesen sich selbst einreden: Der freie Markt ist überall. Er jagt dich, schreit dir Preise zu und bestürmt dich so lange, bis du dir den Plunder anschaust. Wir kauften alles. Wasser, Kekse, Instant-Nudeln, Obst. Dank unserer hungrigen Augen und leeren Mägen waren wir extrem nachsichtig. Ich lächelte die kleine alte Dame an, die in der Koje vor mir gelegen und die ganze Reise über mit einem bösen Reizhusten gekämpft hatte. Sie tippelte langsam an uns vorbei, auf ihren hölzernen Gehstock gestützt und vornübergebeugt wie eine Buchstütze.

Ich fragte mich, wie sie diese vierundvierzig Stunden empfunden hatte. Für Annett und mich war es eine Ausnahmesituation. Wir sind schließlich daran gewöhnt, dass die Dinge funktionieren. Wir erwarten, dass alles einfach, komfortabel, verlässlich und sicher ist. Entfernung, Zeit, Entbehrungen – all das hatte hier ganz andere Ausmaße. Die alte Dame hatte der Verspätung wahrscheinlich kaum Beachtung geschenkt: Ich bezweifelte, dass diese Episode es in ihre Autobiographie schaffen würde, angesichts des ganzen Wandels und der Unsicherheit, die sie bereits durchlebt hatte. Was sind schon dreißig Stunden milder Unannehmlichkeiten, wenn man seit dreißig Jahren in einem Hochgeschwindigkeitszug des politischen Wandels gefangen ist – mit kaum erkennbarem Ziel und ohne die Möglichkeit auszusteigen, dafür aber mit Panoramablick auf einen schwindelerregenden, erbarmungslos vorbeirasenden Fortschritt.

Wir checkten im ersten Hotel einer westlichen Kette ein, das wir finden konnten. Alles darin war wunderbar austauschbar, und schon die glänzende Marmorlobby ließ uns den Luxus erahnen, der uns erwartete. Die Tage des Grubenpinkelns waren vorüber. In unserem Zimmer schlüpften wir in die bereitgestellten flauschigen Bademäntel, bestellten den Zimmerservice und tranken Unmengen von Wasser. Unsere Toilette hatte eine Tür – diese Dekadenz war mir geradezu peinlich. Wir waren keine *Bus People* mehr.

Annett saß im Bett und las ein Buch. »Müssen wir den ganzen Monat machen?«, fragte sie.

»Willst du früher nach Hause?«

»Du nicht?« Sie legte das Buch zur Seite. »Hast du Spaß? Ich nämlich eigentlich nicht. Und sobald das hier vorbei ist, muss ich wieder arbeiten gehen. Ehrlich gesagt, freue ich mich auf die Arbeit, weil es etwas anderes ist als das hier.«

Ich versuchte einen Moment lang, mir einzureden, dass ich Spaß hatte. »Ich glaub nicht, dass man nach China fährt, um Spaß zu haben«, gab ich zu bedenken, nachdem ich den Versuch erfolglos aufgegeben hatte.

»Aber warum sind wir denn dann hier? Du fährst doch auch in den Urlaub, um Spaß zu haben.«

»Ich hab keine Schuld! Es war der Schnäppchen-Pirat ... oder -Papagei ... oder -König oder was auch immer sein dämlicher Name war. Jetzt sind wir hier, machen wir das Beste draus. Es kann ja nicht mehr viel schlimmer werden als dieser Bustrip, oder?«

»Ich will es nicht hoffen«, sagte Annett und nahm ihr Buch wieder zur Hand. »Irgendwie vermisse ich, nun ja, erholsame Ferien.«

Am Ende schafften wir es noch bis Xi'an, wo wir auf eisglatter Straße haarscharf einem Autounfall entgingen. Wir sahen riesige Hallen voll mit ein paar tausend fast identischen Terrakottasoldaten. Sie waren dort aufgestellt worden, um Chinas ersten Kaiser Qin Shihuangdi im Jenseits zu beschützen. Eine Idee, die ich gleichermaßen absurd (Terrakottafiguren kommen ins Jenseits?) und besorgniserregend fand (das Jenseits ist so gefährlich, dass man eine Armee mitnehmen muss? Was ist das Schlimmste, das einem dort passieren kann – man stirbt noch einmal?), die aber mit bewundernswertem Eifer (genug für achttausend Soldaten) umgesetzt worden war. Eine kleine Zugfahrt von tausend Kilometern brachte uns schließlich nach Beijing, wo wir eine gewisse weltberühmte Mauer erkletterten und etwas über mongolische Horden lernten. Die Mauer raubte uns den Atem und versetzte uns gleichzeitig in Ehrfurcht und ungläubiges Staunen: Dass einfache Menschen etwas so Riesiges bauen mussten, nur damit andere Völker sie nicht umbrachten oder versklavten...

Die Kälte ließ keinen Augenblick nach. Das Reisen war eine absolute Schinderei. Einfachste Aufgaben wie das Kaufen einer Fahrkarte konnten infolge von Sprachproblemen und unüberwindlichen kulturellen Gräben einen halben Tag in Anspruch nehmen. Jede Speisekarte war eine Lotterie. Als wir Beijing erreichten, war ich ein von Grippe gebeuteltes nervliches Wrack. Wir hielten den geplanten Monat gerade so durch. Im Flieger Richtung Deutschland tanzten wir vor lauter Glück den Weg zu unseren Plätzen: Wir würden nie mehr einen chinesischen Winter erleben müssen.

Wir hatten das Fremde, das Seltsame, das andere gesucht. Ehrlich gesagt, vielleicht war es auch nur ich gewesen, der all das gesucht hatte. Wie auch immer... egal, wer diesen Wunsch geäußert oder nicht geäußert hatte – China war fremd, seltsam und anders. Und zwar zur Genüge. Aber auch nicht mehr. Und ganz sicher war es kein Vergnügen. Je länger wir in China waren, desto sicherer war ich mir, dass es dort auch gar nicht um Vergnügen geht. Die Menschen kommen dorthin, weil sie wissen – oder zumindest vermuten –, dass eines Tages China das Sagen haben wird. Oder dass dieser Tag vielleicht sogar schon gekommen ist. Sie kommen, um zu sehen, wie Chinas Vormundschaft aussehen wird. Sie kommen, weil Chinas Gegenwart hektisch und komplex ist und ganz anders als sein Selbstbild. Sie kommen, weil die Zukunft des Planeten sehr wahrscheinlich von Chinas Zukunft abhängen wird. Selbst wenn man das Mirakel unseres Schnäppchen-Flugs einmal außen vor lässt, gibt es mehr als genügend Gründe, China zu besuchen. Allerdings rechtfertigt keiner davon, diesen Besuch im Januar zu machen.

Spürst du das Feuer?
SPÜRST DU DAS FEUER?!?

**Tel Aviv und Jerusalem (Israel):
Prä-Renaissancemenschen, Weinmonster,
Scherzkrawatten, Verschwörungstheorien**

Nach den Erlebnissen in China traf die Fortsetzung des Projekts »Verrückte Ferien« auf den Widerstand meiner Komplizin. Die letzten drei Trips – Istanbul sowie unsere mäßig erfolgreichen Reisen durch China und Ghana – waren zwar allesamt denkwürdig gewesen, ein Vergnügen aber waren sie nicht. Wenn ich nicht allein fahren wollte, musste ich nun einen Ort finden, der nicht nur gefährlich und anstrengend war, sondern auch wunderbar. Ein paar unserer Freunde hatten davon geschwärmt, wie phantastisch und unglaublich intensiv Israel ist. Außerdem hatten sie mir versichert, dass man dort toll essen konnte, es zu unserer Reisezeit angenehm warm war (diesen Aspekt recherchierten wir besonders gründlich) und es noch dazu Strände gab (und zwar nicht im ghanaischen Sinn). Annett war entsprechend begeistert von der Idee – so sehr, dass sie sogar bereit war, die Planung zu übernehmen.

Ich wollte dennoch etwas länger bleiben als sie, und die einzige Verbindung, die für mich günstig war, bot El Al an, die größte israelische Fluggesellschaft. So kam es, dass wir fast gleichzeitig, aber mit verschiedenen Flügen von verschiedenen Berliner Flughäfen aufbrachen.

Es war eine besonders heikle Zeit für einen Besuch in Israel: In den Wochen vor unserer Abreise hatte eine Anschlagswelle das Land erschüttert. Es wurde sogar befürchtet, dass eine dritte Intifada bevorstand, also ein großangelegter palästinensischer Aufstand gegen Israel. Wir waren ein wenig nervös, aber da wir keine Reiserücktrittsversicherung abgeschlossen hatten, wollten wir trotzdem fliegen.

Ich kam sehr zeitig auf dem Flughafen Schönefeld an, denn ich hatte gehört, dass das Sicherheitspersonal manchmal etwas übermotiviert ist, wenn man nach Israel fliegt. Oder in Israel ist. Oder irgendwann mal in Israel war und irgendwo hinfliegen will, wo nicht Israel ist. In der Abflughalle wurde ich bereits am äußersten Ring der Check-in-Automaten von einem kleinen, bärtigen El-Al-Angestellten in Empfang genommen. Er hatte buschige schwarze Augenbrauen und trug eine Nickelbrille.

»Guten Morgen, mein Name ist Levi«, sagte der Mann. Dann grinste er mich an und nahm meinen Pass an sich. Es gibt Menschen, die passen wie angegossen zu ihrem Umfeld: der humorlose Buchhalter, der nerdige Wissenschaftler, der tätowierte Betreiber eines Tattoo-Studios. Levi gehörte nicht dazu. Er hatte mehr was von einem kleinen jüdischen Cheerleader. Eine erfrischend positive Gestalt in der sterilen und deprimierenden Welt der Flughafen-Security. Während all der verrückten Dinge, die mir im Folgenden passierten, verriet sein warmes und offenes Gesicht stets »Ich bin ganz auf deiner Seite.« Auch dann, wenn mir der Rest seines Körpers zu verstehen gab: »DU DARFST HIER NICHT DURCH!«

»Also, Adam«, begann er. »Israel ist, äh, wie Sie vielleicht wissen ...« Levi suchte nach einer angemessenen Formulierung. Er sprach wie ein Lehrer, der dem Klassenidioten das Einmaleins erklärt. »Wir sind, *nun ja*, ein wenig *speziell*. Daher werden wir Ihnen heute ein paar zusätzliche Fragen stellen. Aber wenn es keine Probleme gibt, können Sie gleich weiter zum Check-in-Schalter, okay?«

Er zeigte hinter seine linke Schulter. Dort befand sich der Schalter, an dem eine gelangweilt dreinblickende Frau darauf wartete, dass jemand genügend Fragen richtig beantwortete, um zu ihr vorgelassen zu werden.

»Klar, kein Problem«, sagte ich, weil ich erstens keine Wahl und zweitens nichts zu verbergen hatte.

Levi hatte ein vergnügtes Funkeln im Augenwinkel. »Wissen Sie, dass Sie ein bisschen israelisch aussehen?«

Ich wusste nicht, was ich darauf antworten sollte. Ich hatte keine Ahnung, wie der durchschnittliche Israeli aussieht. Bis dato hatte ich nur einen kennengelernt. Levi überflog die Stempel in meinem Pass. Ein wenig länger brauchte er bei den Stempeln aus muslimischen Ländern, die von Israel nicht gemocht werden und die Israel nicht mögen. Also so ziemlich alle muslimischen Länder. Es dauerte eine Weile.

»Vielen Dank, Adam. Bitte warten Sie einen Moment hier. Ich bin gleich wieder da.«

Ich entspannte mich. Es war überstanden. Jetzt war endlich Urlaub angesagt. Levi ging rüber zu einem gefährlich aussehenden Typen, der neben dem Check-in-Schalter stand. Er sah mehr wie ein Türsteher aus. Er hatte ein Headset im Ohr, dessen Kabel im Kragen seines blauen El-Al-Hemdes verschwand. Das Hemd saß so eng, als wäre es nur dazu da, seine Muskelberge im Zaum zu halten. Dabei kam es offensichtlich ziemlich an seine Grenzen. Der Mann hatte mindestens dreimal so viel Muskelmasse wie ich – und die war ausnahmslos straff und durchtrainiert. Levi näherte sich ihm behutsam. Er hatte etwas von Oliver Twist, der um einen Löffel mehr Suppe bittet. Das Muskelpaket warf einen Blick in meine Richtung und beäugte mich wie ein Löwe eine schwerverletzte Gazelle. Die beiden wechselten ein paar Worte, und der Riese schüttelte langsam seinen Kopf, der dabei nicht einmal seine vollkommen waagrechte Bahn verließ. Levi kam zu mir zurück und lächelte, als sei alles in bester Ordnung, und heute – in vielerlei Hinsicht – der beste Tag seines Lebens.

»Phantastisch. Vielen Dank, dass Sie gewartet haben«, sagte er. Als ob ich eine Wahl gehabt hätte. »Ich muss Ihnen noch ein paar weitere Fragen stellen. Ich hoffe, das geht in Ordnung?«

Eine Wahl? Ich? Wirklich?

»Können Sie mir verraten, welchen Beruf Sie ausüben, Adam?«

Das ist immer eine schwierige Frage. Eigentlich bin ich stolz darauf, ein funktionierendes Mitglied der Gesellschaft zu sein, dessen Beschäftigung nicht mal nur annähernd nach einem Beruf aussieht. Ist Ihnen das Konzept des Renaissancemenschen ein Begriff? Im Deutschen wird er bisweilen auch als Universalgelehrter bezeichnet. Nun, ich bin so etwas wie ein Prä-Renaissancemensch, der sich hartnäckig jeglichem Können verweigert. Ich hätte nun natürlich einfach mit »Journalist« oder »Schriftsteller« antworten können. Doch wer sich zu diesen Berufen bekennt, öffnet die Pforten zur Reisehölle. Niemand will Journalisten oder Schriftsteller in sein Land lassen, haben diese doch die unangenehme

Angewohnheit, Dinge aufzuschreiben – und gelegentlich sind diese Dinge sogar wahr.

»Ich bin Kleinunternehmer«, sagte ich. »Ich habe ein paar Webseiten.«

»Was sind das für Webseiten?«

»Eine Webseite heißt *The Hipstery*, darauf verkaufe ich Produkte. Die andere heißt *TheTeeDirectory*, und darauf empfehle ich Produkte.«

»*Das* ist Ihr Beruf?« Levi blickte skeptisch. Ganz ähnliche Blicke ernte ich jedes Mal von meinen Eltern, wenn ich es ihnen zu erklären versuche.

»Witzig, nicht wahr? Aber es stimmt, das ist mein Beruf.«

»Haben Sie vor, an diesen Webseiten zu arbeiten, während Sie in Israel sind?«

»Nein. Ich arbeite ehrlich gesagt auch hier in Berlin kaum an ihnen.«

Seine Skepsis nahm zu. »Aha. Faszinierend. Ich bin hier den ganzen Tag lang am Flughafen und stelle Fragen, und andere Menschen leben einfach von ihren Webseiten. Die Welt ist schon ein komischer Ort, nicht wahr? Meinen Sie, Sie könnten mir diese Webseiten einmal zeigen?«

»Klar«, antwortete ich. WEIL ICH KEINE ANDERE WAHL HATTE, WENN ICH IN DEN URLAUB WOLLTE.

Levi führte mich zum Incredible Hulk, der mich eingehend betrachtete. Ich meinte sogar zu sehen, dass er sich die Lippen leckte. Dann führte ich Levi auf dem El-Al-Paranoia-Laptop meine Webseiten vor, und er konsultierte ein weiteres Mal den Hulk, der ein weiteres Mal den Kopf schüttelte. Ich kam mir vor wie in einer Quizshow, wo leider alles, was ich sagte, ein lautes *Trööt* auslöste: *Diese Antwort war leider falsch.*

Levi grinste so breit, als wäre heute mein Geburtstag und er hätte extra einen Kuchen für mich gebacken. »Nur noch ein paar weitere Fragen…«

Ich seufzte. Ich hatte ja gehört, dass die Israelis paranoid sind, aber ich wusste nicht, dass sie *so* paranoid sind. Ich wollte doch einfach nur in den Urlaub.

»Kein Grund zum Seufzen«, sagte er beleidigt. »Sie machen das ganz prima. Wir haben es fast geschafft. Wo kommen Sie denn unter?« Ich kramte die Airbnb-Reservierung aus meiner Tasche. Er studierte sie gründlich. »Hier steht, dass ein Quartier für *zwei* Personen gebucht wurde.« Er atmete theatralisch aus und zeigte auf die Zeile in der Buchungsbestätigung, wo es schwarz auf weiß stand: 2 *Reisende*. Ehe ich mich versah, waren Levi die Gesichtszüge entgleist.

Wir waren doch ein Team. Er stand voll und ganz hinter mir. Und nun so etwas…

»Sie haben mir doch gesagt, dass Sie allein reisen?«

Das würde dem Hulk nicht gefallen. Das würde ihm überhaupt nicht gefallen.

»Hab ich das? Nun ja, ich *reise* ja auch allein. Meine Freundin nimmt einen anderen Flug«, stellte ich klar.

Trööt! Wieder daneben.

»Wir fliegen zu unterschiedlichen Zeiten zurück. Sie hat den Lufthansa-Flug genommen, der vor ein paar Stunden gestartet ist.«

Levi notierte Annetts Namen und brachte den Zettel zu Hulk. Hulk bewegte sich nicht. Ebenso wenig wie Bäume sich bewegen. Oder Wände. Levi hüpfte zu mir zurück. Zugegeben, auf der gelben Ziegelsteinstraße zum Check-in waren wir mit einigen kleinen Hindernissen konfrontiert worden – aber da war nichts, das wir nicht in den Griff bekommen konnten. Wir mussten nur zusammenarbeiten und einander die Wahrheit sagen.

»Alles bestens«, log Levi. »Nur noch ein oder zwei Fragen. Kennen Sie jemanden in Israel? Haben Sie vor, in die besetzten Gebiete zu reisen?«

Ich versuchte, aus der Schublade mit der Aufschrift *Sonderfall* herauszukommen. »Nein und nein. Eine Bekannte aus Tel Aviv hat mir ein paar Reisetipps geschickt, und meine Freundin und ich werden wahrscheinlich einfach ihre Liste abarbeiten.«

Und wieder in die Falle getappt.

»Sie sagen, dass Sie niemanden in Israel kennen – und behaupten gleichzeitig, dass Sie eine Liste von einer israelischen Freundin bekommen haben ...?!?!«

»Ich, äh, hab nicht ...« Ich stammelte jetzt. »Also ...«, versuchte ich fortzufahren. »Äh. Neulich hab ich auf einer Konferenz ein Mädchen kennengelernt. Wir haben uns unterhalten, und ich hab ihr erzählt, dass ich demnächst nach Israel reise, und daraufhin hat sie mir diese Liste geschickt.« Ich entfaltete ein DIN-A4-Blatt und reichte es Levi.

»Wie heißt dieses Mädchen?«

Ich konnte mich nur an ihren Vornamen erinnern. Das schien Levi sehr tief und sehr persönlich zu treffen. Ich behielt für mich, dass ich mir selbst beim Vornamen nur zu zweiundsechzig Prozent sicher war. Die Liste selbst war nur eine Aufzählung verschiedener Bars und Restaurants mit Kommentaren wie »unbedingt die Eier Benedict probieren!«. Ich hätte mir die Tipps ebenso gut aus dem Internet ziehen können: »Tel Avis beste Tellergerichte«.

Levi las jedes Wort darauf so gründlich, als sollte er einen

Geheimcode entziffern. Dann nahm er die Liste, die Airbnb-Buchungsbestätigung sowie meinen Pass und ging erneut zum Hulk. Hulk schüttelte einmal mehr den Kopf.

Ernsthaft? War ich so außergewöhnlich? Mit meinem leicht israelischen Gesicht, dem fehlenden Beruf, der unsichtbaren Freundin und dem Eier-Benedict-Konferenzkontakt ohne Nachnamen?

Froh wie ein Lamm auf einer Sommerwiese kam Levi zu mir zurück. »Wir haben entschieden, Sie zum erweiterten Gepäck-Screening zu schicken.« So wie er es sagte, klang es, als hätte ich gerade den Airport-Oscar gewonnen. »Das ist natürlich kein Grund zur Sorge.«

Es ist schon komisch, wie oft Menschen die Wendung »kein Grund zur Sorge« genau in dem Moment äußern, wo Sorgen wirklich angebracht wären. Als wollten sie sich damit selbst überzeugen. Diese Phrase fällt genau in die gleiche Kategorie wie andere beruhigende Mantras, zum Beispiel »das ist nur eine kleine Wucherung«, »ich hab das ganz schnell wieder repariert« und »was ich nicht weiß, macht mich nicht heiß«.

Aber Hulk konnte mir durchaus Dampf machen. Bei seinen Blicken war mir schon jetzt abwechselnd heiß und kalt geworden. Levi tänzelte mit mir im Schlepptau an ihm vorbei zu einem Metallstuhl, der vor einer Tür ohne Aufschrift stand. Dann verschwand er hinter dieser Tür. Wir waren jetzt gut zwanzig Meter vom inzwischen recht gut gefüllten Check-in-Bereich entfernt. Ich versuchte ruhig zu bleiben, hatte aber offenbar vergessen, wie das ging. Mein Gehirn arbeitete auf Hochtouren: Wahllos öffnete es lang verschlossene Schubladen in meinem Gedächtnis und kramte all das hervor, was ich in meinem Leben falsch gemacht habe. Vermutlich reiner Selbstschutz: So konnte ich schon gestehen, bevor das Waterboarding richtig losging. Die Liste war lang: Mit zwölf habe ich in einem Schreibwarenladen einen Spitzer gestohlen, ich habe illegale Downloads getätigt. Okay, das war eine kurze Liste – aber das liegt nur daran, dass ich all die wirklich schlimmen Sachen richtig verdrängt habe. Levi kam nach kurzer Zeit wieder durch die Tür ohne Aufschrift heraus – mit vergnügten Augen, die mir wohl so etwas sagen wollten wie »*Die Queen wird Sie nun empfangen*«. Ich folgte ihm durch die Tür in einen kleinen fensterlosen Raum, wo ein haariger Mann in einem Drehstuhl saß. Er war gerade dabei, sich Gummihandschuhe anzuziehen. *Verdammt.*

»Das machen Sie bestimmt bei jedem, der hier reinkommt, oder?«, fragte ich. Er lächelte vielsagend.

»Ich warte dann mal draußen«, sagte Levi. Er klang wie ein Vater, der seinen Sohn im Kindergarten abgibt. »Viel Glück.«

Warum sollte ich Glück brauchen? *Klick*, die Tür schloss sich wieder. Ich musste über die Absurdität der ganzen Situation lachen.

»Ziehen Sie sich aus«, sagte der Mann.

Ich hörte auf zu lachen.

»A-alles?«, stotterte ich.

»Nein, die Unterwäsche können Sie anlassen.«

Oh, welche Gnade. Ich zog mich bis auf die Boxershorts aus. Der Mann schaute mir in den Mund, ließ mich husten und scannte mit einer Art futuristischem Robocop-Antiterror-Detektor all meinen Besitz.

»Können Sie die Funktionsfähigkeit Ihres Telefons demonstrieren?«, fragte er. »Vielleicht ein Foto schießen?«

Ich bin ja kein Profi-Fotograf, und so entschied ich mich

spontan, ein Bild von dem Computer zu machen, der hinter uns in einer Ecke des Raumes stand. Es war nicht gerade die Decke der Sixtinischen Kapelle, aber nun mal das Einzige in diesem trostlosen Raum, das auch nur annähernd als Motiv in Frage kam. Der Mann schnappte sich hastig mein Handy.

»Nicht das«, rief er. »Das ist geheim.«

Diese ganze Episode machte mir nachdrücklich klar, dass man unendlich viele Dinge falsch machen kann, wenn man versucht, alles richtig zu machen. Ich zog mich wieder an und wurde aufgefordert, draußen zu warten. Es vergingen etwa zwanzig Minuten. Die Tür öffnete sich, und der Mann rief Levi etwas zu. Levi tänzelte an mir vorbei – ein Mann, der hier so vollkommen fehl am Platz war wie ein Eskimo auf einem Kamel im Weltall – und verschwand erneut hinter der Tür.

Ein paar Minuten später kam er wieder raus und hatte mein Laptop in der Hand. Es waren die illegalen Downloads, ich hatte es gleich gewusst. Sie hatten den Screener des neuen LEGO-Films gefunden. Ich war erledigt.

»Der Bildschirm scheint nicht ganz fest zu sitzen«, sagte Levi und hielt das Display fest, das – wie schon seit Monaten – lose herabhing.

»Ja, es ist ein bisschen kaputt. Ich hab's mit Klebeband befestigt.«

»Der Akku scheint auch mit Klebeband befestigt zu sein?«

»Ja, der ist auch kaputt. Ich werde das demnächst reparieren.«

Wieder eine Lüge. Ich war schließlich ein Prä-Renaissancemensch.

Der Check-in-Bereich hatte sich mittlerweile bis auf ein oder zwei Nachzügler geleert. Auf der Anzeigentafel stand unter meinem Flug rot hinterlegt »Final Call«. Der ganze Prozess hatte fast zwei Stunden gedauert. Ich war gestresst, durstig und hatte keine Lust mehr, das Objekt nicht enden wollender Verdächtigungen zu sein. Wieder stattete Levi dem Hulk einen Besuch ab. Ich konnte nicht hinschauen: Die Vorstellung einer weiteren Zurückweisung war unerträglich. Vergnügt wie immer kam Levi zurück.

»Großartig, Mr. Fletcher, wir sind jetzt mit dem Sicherheits-Check fertig! Ich hoffe, es war nicht zu intensiv.«

War es wirklich vorüber? »Es war ziemlich intensiv«, grummelte ich.

Das schien ihn vollkommen zu überraschen. Er wippte auf den Fersen. »Wirklich? Oh ... nun ... das tut mir leid. Meine Kollegin wird Sie gleich zum Boarding bringen. Ich wünsche Ihnen einen schönen Aufenthalt in Israel.«

Ich stieß einen Seufzer der Erleichterung aus.

Ein paar Minuten später erschien eine Frau und sagte: »Ich werde Sie jetzt zum Boarding eskortieren.«

Das Wort *eskortieren* kann man auf zwei Weisen gebrauchen: Die erste Bedeutung ist »Du bist wichtig«. *Wir eskortieren Sie zum Weißen Haus.* Die zweite Bedeutung impliziert »Du bist eine Gefahr«. *Eskortieren Sie den Gefangenen in den Elektroschockraum.* Der Tonfall dieser Dame war klar der zweiten Variante zuzurechnen. Als wir an einer Relay-Filiale vorbeikamen, blieb ich einige Schritte hinter ihr zurück, weil die viele Schokolade im Schaufenster mich kurzzeitig ablenkte.

»Gehen Sie NICHT hinter mir«, sagte sie, als wäre das wahnsinnig offensichtlich.

»Wie bitte?«

»Sie MÜSSEN immer VOR MIR gehen.«

»Bin ich verhaftet? Kommen Sie schon, jetzt wird's langsam lächerlich.«

»Halten Sie die internationale Sicherheit für lächerlich?«, fragte sie zurück. Schon wie sie ihre Hände auf die Hüften stützte, machte deutlich, dass das in Anbetracht der Umstände auf keinen Fall toleriert werden konnte.

Sie wartete, bis ich an ihr vorbeigegangen war. Ich hasste diese Frau. Ich hasste das Fliegen. Ich hasste Israel – was ein ziemlich forsches Urteil war, wenn man bedenkt, dass ich zu diesem Zeitpunkt noch gar nicht in Israel gewesen war. Aber ich konnte nichts dafür. Ich hatte mir wirklich Mühe gegeben und alles getan, was von mir verlangt wurde.

Die Frau eskortierte mich bis direkt an die Flugzeugtür. Ich stieg ein und kochte den ganzen vierstündigen Flug lang still vor mich hin. Ich wich allen Blicken aus. Es war wahrscheinlich ohnehin jeder an Bord davon überzeugt, dass ich zu einer terroristischen Gruppe gehörte.

Annett erwartete mich in der Ankunftshalle des Ben-Gurion-Flughafens. Sie sah – wahrscheinlich zum ersten Mal überhaupt, seit wir uns kannten – viel entspannter aus als ich. Im Taxi auf dem Weg in die Stadt erzählte ich ihr, was mir in Berlin passiert war. Als ich bei der Leibesvisitation ankam, weinte sie vor Lachen.

»Ich fliege niemals wieder mit El Al«, sagte ich.

»Ehrlich gesagt, sieht es nicht danach aus, als würden sie dich noch einmal mitnehmen.«

Zum Glück ließ die Anspannung etwas nach, als wir Tel Aviv erreichten. Einen Augenblick lang fühlte es sich sogar fast so an, als wäre ich jetzt im Urlaub und nicht an einem weiteren Ort, wo eine rituelle Demütigung auf mich wartete.

Tel Aviv gilt im Allgemeinen als ziemlich entspannt. Und

tatsächlich ist der Lebensstandard, der einem dort geboten wird, bemerkenswert, was er im Übrigen auch ohne die exorbitanten Lebenshaltungskosten wäre. Wenn ich im Supermarkt einen Becher Joghurt in die Hand nahm, hatte ich den Eindruck, als wäre sein Preis einzig und allein mit der Absicht festgesetzt worden, mich zu verärgern. Ein kurzer Gruß des Kapitalismus – mit der einfachen Botschaft: »Fuck you.«

Es gab auch Waffen. Jede Menge Waffen, was der Entspannung nicht besonders zuträglich war. Vor allem, weil diese Waffen von Menschen herumgetragen wurden, die so jung waren, dass man sie am liebsten angehalten und mit einem Blick auf das Maschinengewehr auf ihrem Rücken gefragt hätte: »Wissen deine Eltern, dass du mit so etwas herumläufst?« Diese schwerbewaffneten Jugendlichen waren Soldaten im Wehrdienst: zwei Jahre und acht Monate für Männer, zwei Jahre für Frauen. Man hatte das Gefühl, dass die Stadt voll von ihnen war.

Ein weiterer Faktor, der den Entspanntheitsgrad dieser Stadt deutlich mindert, sind die Menschen, die in ihr wohnen. Es ist vollkommen logisch, dass die existentielle Anspannung, die jeden Israeli jeden Tag seines Lebens begleitet, nicht ohne Auswirkungen auf sein Gemüt bleibt. Eine einfache Frage von Ursache und Wirkung. Wer davon überzeugt ist, jederzeit von einer Atomwaffe aus Saudi-Arabien oder dem Iran pulverisiert werden zu können, hält irgendwann wahrscheinlich nichts mehr davon, seine Zunge zu hüten. Wenn man sich ohnehin verabschieden muss, kann man das auch ebenso gut mit einem Paukenschlag tun. Mit einem Drink, einer Zigarette, Sex ... oder während man sich mitten auf der Straße einen wilden Schlagabtausch mit einem Autofahrer liefert, der einen nicht in Ruhe die Straße überqueren lässt.

Genau: Wer hier auch nur eine Kleinigkeit falsch macht – oder auch nur so, dass es irgendein anderer als falsch empfindet –, bekommt postwendend einen unvergesslichen Einblick in das Innenleben seiner Mitmenschen. Man hat den Eindruck, dass in Israel Schimpf statt Schekel die Landeswährung ist. Schnell mal seine Frustration entladen in dieser kleinen, übervölkerten Stadt, wo der Verkehr nervt, die Gebäude ihre beste Zeit hinter sich haben und alles dreimal so teuer ist. Wo Strenggläubige, Liberale, Atheisten, Agnostiker und Menschen, die mehr am Aktienmarkt als an der Thora interessiert sind, Tür an Tür leben müssen.

Wir sahen diese ideologischen Spannungen immer wieder aufbrechen, während wir am Ende unseres ersten, perfekten Urlaubstages in einem Straßencafé an unserem unverschämt teuren Granatapfelsaft nippten: Ein orthodoxer Jude auf einem grellorangefarbenen Mountainbike sauste den Hügel hinunter. Als ihm ein Auto beim Überholen sehr nahe kam, drohte er dem Fahrer mit der Faust. Eine junge Frau trug einen Stoffbeutel mit der Aufschrift »Ich wünschte, ich wäre lesbisch«. Drei Supermodels – sorry: ich meine natürlich ganz normale Israelinnen – flanierten kaffeetrinkend vorbei, ihre irritierend symmetrischen Gesichter umrahmt von dichtem, wildgelocktem Haar.

In Israel lebten eindeutig die Gewinner der Gen-Lotterie. Es war Spätsommer, und bei Temperaturen um die fünfundzwanzig Grad trugen die Leute Surfershorts, Unterhemden und Tank Tops, dazu Ray-Ban-Sonnenbrillen – und gern auch Tribal Tattoos auf Armen oder Beinen. Ich würde ihren Look beschreiben als »Mir ist egal, wie ich aussehe. *Aber ich sehe richtig gut aus, nicht wahr?*«.

Wir hatten eine wunderbare Zeit in Tel Aviv, trotz der vielen Waffen. Als Nächstes wollten wir die bekanntermaßen weitaus weniger entspannte Stadt Jerusalem besuchen. Als unser schwuler Airbnb-Gastgeber Adam das hörte, gab er uns umgehend eine Kostprobe von seinem Meinungsbrei: »Da solltet ihr nicht hin. *Auf gar keinen Fall.* Der letzte Anschlag dort ist gerade einmal drei Stunden her. Die Palästinenser bringen sich um, nur um zwei Minuten lang in den Nachrichten zu sein. Total bescheuert. Genau wie die Idee, dorthin zu fahren ...«

Annett und ich zuckten mit den Schultern und sagten, dass wir darüber nachdenken würden. Wir wollten uns zunächst mit dem Freund eines Freundes zum Essen treffen. Einem Mann namens Oded. Oded ist Journalist und arbeitet für eine israelische Zeitung aus dem linken Spektrum. Er hat sogar eine kurze Zeit in Berlin gelebt. Ihn würden wir ebenfalls nach seiner Meinung fragen.

Wir fragten Oded, was er von einem Abstecher nach Jerusalem hielt.

»Ich habe sieben Jahre dort gewohnt«, sagte er, »und fahre heute gelegentlich hin, wenn ich die *Courrrage* dazu aufbringen kann.« Israelis haben eine extrem attraktive Art, das R zu rollen. Es sollte zur Standardausstattung der englischen Sprache gehören, so wie die Airbags zum Auto. Ich versuche seitdem, das zu imitieren. »Hier ... nun ja ... hier ist es natürlich auch nicht gerade ein Zuckerschlecken, aber es gibt weniger Menschen, die mich mit scharfen Gegenständen attackieren. Es gibt inzwischen so viele Angriffe, dass wir gar nicht mehr groß darüber berichten. Sie e*rrr*scheinen höchstens in den Meldungen vom Tag, zwischen lauter Ve*rrr*sicherungsanzeigen.«

Da ich nun einen echten Israeli zu meiner persönlichen

Verfügung hatte, löcherte ich Oded mit meinen Fragen. Hier hatte ich Fragen. Ich hatte einen Notizblock dabei, weil ich immer einen Notizblock bei mir habe, und schrieb seine Antworten mit. Nach der vierten Frage warf Oded einen Blick auf den Block und sagte: »Ich bin eigentlich nicht so ge*rrr*n *Der israelische Ko*rr*respondent*.«

»Nein?« Ich war überrascht, schließlich lassen die meisten Leute ihre Mitmenschen nur zu gern an ihren Überzeugungen teilhaben. Besonders hier in Israel, wo man offenbar schon lange nicht mehr auf die Fragen besagter Mitmenschen wartet, bevor man ihnen lautstark antwortet.

»Dein Vo*rrr*haben ist völlig sinnlos«, sagte er nüchtern. »Es ist zum Scheitern verurteilt. Wie erklärt man ein Land? Es ist unmöglich. Läche*rrr*lich sogar. Jede Erklärung wäre nicht mehr als eine Lüge.«

Ich griff nach der Tischkante. »Aber nach dieser Logik gäbe es fast nichts, über das man sprechen kann. Noch nicht mal über diesen Tisch, wo ich doch gar nicht weiß, welche Art von Holz das ist.«

»Genau, deshalb sollten wir es auch nicht tun. Oder wir sollten uns darauf beschränken, über seine Funktionalität zu sprechen. Es ist ein guter Tisch, um sein Bier da*rrr*aufzustellen, oder? Mein Bier empfindet ihn als eine se*hrrr* stabile Basis.«

»Okay, so viel zum Thema Tisch«, sagte ich und schlug mit der flachen Hand auf die Tischplatte. »Wollen wir als Nächstes über das Glas reden, das ich in der Hand halte?«

»Ein gutes Glas«, bestätigte Oded. »Ich denke, dass dein Bier sich se*hrrr* sicher darin fühlt.« Ein schiefes Lächeln huschte über sein Gesicht. Das erste an diesem Abend. »Tut mir leid, Adam, aber ich will nicht deine Meinungsmarionette sein. Außerdem bin ich Is*rrr*aeli. Ich stehe bis zu den Knien in Meinungen. So viele Menschen haben schon versucht, uns zu erklären. Es ist ein sinnloses Unte*rrr*fangen.«

Er hatte natürlich recht, aber Narzissmus ist die Superkraft des Schriftstellers. Draußen liefen drei Soldaten in Uniform an unserem Restaurant vorbei.

»Hast du auch Militärdienst geleistet?«, fragte Annett. Es fiel schwer, sich Oded mit einer Waffe in der Hand vorzustellen.

»Nein. Ich war weder dafür noch dagegen. Als Siebzehnjähriger wusste ich auch viel zu wenig, um zu ve*rrr*stehen, was das bedeutet hätte. Sie haben mich vier Stunden lang interviewt und dann entschieden, dass ich ›aus psychischen Gründen‹ untauglich bin.«

»Hat dich das überrascht?«, fragte sie.

Er dachte eine Weile darüber nach. »Im *Grrr*unde nicht, nein. Schon allein, weil wir die meiste Zeit dieser vier Stunden darüber sprachen, wie deprimiert ich war und wie gern ich mir eine Kugel in den Kopf jagen wollte. Außerdem hat mir jemand am Tag vor dem Interview einen Fußball ins Gesicht geschossen. Deswegen hatte ich einen nervösen Tick in einem Auge. Das war wahrscheinlich ein *grrr*oßes Glück.«

Nur Oded konnte die Tatsache, von einem Fußball im Gesicht getroffen worden zu sein, als Glück empfinden. »Am Ende des Gesprächs fragten sie mich, ob ich einen Job beim Kampfmittelräumdienst in Betracht ziehen würde. Die dachten bestimmt, ›Dieser Junge will sich sowieso umbringen. Dann soll er dabei wenigstens noch etwas Gutes tun.‹« Sein schiefes Lächeln kehrte zurück. »Ich habe höflich abgelehnt.«

Oded hatte den schwärzesten Humor, den man sich vorstellen kann. Er war so sehr eins mit seinem Unglück, so ehrlich und selbstironisch dabei, dass er es trug wie eine Smokingfliege. Es hätte keinen Sinn gehabt, ihm alles Gute zu wünschen – weil er gar nicht wüsste, wie er damit umgehen sollte. Jemand wie er fand einen Hundert-Schekel-Schein, bückte sich danach und holte sich dabei einen Bandscheibenvorfall, der ihm eine Arztrechnung über fünfhundert Schekel beschert. Er war wunderbar. Ich hätte mich am liebsten operativ an seiner Hüfte befestigen lassen.

»Kommt es oft vor, dass Menschen psychische Probleme vortäuschen, um dem Militärdienst zu entgehen?«, fragte ich.

»Ja. Ich hatte einen Freund, der nicht dienen wollte und deshalb jeden Morgen vor dem Appell absichtlich ins Bett gemacht hat. Irgendwann haben sie ihn entlassen.«

»Sind Leute, die nicht in der Armee dienen, langfristig stigmatisiert?«

»Bei Bewerbungsgesprächen werde ich immer gefragt, ob ich gedient habe. Ich sage dann, dass man mich als geistig nicht gesund eingestuft hat. Dann schauen sie mich an und sagen: ›Für mich sehen Sie gesund aus.‹«

Oded sah nach allem Möglichen aus, aber nicht gesund. An dieser Stelle trat eine Pause in unserer Unterhaltung ein. Ich hob mein Bier von seiner stabilen Basis, nahm ein paar Schlucke.

»Hast du immer noch Depressionen, Oded?«, fragte ich.

»Nein. Ich habe jetzt eine gute Seelenklempnerrrin. Sie kostet mich ein Drittel meines Einkommens. Aber sie ist es absolut wert.«

»Woher weißt du das?«

»Na ja, früher ertrrrank ich regelrecht in Selbsthass. Das

tue ich jetzt nicht mehr. Gehst du *nicht* zum Seelenklempner, Adam?«

»Nein«, sagte ich abwehrend. »Ich gehe nicht mal zum normalen Arzt – außer, es fängt etwas an zu faulen.«

»Ha«, machte Oded. Er klang so überrascht, als hätte er gerade erfahren, dass der neue Großmeister des Ku-Klux-Klan eine farbige, behinderte, lesbische Immigrantin ist. »*Alle* meine Freunde gehen zum Seelenklempner. Ich glaube, das ist der wahre isrrraelische Nationalsport. *Das* kannst du in dein Buch schreiben, wenn du willst ...« Er sagte »Buch« als wäre es etwas Unschönes, in das er gerade hineingetreten ist.

»Adam glaubt immer, dass er alles besser weiß«, warf Annett ein. »Er ist vollkommen beratungsresistent.«

Odeds Augen wurden zu Schlitzen. »Das übe*rrr*ascht mich sehr. Du bist ganz offensichtlich krank, Adam. Du brauchst Hilfe.«

»JAWOHL!«, rief Annett. »Das sag ich schon die ganze Zeit!«

»Was? Hör auf damit, Oded. Ich bin nicht krank. Mir geht es blendend. Wenn überhaupt, dann ertrinke ich eher in *Selbstverliebtheit* als in Selbsthass.«

»Genau«, nickte er. »Genau ... Das ist das Problem ... Du bist krank, Adam. Seh*rrr* krank. Du solltest zu einem Seelenklempne*rrr* gehen.«

Annett gab Oded ein High five. Er war von dieser fröhlichen menschlichen Geste der Kameradschaft so überrascht, dass er trotz solider Basis sein Bier über sich schüttete.

Auf dem Nachhauseweg versuchten wir zu entscheiden, ob wir nach Jerusalem fahren sollten. Dafür sprach: Ein Besuch dort war eigentlich das Hauptargument für unsere Reise gewesen. Israel zu besuchen, ohne Jerusalem gesehen zu haben, war, wie zum Zahnarzt zu gehen, ohne den Mund zu öffnen. Dagegen: möglicherweise Verletzung/Tod. Das wiederum war, wie zum Zahnarzt gehen und dann im Wartezimmer ermordet werden, bevor man auch nur die Chance hatte, seinen Mund zu öffnen – oder eben nicht. Doch die Israelis lebten und funktionierten trotz dieser Gefahren. Tag für Tag. Sie hatten keine Wahl. Wir könnten das doch wohl zumindest drei Tage lang aushalten? Wir beschlossen also, zu fahren. Das Risiko war zwar höher als in unserem Alltag, aber immer noch relativ niedrig.

Als wir am nächsten Tag zum Bahnhof gingen, rasten zwei Krankenwagen an uns vorbei, deren laute Sirenen verkündeten, dass *irgendetwas* passiert war. Als wir am Bahnhof ankamen, war die Straße abgeriegelt. Den Rücken an ein Absperrgitter gelehnt, saß ein Mädchen am Boden und weinte hysterisch. In ihrer Nähe war eine große Blutlache zu erkennen. Jemand näherte sich dem Mädchen und umarmte es. Wir waren ganz offenbar auch in Tel Aviv nicht sicher. Ebenso wenig wie diese Menschen. Das erklärte eine Menge über sie.

Während der Zugfahrt fingen mehrmals meine Hände an zu zittern. Das war eine neue und nicht besonders ermutigende Entwicklung. Bei unserer Ankunft waren eine Menge Sicherheitskräfte zu sehen. Als wir auf den Bus warteten, der uns zu unserem Hostel bringen sollte, musterte ich unwillkürlich alle Menschen und fragte mich misstrauisch, ob jemand von ihnen gleich ein Messer oder eine Schusswaffe ziehen würde. Es hatte in den vergangenen Wochen eine Reihe von Anschlägen auf Busse gegeben. Unter anderem an der Haltestelle, wo wir jetzt standen.

»Du denkst es auch, oder?«, fragte Annett, als wir uns im Bus unsere Plätze suchten.

»Ja«, jammerte ich.

Mit einem großen Gefühl der Erleichterung erreichten wir schließlich unsere Unterkunft, das Hostel *Abraham*. Dort steuerten wir schnurstracks die Bar an, um uns zu berauschen. Annett ist in Deutschland praktisch abstinent. Doch einmal im Urlaub, verwandelt sie sich sofort in so eine Art Weinmonster. Besonders, wenn sie gestresst ist.

»Ich hol mir noch 'nen Wein«, sagte sie und erhob sich von unserem Tisch in der riesigen Lounge. »Ich glaub, die Happy Hour ist bald vorbei. Willst du auch noch was? Wein vielleicht? Es gibt zwei zum Preis von einem. Ich hol mal vier Gläser...«

Das Abraham ist das größte und bekannteste Hostel in Jerusalem. Ich schaute mich unter den anderen Reisenden um und versuchte herauszukriegen, wer sonst so hier urlaubte. Währenddessen konnte ich Annett an der Bar hören: »Nein, das sind doch nur zwei. Ich will zwei – plus die beiden, die es dazu umsonst gibt. Ach, was soll's ... Kann ich einfach die ganze Flasche nehmen? Ist doch viel einfacher so ...«

Als sie zurückkam, hatte ein drahtiger blonder Amerikaner namens Larry, der an einem der Nachbartische saß, gerade ein englisches Pärchen mittleren Alters am Wickel. Larry hatte den Körperbau eines Surfers, dessen beste Zeiten seit zehn Jahren vorbei waren.

»Ich glaub nicht, dass es jemals wieder eine Wahl geben wird«, sagte er gerade. »Obama wird die Verfassung ändern. Er ist die Wiedergeburt des Teufels. Wussten Sie, dass es jeden Donnerstag ein Geheimtreffen im Keller des Weißen

Hauses gibt? Da setzt er eine Liste der Menschen auf, die in dieser Woche ermordet werden sollen.«

Offenbar wusste das englische Pärchen das noch nicht.

»Ähm. *Hmm.* Tatsächlich«, war alles, was der Mann herausbrachte.

Seine Frau erhob sich. »So, wir wollten doch noch *diese Sache* machen. *In* unserem *Zimmer.* Wir sollten langsam gehen...«

»War schön, Sie kennenzulernen«, sagte der Mann und eilte hinter seiner Frau her.

»Ja, ich werde Ihnen ein paar Links schicken«, rief Larry ihnen nach.

Er stand auf und näherte sich einem Asiaten im Küchenbereich, der damit beschäftigt war, Geschirr zu spülen. »Sie tun uns Chemikalien ins Wasser, damit wir dumm bleiben«, erklärte Larry ihm. »Ich hab das auf dieser Webseite gelesen: *The Mind Unleashed.* Kennen Sie *The Mind Unleashed*? Ja, davon verrät Ihnen die westlich-imperialistische Medienmafia nichts. *Oh, nein.* Diese ganzen Journalisten sind nichts weiter als Marionetten dieser Mörder.«

Larry tauchte seine Fingerspitzen ins Seifenwasser. Der Asiate verharrte regungslos. Er hielt einen nassen Plastikteller in der Hand, von dem es auf den Fliesenboden tropfte. Es sah aus, als wäre er beim Versuch herauszufinden, was da gerade mit ihm geschieht, einfach hängengeblieben. Beziehungsweise beim Versuch herauszufinden, wie er das, was gerade mit ihm geschieht, schnellstens beenden kann. Larry strich sich ein paar seiner blonden Locken hinters Ohr.

»Manche Menschen glauben einfach alles, was man ihnen erzählt. Und ich? Ich bohr gern mal ein bisschen tiefer. Will wissen, was *die* einem nicht erzählen.«

Wer »die« waren, wurde nicht näher erläutert, bevor Larry in Richtung der Schlafsäle weiterzog.

»Zwei Stühle weiter«, flüsterte Annett mir ins Ohr, »da sprechen zwei Rabbinerinnen in Ausbildung mit einem Organisator von einer Veranstaltung, die heißt *Die Zusammenkunft*.«

Spielen Sie Scrabble? Analog zum dreifachen Wert, den ein Wort erzielen kann, muss man der Begegnung mit zwei weiblichen Rabbis wohl so etwas wie einen dreifachen Lebenswert geben. Annett umfasste die Weinflasche wie einen alten Freund, für den man komplizierte Gefühle hegt, die sich besser durch Taten als durch Worte ausdrücken lassen.

»Gibt es viele Rabbinerinnen?«, fragte der Veranstalter. »Ich dachte immer, alle Rabbis wären Männer.«

»Die Berühmten sind alle Männer«, antwortete eine der Azubis. Sie hatte kurze rote Haare und ein fast kreisrundes Gesicht. »Aber auch Frauen können Rabbi sein.«

»Wow, das ist ja fantastisch«, sagte der Mann. Er hatte was von einem talentierten Gebrauchtwagenhändler. »Ich bin tief beeindruckt von Ihrer Leidenschaft und Ihrem Glauben. Sie werden hier in der Gegend eine Menge Menschen mit lila Armbändern sehen. Das sind alles *Zusammengekommene*.«

Wir hatten tatsächlich viele Leute mit lila Armbändern gesehen. Ein paar von ihnen hatten sogar einen spontanen Gebetskreis angezettelt. Das musste vor ungefähr einem Wein gewesen sein. Ja, es ist vollkommen in Ordnung, das Vergehen von Zeit in Weinen zu messen. Ich bin ziemlich sicher, dass schon die alten Griechen das so gemacht haben.

»*Die Zusammenkunft* ist das größte christliche Festival der Welt. Jedes Gebet ist eine Anrufung Gottes, und wenn wir alle zusammenkommen, wird dieser Ruf verstärkt.«

»Das wird er ganz sicher«, pflichtete ihm die Rothaarige nachdrücklich bei. Als wäre sie eine Gebetstontechnikerin mit langjähriger Berufserfahrung.

»Ich glaube, wir stehen inzwischen wirklich vor einem Durchbruch. Bald erfahren wir, was Er von uns will. Morgen ist der große Tag. Die Kraft unserer Zusammenkunft ist einfach ... einfach phänomenal. Nach dem ersten Event in Singapur war ich voller Energie – geradezu entrückt, verstehen Sie?«

»Genau«, bestätigten die Azubi-Rabbinerinnen unisono.

»Dann stieg ich in ein Taxi, und auf dem Heimweg erzählte ich dem Fahrer von der Kraft Christi. Am Ende der Fahrt gab ich ihm meine Bibel, *meine persönliche Bibel*. Ich schrieb meine Telefonnummer hinein, falls er einmal jemanden zum Reden brauchte. Und drei Jahre später bekomme ich diesen Anruf.«

»Nicht möglich«, sagten die beiden, die bestimmt schon ahnten, worauf die Geschichte hinauslief.

»Mhm«, bestätigte er. »Es war dieser Taxifahrer. Er sagte: ›Ich will Ihnen nur mitteilen, dass Sie an diesem Tag mein Leben verändert haben. Seit drei Jahren folge ich nun schon dem Pfad Christi.‹«

»Oh, wow«, sagte die Rothaarige. »Das ist wirklich ein Ding.«

»Amen«, fügte die andere hinzu.

»Ja, *das* ist die Macht der Zusammenkunft«, sagte der Mann.

Es gibt ein Phänomen, das man Jerusalem-Syndrom nennt: Manche Besucher sind dermaßen von der Religiosität dieser Stadt überwältigt, dass sie auf einmal nicht mehr daran glauben, Unternehmensberater, Golflehrer oder Fensterputzer zu sein – stattdessen halten sie sich nun für Propheten. Wir hatten das Hostel nicht einmal verlassen, aber es schien, als wären alle um uns herum auf die gleiche Weise ergriffen von Jerusalem. Überwältigt gingen auch wir ins Bett. Nicht von der Macht der Zusammenkunft, sondern von der Macht des Weines. Annett und ich folgten noch immer dem Weg des Weinbergs.

Als wir erwachten, war es ein weiterer traumhaft schöner Tag im (nervösen) Paradies. Es war an der Zeit, sich die Altstadt anzuschauen, wo enge Gänge und Höhlen ein Spinnennetz bilden, in dem sich jeder Besucher verfängt. Auch dort waren in den letzten Wochen eine Menge Anschläge verübt worden, aber heute war Sabbat, der wöchentliche jüdische Schmalspur-Feiertag, den die meisten zu Hause mit der Familie verbringen. Wir sahen an jeder größeren Kreuzung Sicherheitskräfte, in manchen Gegenden waren mehr Polizisten als Besucher.

Nach einem letzten Sicherheitscheck konnten wir dann auch einen ersten Blick auf die Klagemauer werfen, hinter der sich der Tempelberg erhebt. Die wahrscheinlich am heftigsten umstrittene Immobilie der Welt und das Zentrum von drei Weltreligionen: Islam, Christentum und Judentum. Es kam mir der Gedanke, dass jedes rationale Wesen daraus eigentlich etwas folgern müsste – etwa, dass die großen Religionen mehr verbindet als trennt. Doch leider zieht es die Menschheit in ihrer unergründlichen Sturheit vor, sich deswegen zu streiten und gegenseitig umzubringen. Einem nicht religiösen Beobachter wie mir kam das Ganze besonders absurd vor: Als würde man drei Kindern auf dem Spielplatz dabei zuschauen, wie sie sich darüber streiten, wessen imaginärer Freund zuerst da war.

Ich betrat den Bereich, der männlichen Besuchern vorbehalten war, tauschte meine Baseballkappe gegen eine weiße Kippa und ging den Hügel hinunter zur Klagemauer. Ich hörte das Murmeln der Betenden und sah zum ersten Mal, wie sie sich vor und zurück wiegen – eine Bewegung, die *Schockeln* genannt wird und nur im Judentum existiert. Eine Hand berührt die Mauer, der Rest des Körpers krümmt sich zum Gesang von Thoraversen. Ich suchte mir eine freie Stelle. Ein Mann zu meiner Linken begann, lauter zu skandieren, mehrere andere Männer fielen in den Gesang mit ein, und ihre Worte hallten entlang der Mauer wider. Ich konnte nichts davon verstehen – und doch war es unaussprechlich schön. Diese Mauer trennt, wie so viele andere, aber sie bringt auch eine ganze Religion zusammen.

Ich hatte wirklich gehofft, dass ich etwas fühlen würde, wenn ich die Hand ausstrecke und die Mauer berühre. Es hätte gar nicht viel sein müssen. Ein winziger Bruchteil dessen, was die Männer um mich herum empfanden, hätte vollkommen gereicht. Dass ich nicht allein war. Dass hinter alldem hier ein Sinn steckte. Ein Plan. Und es oben im Himmel einen Projektleiter gab, der diesen Plan implementierte. Dass ich mehr war als das zufällige Resultat eines komplexen und indifferenten Systems, in dem ich mich jeden Tag bewegte, während ich mir vormachte, dass es mir Kontrolle und Selbstbestimmtheit ermöglichte. Dass ich nicht nur für eine kurze Zeit hier sein, mich einigermaßen gut unterhalten und schließlich weitgehend unbeachtet sterben würde.

Ich finde, dass sich nicht gläubige Menschen beim Analysieren von Religion viel zu sehr auf den Aspekt »*die haben aber unrecht*« konzentrieren. Dieser Aspekt ist – selbst wenn es darüber Gewissheit geben könnte – gar nicht so wichtig. Um Religion und ihre Anziehungskraft auf die Menschen zu verstehen, sollte man viel eher fragen: *Wie fühlt es sich an, Teil dieser (wahrscheinlich falschen) Sache zu sein?*

Über weite Strecken ziemlich gut, denke ich. Man wird zu einem kleinen Zahnrad im großen Mähdrescher des Glaubens. Der Mann neben mir schwankte und klagte mit großer Inbrunst: die Augen geschlossen, den Kopf leicht zum Himmel erhoben. Ich imitierte seine Haltung und streckte die Handflächen in Richtung der kalten Kalksteinoberfläche der Mauer aus.

Ich spürte ... nun ja ... *ich spürte etwas!* Mir war ein klein wenig übel. Als hätte ich einen Knoten im Bauch. Ein Gefühl, als wollten die Dinge, die in mir drin waren, nach draußen, und ich hätte keine Kontrolle darüber, wann dies geschah. War das eine Nachricht von Gott? Wenn ja, dann war es eine ziemlich seltsame Nachricht. Ich persönlich hätte angefangen mit »Hallo«, »Guten Tag« oder: »Sorry, dass ich mich nicht früher gemeldet habe. Ich war einfach zu beschäftigt, weißt du, so mit Allmächtigkeit und all diesen Dingen.«

Ich schloss die Augen. Das schien zu helfen. War das vielleicht ein Hinweis? Ich öffnete die Augen. Das Gefühl stellte sich wieder ein. Oh, ich erlebte also doch keine religiöse Erweckung. Es lag an diesen zahllosen kleinen Notizzetteln, die die Leute in die Mauer gestopft hatten. Menschen aus aller Welt kamen hierher, um kleine, zusammengefaltete Gebetszettel in die Ritzen der Westmauer zu stecken. Tausende davon verstopften sämtliche Lücken. Das war das Problem. Ich leide an ziemlich starker Trypophobie, der (vollkommen irrationalen) Angst vor Ansammlungen unregelmäßig angeordneter Löcher oder Dellen. Googeln Sie es ruhig, aber nur, wenn Sie sich ziemlich gruselige Bilder der Innereien von Kiwis, Melonen oder Bienenwaben anschauen können. Achtung: Das ist der Stoff, aus dem (zumindest meine) Alpträume sind.

Das war es also, was mir ein flaues Gefühl beschert hatte. Zeit zu gehen.

Den Abend verbrachten wir wieder mit Gesprächssurfen in der Lounge unseres Hostels. Ein übergewichtiger Amerikaner unterhielt sich mit einem Belgier in Funktionskleidung. Die zwei spielten ein bei Touristen sehr beliebtes Spiel: *Authentic Experience Tennis*®. Dabei gewinnt immer der Spieler, der die meisten »authentischen« Erfahrungen vorweisen kann.

Der Amerikaner hatte Aufschlag. »Waren Sie schon an der Klagemauer?«

»Ja, zweimal«, kam der Return des Belgiers.

»Zweimal?«, bekam der Amerikaner gerade noch eine angeschnittene Rückhand dazwischen. »Ich hatte heute ein Gespräch mit einem bärtigen Mann, es war einfach fantastisch.«

»War er Rabbi?«, antwortete die Vorhand des Belgiers.

Der Amerikaner stürmte in Richtung Grundlinie: »Nein, er verkaufte Brot. Aber es war sehr authentisches Brot.« Ein souveräner Return aus schwieriger Position: *15-0*.

Annett war nach unten in die Lobby gegangen, um ihrem Gott – *Wi-Fi* – näher zu sein. Per Skype-Nachricht teilte sie mir mit, dass sich dort absurde Dinge abspielten. Als ich sie fand, beobachtete sie einen untersetzten Mann mit schütterem blondem Haar und kurzärmeligem weißem Hemd, der in der Nähe des Hostel-Eingangs hin und her lief. Sein Hemd hatte offenbar schon seit geraumer Zeit keinen Kontakt mehr mit einem Bügeleisen gehabt. Doch das war nicht der interessante Teil seines Aufzugs. Dieser Ehrentitel gebührte eindeutig seiner Krawatte: der israelischen Flagge.

Auf den ersten Blick sah sie aus wie einer dieser Scherzartikel, die man spontan am Flughafen kauft, wenn man auf die Schnelle ein Geschenk für seinen schrulligen Onkel George sucht. Doch dieser Mann hier schien seine Krawatte nicht als eine Art Verkleidung zu betrachten. Vielmehr schien er es absolut vernünftig zu finden, diese Krawatte zu tragen. Und das war es natürlich auch, hier in Jerusalem. Wobei Jerusalem die Schwelle der Vernunft ziemlich niedrig ansetzt. Ich bin sicher, dass Jerusalem sich selbst als vollkommen vernünftig betrachtet, während der Rest der Welt sich über vieles hier verwundert die Augen reibt.

Der Mann lief unruhig in der Lobby hin und her. Dann ging er zu einem Münzfernsprecher, telefonierte, lief weiter in der Lobby auf und ab, murmelte vor sich hin, setzte sich auf einen Sessel ganz in unserer Nähe, kratzte sich am Arm und rieb sich die Schläfen. Dann begann er wieder von vorn. Er sprach auf jeden ein, der ihm in die Quere kam, wiederholte aber immer nur die gleichen Phrasen. Wie ein mittelalterlicher Stadtschreier – nur ohne die Glocke.

»Ich muss die Botschaft anrufen.«

»Weil ich den Staat Israel unterstütze.«

»Können Sie sich vorstellen, wie es ist, seine Familie fünf Jahre lang nicht zu sehen?«

Eine Frau kam von der Straße herein. Sie war mittleren Alters, klein und nervös.

»Sie haben meine Familie entführt. Ich muss die Botschaft anrufen«, erklärte er ihr ohne Umschweife, nachdem sie sich in den Sessel neben ihm gesetzt hatte.

»Wer hat Ihre Familie entführt?«, fragte sie und schaute sich besorgt um. Als wären sie just in diesem Moment aus der Hotellobby in einen Transporter ohne Kennzeichen gezerrt worden.

»Die norwegische Regierung«, sagte er und grub sich die Fingernägel in den Arm.

»Die haben Ihre Familie entführt? Wohin haben sie sie gebracht?«

»Nach Norwegen. Sie haben mich rausgeschmissen. Und jetzt hab ich meine Familie verloren.«

Sie ließ das einen Moment auf sich wirken und erwog wohl, wie diesem Mann am besten zu helfen sei. Das war nett von ihr. Sich die Zeit zu nehmen. Hilfe anzubieten. Dazu war nicht jeder bereit. Wir sind alle immer so beschäftigt. Und ihre Lösung war wirklich einfallsreich.

»Haben Sie für sie gebetet?«, fragte sie.

»Ja. Da können Sie drauf wetten, dass ich für sie gebetet hab.«

Sie blickte ihm fest in die Augen. »Wenn Sie für sie gebetet haben, wird Gott Ihnen Ihre Familie zurückgeben.«

Annett und ich wechselten einen *Passiert-das-gerade-wirklich?*-Blick. Seit wir in Israel waren, benutzten wir diesen Blick ziemlich häufig. Er hatte unsere anderen Paar-Blicke auf die hinteren Plätze verwiesen: *Du weißt doch, wie ich es hasse, wenn du das tust*, *Ach, du bist's wieder* und *Hol mir was aus der Küche, das aus Schokolade besteht, zum Beispiel Schokolade*.

Die Frau stand auf. Ich dachte, sie würde den Mann umarmen. Das wäre nett gewesen. *Hugs, not drugs.* Stattdessen beugte sie sich über ihn, besser gesagt, sie versuchte es, musste dann aber feststellen, dass sie selbst zu klein dafür war. Sie hielt einen ausgestreckten Finger in einem Fünfundvierzig-Grad-Winkel über seinen Kopf und fing an, ihn damit zu umkreisen.

»MMMMH …«, summte sie, »nimmst du Jesus Christus als unseren Erlöser an?«

»Ja«, antwortete er, ohne zu zögern.

Sie kreiste schneller. »Spürst du das Feuer? SPÜRST DU DAS FEUER?!«

Die Augen des Mannes streiften eine Sekunde lang unseren gebannten Blick.

»Ooohhh, Jesus Christus...«, murmelte sie, »...unser Herr, unser Erlöser. SPÜRST DU DAS FEUER?«

Er spürte offenbar tatsächlich was. Ich vermute, in erster Linie Betretenheit. Er sah aus wie ein Mann, dem gerade ein Vogel Strauß verkauft wird.

»Ich weiß nicht. Vielleicht«, sagte er kleinlaut.

»MMMMMMH... Spürst du ES! Preise Jesus! SPÜRST du das FEUERRRRRR?« Ihr Finger kreiste immer schneller. »Nimm ihn an. *Preise ihn.* Bete zum Herrn Jesus. Spürst du das Feuer? SPÜRST DU DAS FEUER?«

Er sah aus, als würde er wirklich gern das Feuer spüren. Seine Wärme begrüßen. »*V-vielleicht*«, sagte er, »aber es ist ohnehin schon eine Menge Feuer *in mir.*«

Die Frau schien mit dieser lauwarmen und unverbindlichen Antwort vollkommen zufrieden. Einmal mehr gute Arbeit geleistet, einmal mehr eine Seele gerettet. Sie setzte sich wieder.

»Bete zu Jesus, und er wird dir deine Familie zurückgeben«, sagte sie.

Die Gegenfrage lag eigentlich auf der Hand: Warum hatte Jesus überhaupt erst zugelassen, dass sie entführt wurde?

Stattdessen wiederholte der Mann: »Ich habe gebetet«, und legte den Kopf in die Hände. Vermutlich, um sein Gebet zu wiederholen.

»Nicht intensiv genug«, erwiderte sie und packte ihre Sachen zusammen. »Ich muss los. *Ich muss jetzt los.* Ich muss in der Kirche beten.«

Der Mann stand ebenfalls auf und ging wieder in Richtung Münztelefon. Annett und ich saßen einfach da. Mit offenem Mund. Wer waren diese Menschen, und wichtiger noch: Wo konnte man Karten für ihre Vorstellungen kaufen?

»Oh mein Gott. Ich liebe dieses Land«, sagte ich, nachdem ich die Sprache wiedergefunden hatte.

»Ich auch. Nirgendwo kriegt man so viel Unterhaltung für sein Geld.«

»Aber könntest du dir vorstellen, hier zu leben?«

»Auf gar keinen Fall. Viel zu viel FEUER«, sagte sie, stand auf und ließ im Vorübergehen ihren Finger über meinem Kopf kreisen. »Ich hol noch etwas Wein. Willst du auch was? Vielleicht einen Wein? Am besten, ich hol gleich vier. Die Happy Hour ist bestimmt bald vorbei.«

Später am Abend saßen wir wieder oben in der Lounge. Larry, der Verschwörungstheoretiker, war zurück. Er machte seine Runden und predigte einigen handverlesenen reisenden Schäfchen sowie ein paar Christen aus Singapur seine höchsteigene Religion namens DIE WAHRHEIT.

»Ich bekomme in letzter Zeit immer diese schlimmen Kopfschmerzen«, erzählte er einem jungen Pärchen aus Deutschland, »mittlerweile habe ich den Verdacht, dass die Regierung vielleicht einen Radiosender in meinen Mund gepflanzt hat.«

Bullshit FM – die besten Verschwörungstheorien und die neuesten Hits, rund um die Uhr, sieben Tage die Woche.

»Also war ich bei einem Zahnarzt, der hat eine Ultraschallaufnahme gemacht, aber nichts gefunden. Komisch, oder? Ich dachte, vielleicht werde ich verrückt, aber dann las ich auf *The Mind Unleashed* diesen Artikel über eine neue Technik zur Gedankensteuerung aus der Ferne. Die US-Regierung hat das entwickelt. *Kein Chip.* Das erklärt natürlich die Kopfschmerzen. Kennt ihr *The Mind Unleashed*? Ich schick euch mal den Link.«

Das Pärchen stand auf und ging. Vorher sagten sie noch etwas in der Richtung, dass Larry ein wirklich netter Typ war, aber an ein paar sehr seltsame Dinge glaubte.

»Ja, es ist eben nicht jeder bereit für DIE WAHRHEIT«, rief er ihnen hinterher, bevor er sich wieder seinem Bier zuwandte. Damit lag er zweifellos richtig, was man jedoch nicht von allen seinen Äußerungen behaupten konnte.

Seit ich Mister Israelkrawatte das erste Mal in der Lobby erblickt hatte, hatte ich nur einen brennenden Wunsch. Und dann wurde dieser Wunsch tatsächlich erfüllt. Es ist wunderbar, wenn so etwas geschieht. Wenn das Universum tut, was man will. Man möchte fast anfangen zu glauben, dass ...

Egal.

Denn da kam Mister Vielleicht-spüre-ich-das-Feuer nach oben, immer noch mit seiner Scherzkrawatte um den Hals –, und er landete direkt in Verschwörungs-Larrys Höhle der Viertelwahrheiten. Ich konnte mich vor lauter existentieller Vorfreude kaum auf dem Stuhl halten. So ungefähr muss es gewesen sein, Zeuge des ersten Zusammentreffens von Lennon und McCartney zu werden. Wenn diese beiden hier sich zusammentaten, konnten sie den *Sergeant Pepper* der Verschwörungstheorien produzieren.

»Sie haben meine Familie geraubt«, begann Mr Israel. Er stand vor Larrys Tisch.

»Ja, so was machen die«, sagte Larry und knallte seine Bierflasche auf den Tisch. »Setz dich hin, Mann. Erzähl, was passiert ist.«

»Sie haben meine Familie geraubt. Ich muss die Botschaft anrufen. Ich muss sie zurückbekommen«, sagte Mr Israel.

»Welche Botschaft?«, fragte Larry.

»Norwegen.«

»Norwegen hat deine Familie geraubt?«, fragte er, und seine Augenbrauen hoben sich. »Warum?«

»Weil ich an den Staat Israel glaube!«

Larry strich sich ein Büschel Haare hinters Ohr. »Moment mal ... das ergibt ja keinen Sinn.« Jawohl. Larry hatte *diesen* Moment gewählt, um seiner Bereitschaft, an verrückte Verschwörungstheorien zu glauben, eine Pause zu gönnen. Vielleicht aus freiem Willen, vielleicht war es aber auch der Einfluss chiploser Gedankenkontrolle. »Ich glaube auch an den Staat Israel, und niemand hat meine Familie geraubt«, wandte er ein.

»Aber *Norwegen* hat meine geraubt. Ich hab dort gelebt, und eines Tages kamen Leute von der Regierung, um meine Frau zu sehen.«

»*Pfft*. Hör mir auf mit der *Regierung*, Mann, ein Haufen beschissener Terroristen«, sagte Larry.

»Sie haben ihr gesagt, sie muss sich von mir scheiden lassen, oder sie werden uns die Kinder wegnehmen.«

Larry schüttelte den Kopf. »Warum sollten sie das sagen?«

»Weil ich den Staat Israel unterstütze!«

»Man kann nicht einfach so jemanden zwingen, sich scheiden zu lassen.«

Du weißt, dass du ziemlich tief in den Brunnen der Logik hineingeplumpst bist, wenn sogar Verschwörungs-Larry sich weigert, dich da wieder herauszuziehen.

»Willst du damit etwa sagen, dass ich lüge?«, fragte Mr Israel und erhob sich von seinem Stuhl.

»Nein, Mann. Setz dich wieder hin. Ich frag mich nur, ob nicht noch mehr dahinterstecken muss, wenn die norwegische Regierung sich gezwungen sieht, dich zu deportieren.«

»Weil ich den jüdischen Staat unterstütze!«, wiederholte er ein weiteres Mal, als sei damit alles erklärt.

»Das ist natürlich eine traurige Geschichte. Ich hoffe, dass du deine Kinder zurückbekommst, aber es klingt ... ich weiß nicht, es klingt für mich ein bisschen weit hergeholt.«

»Aber ich bin hier, oder nicht? Sie haben mich aus dem Land geworfen.«

»Bist du Norweger?«

»Ja, ich hab einen norwegischen Pass.«

»Das ergibt keinen Sinn. Sie können dich nicht aus dem Land werfen. Selbst die Regierung würde das nicht tun.«

Spätestens an diesem Punkt wäre ein normaler Mensch wahrscheinlich wütend geworden. Doch Mr Israel hatte schlichtweg das Ende seines Tonbands erreicht und spulte deshalb einfach wieder zum Anfang zurück. »Ich muss die Botschaft anrufen«, sagte er und schlurfte hinunter in die Lobby.

»Spinner«, spottete Larry, nachdem er außer Hörweite war. Er wandte sich mir zu. Vielleicht hatte ich ein wenig zu offensichtlich zugehört. »Unglaublich, dieser Typ, oder?«, fragte er. »Leute gibt's, was?«

Ich nickte, obwohl ich in Wirklichkeit keine Probleme hatte, Mr Israel zu glauben. Ich glaubte auch Larry. Und den *Zusammengekommenen* und den Azubi-Rabbinerinnen und den vor der Klagemauer hin- und herschaukelnden orthodoxen Juden. Nicht ihren Geschichten oder Überzeugungen – aber dass diese Geschichten und Überzeugungen für sie selbst absolut Sinn ergaben.

Denn auch ich spüre es. Diese ... *Lücke*.

Diese, was ist der Sinn hinter all diesem ... *Lücke*.

Diese, nichts davon ist zu verstehen ... *Lücke*.

Es ist vollkommen normal und rational, dass wir versuchen, etwas zu finden, um diese Lücke zu füllen. Arbeit, Religion, Drogen, Hedonismus, Modelleisenbahnen, Liebe, Freundschaft, Sex (siehe Hedonismus) oder das Reisen an verrückte Orte (meine eigene neueste Droge). Aber es ist durchaus nicht auszuschließen, dass man beim Versuch, diese Lücke zu füllen, die falschen Leute kennenlernt, das falsche Buch liest oder ein schreckliches Erlebnis hat, die Orientierung verliert und am Ende dem IS beitritt, bei einer totalitären Sekte im südamerikanischen Dschungel landet oder ein Elton-John-Konzert besucht. Unser Geist ist ein zerbrechliches Ding. Und das Leben schlägt ständig auf ihn ein.

Ich fühlte mich ein wenig schuldig, weil wir so fasziniert all diese Leute beobachteten, die eindeutig verirrt, verwirrt, krank oder isoliert durch die Grenzbereiche des Lebens wanderten.

»Ist es falsch, dass wir so viel Spaß daran haben?«, fragte ich Annett, die ganz in der Nähe auf einem Sofa saß und energisch in ihrem *Lonely Planet* blätterte.

Sie dachte einen Moment lang darüber nach. »Respektlos, meinst du?«

»Ja.«

»Dass wir gläubige Menschen lustig finden, anstatt Respekt vor ihnen zu haben?«

»Mhm.«

»Ich weiß nicht. Sie haben ja auch nicht besonders viel Respekt vor uns stillen Heiden. Wir sitzen friedlich hier und fangen keine Kriege an oder versuchen das Denken von irgendjemandem zu kontrollieren. Und wir tragen keine Scherzkrawatten.«

»Das stimmt.«

Sie stand auf. »Lass uns bei einem Drink darüber nachdenken«, sagte sie und marschierte in Richtung Bar. »Ich glaub, die Happy Hour ist bald vorbei.«

Am nächsten Tag nahmen wir an einer speziellen Tour teil, die eine nahe gelegenen Synagoge anbot. Eine Frau mittleren Alters, sie hieß Getty, holte uns in der Lobby unseres Hostels ab. Getty war in Amerika geboren, aber mit Anfang zwanzig nach Israel gezogen, wo sie nun als praktizierende orthodoxe Jüdin mit einer großen eigenen Familie lebte. Es ist ziemlich eigenartig, neben jemandem zu stehen, der glaubt, dass das menschliche Leben nur sechstausend Jahre alt ist. Dass sie das glaubte, teilte sie uns gleich zur Begrüßung mit.

»Meinen Sie das im buchstäblichen oder im übertragenen Sinn«, fragte Julius, ein österreichischer Religionslehrer, der auch zu unserer sechsköpfigen Gruppe gehörte. Er war nach Israel gekommen, um christliche Missionsarbeit zu leisten. Ich hoffte, dass diese nicht darin bestand, Schulbücher zu verteilen.

»Buchstäblich...«, antwortete Getty. »Wir Juden können unsere Abstammung bis zu Adam und Eva zurückverfolgen. Ich habe zu Hause einen Stammbaum, der zeigt, dass meine Familie in direkter Linie von König David abstammt.«

Bei diesen Worten begann die Gruppe, nervös mit den Füßen zu scharren. Die Leute starrten auf ihre Schuhe. Jemand hustete. Es erforderte zweifellos Mut, jede Woche hierherzukommen, um Menschen wie uns zu treffen. Uns Dinge zu erzählen, die wir lächerlich fanden. Und das alles mit dem ehrenwerten Ziel, uns davon zu überzeugen, dass sie es nicht waren.

Sie ging mit uns in ein jüdisch-orthodoxes Stadtviertel und führte uns in eine Synagoge, wo wir uns eine Thora anschauen konnten. Danach besuchten wir eine jüdische Bäckerei, eine Jeschiwa – das ist eine höhere Talmudschule, wo Rabbiner und Gelehrte ausgebildet werden –, und schließlich eine Art orthodoxes Kaufhaus, in dem alle möglichen Alltagsgegenstände angeboten wurden. Überrascht stellte ich fest, dass sich die Vermarktungsstrategie hier kaum von der in der säkularen Welt unterschied. Ein Gebetsschal wurde beworben mit dem schmissigen Slogan »*Für diesen Gebetsschal haben Sie gebetet*«. Es gab Gebetbücher in unterschiedlichen Farben. Ich zog ein knallpinkfarbenes aus dem Regal.

»Nun, Frauen müssen auch beten, nicht wahr?«, sagte unsere Führerin errötend – ironischerweise stand sie dabei direkt neben einem Buch mit dem Titel *Wird heute niemand mehr rot?*.

Die Führung endete bei ihr zu Hause. Ein Amerikaner namens Andrew, er war zum ersten Mal außerhalb der USA, schaute an die Decke und fragte: »Was ist das?«

Getty folgte seinem Blick. »Die Krümmung der Decke?«

»Nein, das da.« Er zeigte in die entsprechende Richtung.

»Das Muster auf der Fliese?«

»Nein, dieses Objekt.«

»Das ist ... *eine Klimaanlage*.«

Es war eine ganz normale, rechteckige Klimaanlage.

»Ich werd' verrückt. Echt?!« In diesem Moment konnten wir sehen, dass auch Andrew rot wurde.

»Sie haben noch nie eine Klimaanlage gesehen?«, fragte Getty.

»Keine, die so aussieht wie die da.«

»Sie hat auch eine Heizfunktion ...«

»Sie machen Witze! Wirklich? Mann, ich bin so was von ahnungslos. Ich weiß noch nicht mal, wie man heißes Wasser aus der Dusche im Hostel bekommt. Ich bin mir ziemlich sicher, dass man an irgendwas drehen muss, aber irgendwie ist es immer kalt. Und dann die Toilette. Ich konnte die Spülung nicht finden. Es gibt nur diese zwei Knöpfe. Ich stand da wie ein Idiot und hab mich nicht getraut, sie zu drücken. Wofür braucht man zwei Knöpfe?«

»Einen fürs große und einen fürs kleine Geschäft«, sagte Julius' Frau Sarah.

»Wow ...«, sagte Andrew und atmete beeindruckt aus. »Das ist die Zukunft. So etwas haben wir in Amerika nicht.«

Irgendwie war auch das ein perfekter Jerusalem-Moment. Zu Gast bei einer Frau zu sein, die glaubt, dass es erst seit sechstausend Jahren menschliches Leben gibt, Gott für uns alle einen Plan hat, alle Araber den Dschihad planen und das messianische Zeitalter und mit ihm Frieden auf Erden bald anbricht. Oberflächlich betrachtet, sprach jeder in diesem Raum die gleiche Sprache, benutzte die gleichen Wörter – doch in Wirklichkeit trennten uns unser Hintergrund, unser Erfahrungsschatz und letztlich unser Verständnis von der Bedeutung dieser Wörter unüberbrückbar weit voneinander. Wir alle waren Andrew: betrachteten die Klimaanlagen, Duschen und Klospülungen anderer Kulturen und waren vollkommen verwirrt.

Als wir gingen, schüttelte Getty uns die Hand und sagte: »Nun, da Sie Israel besucht haben, sind Sie ein Botschafter. Gehen Sie und erzählen Sie den Menschen, wie es *wirklich* hier ist ...«

Das ist der Abschnitt, in dem ich gern zusammenfassen würde, wie es wirklich dort ist. Ich weiß, dass Annett begeistert war. Nicht wieder nach Hause fahren wollte. Für mich war es ein wenig komplizierter, genau wie Oded prophezeit hatte: Es ist wirklich schwer, Israel auf einen Nenner zu bringen, und für Jerusalem ist es noch schwerer. Das Einzige, was mir dazu einfällt, ist der *Brazil nut effect*, der sogenannte Paranuss-Effekt. Dieser besagt, einfach ausgedrückt, dass in einem begrenzten Raum die größten Objekte nach oben wandern. Wenn man also eine Packung gemischte Nüsse kauft und kräftig schüttelt, werden sich die darin enthaltenen Paranüsse alle an der Oberfläche einfinden. Ob Israel nun eher einem Päckchen Nüsse oder einem Haufen Spinner gleicht – *nuts* kann ja beides bedeuten –, Jerusalem ist auf jeden Fall ganz oben dabei. Es ist wirklich ein bemerkenswerter Ort, mit Abstand der interessanteste und intensivste, den wir bis dahin besucht hatten. Wenn mich allerdings jemand fragen würde, ob es mir dort *gefiel*, müsste ich antworten: nein, nicht wirklich.

Aber das ist auch gar nicht der Punkt. Ich muss weder an Israels Götter noch an seine Außenpolitik, die Flughafen-Sicherheitskontrollen, den aggressiven Kommunikationsstil oder die Scherzkrawatten glauben, um die Wärme seines Feuers zu spüren.

»Macht Hummus statt Mauern.«

Hebron (Palästina): zwei Narrative, Couchsurfing, versteckter Atheismus, Schuldzuweisungen

Zurück in Tel Aviv, setzte mich mein elektronischer Posteingang davon in Kenntnis, dass ich eine Nachricht von einem jungen Herrn mit starkem Bartwuchs bekommen hatte: Anwar. Er war ebenfalls Couchsurfing-Mitglied und lebte im palästinensischen Teil der Stadt Hebron. Er bot uns an, eine Nacht in seinem Haus zu schlafen.

Das war nett von Anwar – und kam einigermaßen unerwartet. Eigentlich nutzen Annett und ich das Couchsurfing-Netzwerk nur für die Treffen. Ich bin nämlich schon sehr, sehr alt, und deshalb reagiert mein Rücken immer sehr ungehalten, wenn ich ihm keine bequemen Hotelbetten biete. Abgesehen davon ist es ziemlich ungewöhnlich, dass sich jemand pro-aktiv als Gastgeber anbietet. Normalerweise muss man die geradezu dazu drängen und versprechen, Käsekuchen mitzubringen oder den Abwasch zu erledigen.

Anwar hatte wohl aufgrund seines Wohnortes Schwierigkeiten, Sofaschläfer anzuwerben. Denn Hebron ist heftig. Seit 1995 ist die Stadt zweigeteilt: Während H1 zu Palästina gehört, steht H2 unter israelischer Verwaltung.

Wir fragten unseren Airbnb-Gastgeber Adam, was er von

der Idee hielt, unsere palästinensische Internetbekanntschaft Anwar zu besuchen. Er hatte uns nachdrücklich davor gewarnt, Jerusalem zu besuchen – und die Frage nach Hebron war ihm nicht mal eine Antwort wert. Er lachte nur und putzte weiter seine Küche. Wir hätten genauso gut vorschlagen können, uns an einer Rakete festzubinden und diese auf seinen mittlerweile blitzeblanken Kühlschrank abzuschießen. Oded war ähnlich skeptisch. Allerdings legte er diese Einstellung gegenüber praktisch allem, einschließlich dem Leben an sich, an den Tag.

Auf der anderern Seite, *meiner Seite*, fand ich die Idee, Anwar zu besuchen, gar nicht so schlecht. Seit unserer Ankunft in Israel versuchte uns jeder davon zu überzeugen, dass die Muslime hinter der Grenze allesamt messerschwingende Dschihadisten waren und nur darauf warteten, Israel zu zerstören. Ich freute mich auf die Gelegenheit, diesen Leuten das Gegenteil zu beweisen. Palästinenser waren Menschen, von denen man viel hörte, die man aber kaum zu Gesicht bekam, weil sie sich im Gegensatz zu uns nicht frei bewegen konnten. Jetzt, da wir vor Ort waren und die Chance hatten, einen von ihnen persönlich kennenzulernen, fühlte es sich falsch an, das nicht wenigstens in Betracht zu ziehen.

Die Risiken? Nun ja, es gibt immer Risiken, oder? Allein mit unserer Reise nach Israel waren wir ein Risiko eingegangen. Es gab täglich Anschläge. Was würde ein wenig zusätzliches Risiko da schon ausmachen? Sagte ich mir zumindest. Ich konnte mir mittlerweile ziemlich gut einreden, ein furchtloser Reisender zu sein. Der Sofa-Adam existierte nicht mehr. Ich schämte mich geradezu für ihn. Ich war zwar nicht gerade mutig geworden – aber zunehmend und bereitwillig risikoblind. Es gibt eine englische Redewendung, die besagt:

»Wenn du einen klaren Kopf behältst, während alle um dich herum den Kopf verlieren, dann hast du wahrscheinlich einfach den Ernst der Situation noch nicht begriffen.«

Ich weigerte mich inzwischen einfach, den Ernst des Lebens zu begreifen. Annett war nicht so begeistert von meinem Anwar-Plan – in ihrem Fall hätte es wohl heißen müssen: »Wenn du den Kopf verlierst, während um dich herum alle einen klaren Kopf bewahren, dann solltest du ihnen eine aus zweiundvierzig Folien bestehende PowerPoint-Präsentation schicken, die den Ernst der Lage IN LAUTER GROSSBUCHSTABEN auf den Punkt bringt.«

»Die Palästinenser haben kein Problem mit Ausländern«, sagte ich, als wir in dieser Nacht ins Bett gingen. »Ihre Gegner sind die Israelis. Sie werden sich freuen, dass jemand sie besucht und sich für ihren Konflikt interessiert.«

Annett sah nicht überzeugt aus. »Was du nicht sagst. Du hast kein bisschen recherchiert. Du gehst einfach davon aus, dass schon alles gutgehen wird. *Wie immer.*«

»Okay. Vielleicht«, gab ich zu. »Aber bisher ist ja auch alles gutgegangen, oder?«

»Ja. Aber das ist genau das, was immer alle sagen – bis zu dem Moment, wo es einmal nicht mehr gutgeht.«

»Und was sagen sie dann? *Fast* alles ist immer gutgegangen?«

»Nein, dann können sie nichts mehr sagen. Weil sie tot sind.«

Wir schliefen eine Nacht darüber. Am nächsten Morgen schaute Annett beim Frühstück über den Frischkäseberg, den sie gerade auf ihrem Graubrot verteilte, zu mir rüber und sagte: »Ich werd' das Gefühl nicht los, dass du all das nur machst, um hinterher darüber zu schreiben.«

Ich suchte nach einer Möglichkeit, das nicht zuzugeben. Dann suchte ich nach einer Möglichkeit, nicht zuzugeben, dass es unmöglich war, das nicht zuzugeben.

»Na ja ... da könnte schon was dran sein«, gab ich schließlich widerwillig zu.

Nicht, dass ich sonderlich viel schrieb. Ich gehöre zu den Schriftstellern, die viel mehr übers Schreiben reden, als dass sie sich hinsetzen und es tatsächlich tun. Wie ein Sofasportler ziehe ich es vor, den Literaturbetrieb von meiner gemütlichen Couch aus anzufeuern – wo ich mich weder bei der Suche nach dem richtigen Satz noch beim Jonglieren mit Absätzen schmutzig mache. Oder gar in Schweiß ausbreche.

»Ich will kein dummes Risiko eingehen, nur damit du den Leuten vormachen kannst, eine Art Abenteurer zu sein«, fuhr Annett fort. »Das bist du nämlich nicht.«

»Ich weiß«, sagte ich mit einem Mund voller Banane. »Aber je mehr dieser Reisen wir machen, desto besser finde ich es.«

Sie seufzte. Ein sicheres Anzeichen dafür, dass ihre Abwehrhaltung langsam bröckelte.

In Jerusalem hatten wir gesehen, dass die Betreiber des *Abraham*-Hostels/Asyls eine Führung anboten, die sich »Die beiden Narrative von Hebron« nannte: Während man vormittags von einem israelischen Rabbi herumgeführt wurde, ging der zweite Teil durch das palästinensische Gebiet, wo man den Ausführungen eines Studenten lauschen konnte. Die Tour wäre die perfekte Gelegenheit, Anwar zu besuchen. Am Ende würden wir – mit unseren zwei nagelneuen Narrativen im Gepäck – nicht wie die anderen (vernünftigen) Leute zurück ins Hostel fahren, sondern ein oder zwei Nächte bei Anwar verbringen oder noch weitere palästinensische Städte erkunden und unsere eigene Geschichte schreiben.

Annett war damit einverstanden, an der Führung teilzunehmen. Den Besuch bei Anwar wollte sie sich aber – ganz im Geiste der spontanen und unvorhersehbaren Natur Hebrons – bis zum letzten Moment freihalten.

An einem Mittwochmorgen Punkt 8 Uhr fanden wir uns in der Lobby ein. Ich gähnte etwa einmal pro Minute. Eigentlich reden die Morgenstunden und ich nicht miteinander, wir sind wie Geschwister, die in einen bitteren Erbschaftsstreit verwickelt sind. In der Lobby war es sehr still. All die »speziellen« Gestalten, die uns so ausgezeichnet unterhalten hatten, schienen noch zu schlafen. Außer uns waren nur acht weitere risikoblinde Touristen da, die ebenso bereit waren, sich in die Unberechenbarkeit Hebrons zu stürzen.

Unser Führer erschien fünfzehn Minuten zu spät. Er sah vollkommen zerrupft aus, als wäre er durch eine Hecke gezerrt worden und wisse nicht, von wem. Sein Name war Elija. Er war etwa vierzig und ziemlich kräftig gebaut. Sein rundes Gesicht umrahmten die traditionellen Schläfenlocken (hebräisch *Peot*), auf denen eine weiße Kippa saß. Um den Hals trug er einen Gebetsschal.

Nach Hebron fuhren wir mit der Buslinie 160. Es war eigentlich ein ganz normaler Bus, sah man von der Tatsache ab, dass der Fahrer einen Revolver an der Hüfte trug und die Scheiben kugelsicher waren. Das war uns neu – und ziemlich beunruhigend.

Elija setzte sich vor uns und gab uns einen Crashkurs über Hebrons bewegte Geschichte.

»Es ist schon komisch«, begann er, »das hebräische Wort ›Hebron‹ bedeutet tatsächlich ›verbinden‹. Wussten Sie das?« Er grinste. »Darin liegt natürlich eine gewisse Ironie.«

Als zwei Polizeiautos mit heulenden Sirenen unseren Bus

überholten, drehten sich alle Köpfe in ihre Richtung, um herauszufinden, was da los war. Lediglich Elija schenkte ihnen nicht mehr Aufmerksamkeit als ein Elefant einer Mücke.

»Ja. Davon werden wir wahrscheinlich noch sehr viel mehr zu hören bekommen. Machen Sie sich keine Sorgen. Hebron ist im Grunde genommen ein Mikrokosmos des gesamten israelisch-palästinensischen Konflikts. An einem Tag in Hebron können Sie mehr lernen als in einem Jahr an der Uni.«

Dass er gleich im Anschluss begann, uns von der Universität Hebron zu erzählen, war etwas verwirrend – und führte wiederum zu der Frage: *Wie viel kann man denn an einem Tag an einer Universität in Hebron lernen?* Eine ganze Menge wahrscheinlich. Und vermutlich immer noch nicht genug, um zu verstehen, wie die Stadt in diese prekäre Lage geraten konnte.

»Nur ein paar kurze Worte darüber, was Sie gleich sehen werden.« Elija erhob seine Stimme, damit die Leute ein paar Sitze weiter hinten es auch hören konnten. »Es ist ziemlich schockierend. Ich will Ihnen keine Angst machen. Sie sollten nur vorbereitet sein. Es ist wahrscheinlich mit nichts vergleichbar, was Sie bisher gesehen haben. Ich weiß auch, dass es jede Menge Journalisten gibt, die behaupten, dass jeder Jude in Hebron ein Kolonialist ist. Dass *wir* die Bösen sind.«

Seine Augenbrauen schossen angesichts der Absurdität einer solchen Idee nach oben.

»Doch in Wirklichkeit sind *wir* in Hebron ansässig. Das Problem ist, dass mittlerweile nur noch so wenige von uns übrig sind. Diejenigen, die noch da sind, und *Siedler* ist das falsche Wort für sie ... also ... sie brauchen Schutz, und deshalb gleicht Hebron, was die Sicherheitsmaßnahmen angeht, im Moment ein bisschen einem kolonialen Vorposten Europas, wie man ihn in Indien oder Afrika finden könnte.«

Die Mitglieder unserer kleinen Gruppe schauten sich an und zogen die Stirn in *Vielleicht-war-das-hier-ein-riesengroßer-Fehler*-Falten. Je näher wir der Stadt kamen, desto stärker wurde die Präsenz der Sicherheitskräfte. Wir passierten mehrere militärische Kontrollpunkte. Wie Storchennester thronten die Wachtürme auf scheinbar verlassenen Häusern. Im Vorbeifahren konnten wir ein Stück Soldatenhelm erkennen. Zwei Augen, die durch die Schießscharten eines Bunkers blickten, der auf ein ehemaliges Familienwohnhaus aufgesetzt worden war. Das einzige Fahrzeug, das uns während dieser letzten Minuten im Bus begegnete, war ein Panzerwagen. Als würden wir in eine menschenverlassene Stadt fahren. Aber das war gar nicht das Verrückteste. Das Verrückteste waren die israelischen Flaggen überall. Textile Trophäen der Souveränität wehten auf Dächern, flatterten vor vergitterten Fenstern und hingen an Straßenlaternen.

Es ist schon verrückt, wie sehr wir Menschen zur Überkompensation neigen. Je wackliger unser Machtanspruch ist, desto grandioser ist der Titel, den wir uns geben, um diese Unsicherheit zu verschleiern. Je unsicherer wir uns auf unserem Thron fühlen, desto bombastischer ist die Krone, die wir uns aufsetzen.

In der König-David-Straße stiegen wir aus dem Bus. Die einzigen Menschen weit und breit waren Soldaten, die auf den umliegenden Dächern saßen oder die Checkpoints bewachten. Elija nannte diese Straße »das Zentrum vom Zentrum des Konflikts«. An ihrem einen Ende lag jenseits eines Checkpoints der palästinensische Teil Hebrons. Am anderen Ende – dort, wo wir standen, umgeben von all den Flaggen und verlassenen Gebäuden und Einschusslöchern – war das israelische Hebron.

»Diese Straße wird Apartheid-Straße genannt. Ich glaube, ich muss nicht erklären, warum«, sagte Elija. Er bat darum, nicht zu viele Fotos zu machen und drängte uns zur Eile. »Es kann hier später zu Zusammenstößen kommen. Wir sollten schnell weiter.«

»Oh, keine Sorge«, fügte er hinzu, als er seinen Fehler und unsere Besorgnis bemerkte. »Das ist hier einfach Alltag. Es gibt dauernd kleinere Scharmützel. Schließlich gibt es keine Bowlingbahnen, keine Bars oder Clubs in Hebron. Was also fangen die palästinensischen Jugendlichen mit ihrer Freizeit an? Was wohl … sie kommen hierher und werfen Steine nach israelischen Soldaten. Für sie ist es eine Mutprobe. Und wenn sie verhaftet werden? Umso besser, denn dann erntet man noch mehr Respekt.«

Bis vor kurzem hatten die Palästinenser einen kleinen Abschnitt dieser Straße überqueren dürfen, um eine nahe gelegene Schule und den Grenzübergang in den palästinensischen Hauptteil der Stadt zu erreichen. Doch in der vergangenen Woche hatte ein Siebzehnjähriger eine der Treppen, die hier runterführten, genommen, ein Messer gezogen und versucht, einen israelischen Soldaten zu erstechen. Die palästinensischen Medien äußerten Zweifel daran, dass er wirklich ein Messer bei sich hatte, und spekulierten, es sei ihm erst später untergeschoben worden. Elija blieb am Fuß der betreffenden Treppe stehen und spielte den Vorfall für uns nach.

»Der Typ kommt also hier runter«, sagte er und hüpfte theatralisch von der untersten Stufe. Er hatte offenbar wenig Zweifel an der offiziellen Version. »Wahrscheinlich ist er auf

Drogen. Und dann macht er ein, zwei, drei Schritte und zieht das Messer.«

Er stellte diese Handlungen – mit einer unsichtbaren Klinge in der Hand – pantomimisch nach. Gerade einmal zwei Meter von uns entfernt standen drei Soldaten und schauten ihm zu. Elija stieß das unsichtbare Messer in ihre Richtung. Das erschien mir nicht gerade ein kluger Schachzug zu sein. Er ging zu dem Soldaten, der uns am nächsten stand: ein gutaussehender junger Mann mit olivfarbener Haut und hohen, breiten Wangenknochen. Er konnte nicht älter als zweiundzwanzig sein, was ihn nach Maßstäben des israelischen Militärs zu einem Veteranen machte.

»So ist es passiert, nicht wahr?«, fragte er den Soldaten. »Ich erzähl ihnen gerade von dem Angriff hier letzte Woche...«

Der Soldat verharrte in vorbildlicher Haltung. Ein Maschinengewehr hing lässig vor seiner Brust. Er schaute Elija an, gleichzeitig aber auch an ihm vorbei, zu der Treppe, die in die Hügel führte. Dort war eine kleine Ansammlung palästinensischer Häuser zu erkennen.

»Ja, so ähnlich war es. Ich war nicht dabei, deshalb kann ich zu den Details nichts sagen.« Erstaunlicherweise sprach er mit einem waschechten südenglischen Akzent – ehrlich gesagt, ziemlich genau so wie ich spreche: mit flachem *r* und einem *th*, das zu *f* verschwimmt. »Der Typ, der den Terroristen erschossen hat, ist ein guter Freund von mir. Ein sehr guter Freund. Ehrlich gesagt, glaub ich, das Ganze hat ihn ziemlich fertiggemacht. So etwas, nun ja ...«, er seufzte, »das ist nichts, was wir leichtfertig tun. Egal, was Sie in den Medien hören oder was die Palästinenser über uns erzählen. Wir sind nicht so.«

Der Soldat hieß Gideon. Er hat in England gelebt, bis er zwölf Jahre alt war. Dann entschieden sich seine Eltern zur *Alija*, also zur Rückkehr nach Israel. Den Rest seiner Jugend verbrachte Gideon hier, wo er nun auch seinen Militärdienst ableistete.

»Wir wollen niemanden verletzen, überhaupt nicht«, fuhr er fort, »das ist das Letzte, was wir wollen. Es gibt Vorschriften. Nur wenn sie irgendwie unser Leben bedrohen, dürfen wir gezielt schießen. Die, die uns angreifen, haben meistens irgendwas genommen. Sie verletzen einen Menschen und wissen, dass sie anschließend getötet werden. Normalerweise müssen sie davor was nehmen. Zumindest die, die ich selbst gesehen habe, hatten zu dem Zeitpunkt keine Kontrolle mehr über sich.«

Von weitem waren Pfiffe und Rufe zu hören. »Könnte sein, dass es bald zu einer Attacke kommt«, sagte Elija und fachte das Feuer unserer Anspannung noch weiter an. Gideon drehte sich zu seinen beiden Kameraden um. Einer von ihnen warf seine Zigarette zu Boden. Sie stellten sich etwas näher zusammen, schienen aber immer noch ruhig, als sei dies ein normaler Teil ihres Jobs. Zeit für die Teamsitzung: Soldat Nummer drei ist diese Woche dran mit Tee kochen und Kekse eindecken.

Elija drängte uns weiter die Straße runter. Das wäre uns im Prinzip durchaus recht gewesen – hätten wir uns damit nicht auf den Protestlärm *zu*bewegt. Instinktiv rückten wir näher zusammen und an Elija. Kameras verschwanden in den Taschen und die Selfie-Frequenz nahm drastisch ab. Das war schon mal gut. Hundert Meter hinter Gideon erreichten wir *Tarpat Junction:* einen Grenzübergang auf der palästinensischen Seite. Einer der Soldaten kam auf uns zu und sprach

Elija auf Hebräisch an. Elija antwortete, und der Soldat kehrte an seinen Posten zurück.

»Bist du für oder gegen uns?«, hatte er ihn gefragt, wie Elija uns später erklärte. So einfach war das hier. Schwarz oder weiß. Ein Hubschrauber schwirrte über unsere Köpfe hinweg. Mit ihm nahm auch der Lärm der Demonstranten zu. Wir liefen immer schneller in Richtung der Hügel, als von einem Minarett in der Nähe der islamische Gebetsruf erschallte. Eigentlich finde ich den Ruf des Muezzins schön, doch in diesem Moment klang es, als würde er die Protestierenden nur weiter aufstacheln.

Oben angekommen, fühlten wir uns sicherer, und die Anspannung ließ ein wenig nach. Diesen Moment wählte Elija, um uns darüber zu informieren, dass diese Hügel »nach dem Tempelberg der wahrscheinlich am heftigsten umstrittene Ort im ganzen Land« sind. Ganz herzlichen Dank, Elija!

Anschließend zeigte er uns eine kleine archäologische Ausgrabungsstätte, an der gerade gearbeitet wurde und aus der – wie er uns versicherte – hervorging, dass an dieser Stelle einst die antike jüdische Stadt Hebron stand.

»Einmal hab ich sogar einen Palästinenser mit auf diese Tour geschmuggelt und ihm das hier gezeigt«, sagte er und hielt einen Stein hoch. »Aber er wollte es einfach nicht akzeptieren. Er sagte, das müsste eine Fälschung sein, die israelische Archäologen hier deponiert hätten.« Elija seufzte. »Ich denke, er konnte einfach nicht über den Tellerrand seiner eigenen Vorurteile hinausblicken.«

Ich hatte nicht unbedingt das Gefühl, dass Elija selbst dazu in der Lage war. Keiner von uns ist das. Wir dürfen uns glücklich schätzen, wenn wir unsere Vorurteile überhaupt als solche erkennen. Elija war zur Hälfte ein wirklich netter

Typ, doch zur anderen Hälfte total nervig – je nachdem, wie überzeugt er von dem war, was er gerade sagte. Ich mochte ihn, wenn er unsicher war. Feste Überzeugungen standen ihm weniger gut zu Gesicht. Besonders wenn diese Überzeugungen Israel und sein Recht betrafen, Dinge zu tun, die mir – mit meinen vorgefertigten Narrativen – fragwürdig erschienen.

»Wir müssen aufhören, uns gegenseitig die Schuld in die Schuhe zu schieben«, fügte Elija hinzu. Er ließ einen kleinen Stein einige Male zwischen seiner rechten und seiner linken Hand hin- und hergleiten, bevor er ihn respektvoll zurück auf den Boden legte.

Anschließend besuchten wir das (angebliche) Grab von Isai und Rut. Elija warf mit einer Menge biblischer Namen um sich – als wären wir alle hochspezialisierte Bibelforscher. Ich konnte mich nicht erinnern, wer Isai und Rut waren, was wahrscheinlich daran lag, dass ich es nie gewusst hatte. Für mich klang das nach einem verheirateten Moderatoren-Pärchen aus dem Frühstücksfernsehen. Ich erwog nachzufragen, wollte aber nicht als Ignorant dastehen. Beziehungsweise – als noch größerer Ignorant. Eins der besten Argumente für den Atheismus ist die Tatsache, dass man sich praktisch nichts merken muss. Für zerstreute Menschen ist das ein echtes Plus.

Elija spielte an diesem Morgen noch einige Male seine abgegriffene »Wir waren zuerst hier«-Karte. Es fiel mir schwer, nicht jedes Mal mit den Augen zu rollen. Wenn man nur weit genug in der Geschichte zurückgeht, sind wir alle Invasoren und Fremde: Wir alle haben uns Land unter den Nagel gerissen, das einmal jemand anderem gehörte. Das lässt sich zurückverfolgen bis zum ersten Affen, der von seinem Baum heruntergeklettert ist. Was kein schöner Zug von ihm war, bedenkt man, dass wir für das Aussterben Hunderttausender anderer Tierarten verantwortlich sind. Deren geheiligte Rechte haben bislang nur sehr wenig gezählt.

Wieder am Checkpoint, war ich froh, dass wir Elija zurückließen. Er war ein netter Kerl und ein guter Führer, aber es war an der Zeit, die andere Seite in diesem Konflikt zu hören – selbst wenn sich diese als ebenso voreingenommen erweisen sollte. Die Sicherheitskontrollen am Grenzübergang waren weit weniger intim als die von El Al in Berlin. Wir leerten unsere Taschen, die Posten warfen einen flüchtigen Blick in unsere Rucksäcke, und schon waren wir drüben: im palästinensischen Hebron.

Dort wartete, die Hände in den Hosentaschen, unser palästinensischer Führer. Er hieß Jamal, war Student, Ende zwanzig und einen Kopf kleiner als ich. Sein dichtes lockiges Haar hatte er zurückgekämmt und seinen schmalen Kinnbart ordentlich gestutzt. Er trug Jeans, ein schwarzes T-Shirt und einen grünen Kapuzenpulli mit Reißverschluss. Er hätte perfekt nach Berlin gepasst.

Jamal war sanfter als Elija. Das einzige Mal, dass er wirklich in Erregung geriet, war, als er von seinen Reisen ins Ausland erzählte. Als Friedensaktivist war er nach Großbritannien, in die Schweiz, die USA und nach Frankreich eingeladen worden. Er war gerade von einem sechsmonatigen Aufenthalt in Großbritannien zurück.

»Wieder hierherzukommen war ein Schock. Ich hab meinen Eltern gesagt, dass ich zurück nach Großbritannien will, ein normales Leben führen. Aber sie haben es verboten«, erzählte er betrübt. »Tja, im Nahen Osten kann man nichts gegen den Willen seiner Eltern tun, also bin ich immer noch hier...«

Die Straßen jenseits der Grenze waren genauso geisterhaft still wie die auf der israelischen Seite. Ein paar Menschen auf dem Weg zur Moschee gingen an uns vorbei. Niemand hielt sich länger als nötig an einem Ort auf. Unser Mittagessen bekamen wir im Haus einer Familie, die nur ein paar hundert Meter von der Grenze entfernt lebte. Die Anspannung in unserer Gruppe hatte sich noch nicht gelöst, als wir uns dankbar auf unsere Ablenkung stürzten, die in Form eines delikaten Menüs daherkam: Lamm, Hummus, Gemüse und Fladenbrot. Da ich aus England, einem Land mit einer wirklich enttäuschenden Küche komme, ist für mich persönlich einer der größten Vorzüge von Reisefreiheit und Globalisierung, dass ich mich heute nur noch selten von dieser Küche sättigen lassen muss. Nach dem Essen gingen wir über den früheren Zentralmarkt Hebrons, der heute direkt an der Grenze der geteilten Stadt liegt. Während die Marktstraßen im palästinensischen Teil von einstöckigen Bauten gesäumt wurden, lagen auf der israelischen Seite höhere Gebäude. So konnten die israelischen Siedler, wenn ihnen danach war, aus ihren Fenstern im zweiten oder dritten Stock Dinge auf die Palästinenser unter ihnen werfen.

Jamal berichtete uns, dass einigen der israelischen Siedler tatsächlich danach war und sie regelmäßig Müll, Steine, Säure und Exkremente nach unten kippten. Eine eindrückliche Demonstration ungezügelter Grausamkeit. Als Schutzmaßnahme hatten die Palästinenser eine Überdachung aus Maschendrahtzaun über die Straßen gespannt. Beweiskräftige Überreste der hausgemachten Wurfgeschosse konnte man überall auf den Maschen entdecken.

Aufgrund seiner Lage hatte der Markt praktisch all seine Anziehungskraft eingebüßt und war inzwischen mehr oder weniger geschlossen. Nur vier oder fünf tapfere Händler kamen noch und öffneten ihre Stände: in den Fels gehauene Höhlen mit Holzfront, die an Jerusalems Altstadt erinnerten. Früher gab es hier Hunderte solcher Stände.

»Vor gerade einmal zwei Wochen«, erzählte Jamal, als wir über den Markt liefen, »machte ich diese Tour, und ein junges palästinensisches Mädchen wurde direkt vor den Augen der Gruppe ermordet. Exakt an dem Checkpoint, den wir gerade passiert haben. Wir waren alle schockiert und redeten den Rest der Tour kaum noch ein Wort. Die Kontrollpunkte hier sind einfach verrückt. Man weiß nie, was einem passieren wird. Es hängt alles von der Stimmung der Posten ab. Solange sie hinterher behaupten, du hättest ein Messer gehabt, können sie mit dir machen, was sie wollen. Ich glaube, sie haben es ihr untergeschoben.«

In der amerikanischen Fernsehserie *Good Wife* gab es eine Richterin, die immer darauf bestand, dass Anwälte Fakten und Meinungen strikt auseinanderhalten. Taten sie das nicht, wurden sie korrigiert: Die Richterin fügte ein »nach Ihrer Meinung« oder »glauben Sie« hinzu. Als ich Jamal sagen hörte »ich glaube«, wurde mir klar, wie selten ich seit unserer Ankunft in Israel solche Einschränkungen gehört hatte. Seine Vertrauenswürdigkeit schnellte nach oben.

Zum Abendessen nahm Jamal uns mit in das Heim einer palästinensischen Familie. Wir saßen auf Kissen im Wohnzimmer, während der kleine Sohn der Familie zu unseren Füßen spielte. Jamal erzählte uns ihre Geschichte. »Seit elf Generationen lebt diese Familie hier, in diesem Haus. Die Nachbarn auf der einen Seite sind israelische Siedler, und mit ihnen ist es jetzt zu einem erbitterten Konflikt gekommen. Der Mann hat ihnen vier Millionen Dollar geboten, damit sie wegziehen und er sein Haus mit ihrem verbinden kann.«

Wir nippten an unserem Tee und blickten auf abblätternden Putz an den kahlen, von Rissen durchzogenen Wänden. Die Geschichte erschien uns nicht besonders glaubwürdig. Wie Jamal uns bereits gesagt hatte, wären tausend Schekel im Monat in Hebron ein guter Lohn. Man musste schon sehr prinzipienfest sein, um dieses Haus nicht zu verkaufen, wenn einem jemand vier Millionen Dollar dafür bot. Ich versuchte mir vorzustellen, wie es sein musste, solche Prinzipien zu haben – oder überhaupt irgendwelche Prinzipien. Glücklicherweise lenkte mich Jamal mit einer weiteren Geschichte ab. Unglücklicherweise war sie noch erschütternder als die anderen.

»Das ist eigentlich seine zweite Frau«, sagte er und machte eine Geste in Richtung der Frau, die breitbeinig auf einem Computerstuhl bei uns saß. »Seine erste Frau war im neunten Monat schwanger, als sie ins Obergeschoss des Hauses ging, um etwas zu holen. Der Nachbar schoss fünf Mal auf sie. Sie war auf der Stelle tot. Das ungeborene Kind konnte gerettet werden.«

Alle Augen wandten sich dem süßen Kleinen zu, der in der Mitte des kleinen Raums auf dem Boden herumrollte. Er schien zu spüren, dass er nun die ganze Aufmerksamkeit genoss.

»Nein, er ist es nicht.« Jamal beugte sich vor und raufte dem Kleinen die Haare. »Der Junge, von dem ich rede, ist heute elf oder zwölf.«

»Wo ist er?«, fragte eine Kanadierin.

»Das ist auch eine traurige Geschichte«, sagte Jamal und runzelte die Stirn. »Eigentlich durfte er nur im Haus spielen, wo es sicher ist. Doch eines Tages, da war er fünf oder sechs, lief er raus auf die Straße. Die Siedler von nebenan begossen ihn mit Säure. Er wurde blind. Er ist jetzt in einem besonderen Zentrum für Blinde.«

Unsere Gruppe war verstummt. Der Wahnsinn dieses Ortes überforderte uns. Die Dummheit. Die Hässlichkeit. Wie kann man so etwas kommentieren? Die Kanadierin tupfte sich still eine Träne von der Wange. Jamal versuchte, die Traurigkeit, die sich auf den Raum gesenkt hatte, zu verscheuchen.

»Oh, kommt schon. Ich kann viele solcher Geschichten erzählen«, sagte er jovial. »Jeder hier hat solche Geschichten. Wir erleben sie jeden Tag.«

Unsere Tour war zu Ende.

»Also...«, begann Jamal, als unsere winzigen gläsernen Teetassen eingesammelt waren, »Sie haben beide Seiten gehört. Jetzt interessiert mich Ihre Meinung. Was glauben Sie sollte die Lösung sein – *ein* Staat oder *zwei* Staaten?«

Er fragte das so lapidar, als würden wir über die beste Methode diskutieren, einen kaputten Stuhl zu reparieren. Etwa die Hälfte von uns sprach sich für einen Staat aus, der Rest für zwei. Ich gehörte zu Letzteren. Einer von uns fragte Jamal nach seiner Meinung.

»Ein Staat ist absolut möglich«, antwortete er, ohne zu zögern, »aber das ist die Traumlösung. Die realistische Variante sind zwei Staaten, die unter dem Schutz der Vereinten Nationen stehen. Ich glaube nicht, dass es uns wirklich noch um Land geht, wir wollen einfach nur frei leben. Es *gibt* ja bereits eine Zweistaatenlösung. Sogar schon von der UN anerkannt. Und was sagt Israel dazu? Nein.«

Wir zogen unsere Schuhe an und stiegen die Treppe hinab, zurück raus auf den Markt.

»Die Wahrheit ist, dass Krieg den Regierungen nützt. Während eines Krieges richtet sich alle Aufmerksamkeit darauf und nicht auf die Regierung. Korruption ist am einfachsten im Krieg. Die Leute an der Macht wollen in Wirklichkeit keine Lösung, weil sie vom Krieg profitieren. Wir Palästinenser *brauchen* Frieden, die Israelis *wünschen* ihn sich lediglich. Das ist ein großer Unterschied. Darum kommt es nie dazu.«

Seiner Meinung nach.

An der Grenze verabschiedeten wir uns. Unsere Gruppe passierte den Checkpoint und ging zurück auf die israelische Seite. Ich schaute Annett an.

»Ich bleib hier«, sagte ich.

»Weißt du genau, wie du zu Anwar kommst?«

»Ja, er hat mir eine Wegbeschreibung gegeben. Ich nehm ein Taxi.«

Annett schaute zum Tor, dann zu mir. Dann zum Tor, dann wieder zu mir.

»Okay, ich komm mit«, sagte sie. »Aber wenn uns etwas passiert, werde ich dich im Jenseits heimsuchen. Du wirst nicht eine Minute Frieden vor mir haben. ›*Ich habe es gleich gesagt*‹, das werde ich dir wieder und wieder sagen. Bis in alle Ewigkeit.«

Jamal und ich sahen uns an. Es war nicht leicht, jemanden in einem Jenseits zu verfluchen, an das man nicht glaubte – besonders wenn der Betreffende wusste, dass man auch selbst nicht daran glaubte.

Die Gruppe hatte inzwischen mitbekommen, dass wir nicht mit ihnen zurückkehren würden. Ich erzählte ihnen durch das Tor hindurch von unserem Plan. Ein oder zwei schauten ein wenig neidisch, die anderen hielten es offenbar für eine bescheuerte Idee. Es war ein ausgesprochen merkwürdiges Phänomen: Egal, wo wir waren, riet man uns dringend davon ab, den nächsten Ort aufzusuchen. Einmal dort angekommen, war alles okay – allerdings warnten uns die Menschen mit den gleichen Worten vor dem nächsten Ziel auf unserer Route. Und so würde es wahrscheinlich immer weitergehen, bis wir einmal um die ganze Welt gereist waren.

Wir riefen ein letztes »Auf Wiedersehen« durch das Gitter, drehten uns um und machten uns in der einsetzenden Dämmerung auf den Weg in Richtung Markt. Die wenigen verbliebenen Stände waren dabei, für diesen Tag zu schließen. Unser Weg würde uns ins neue Stadtzentrum führen, wo es einen lebendigen Markt gab, der diesen sterbenden Ort hier ersetzt hatte. Plötzlich hörten wir Rufe und Sprechchöre. Jamal hielt ein Taxi für uns an. In der Nähe brannten ein paar Reifen, Zeugen eines Zusammenstoßes zwischen Protestanten und Polizei. Der Geruch von Tränengas hing in der Luft. Inzwischen erkannten wir ihn.

Abgesehen von seinem Grenzbereich ist Hebron eine funktionierende, wenn auch chaotische Stadt. Letzteres erkennt man unter anderem daran, dass man hier noch nicht dazu gekommen ist, einfache Dinge wie Straßennamen oder Hausnummern einzuführen. Anwars Anweisung lautete, vom Universitätsgelände aus einer ominösen weißen Mauer zu folgen. Die sollte immer auf unserer Linken bleiben, bis wir eine Bäckerei mit purpurfarbenem Schild neben einem Schuhgeschäft mit schwarzem Schild erreichten. Als ich Annett versichert hatte, dass ich ganz sicher wusste, wie man zu Anwar kommt, war das in gewisser Weise durchaus die Wahrheit: nur eben die glitschige-nasse-Seife-Version der Wahrheit. Eine Wahrheitsversion à la Verschwörungs-Larry.

Ich wusste, dass wir diese Mauer finden mussten. Was ich nicht so genau wusste, war, woran wir erkennen würden, *wann* wir diese Mauer gefunden hatten. Diesen Teil hatte ich verdrängt. Ein ziemliches Risiko, wenn man bedenkt, dass die ewige Verdammnis auf dem Spiel stand.

Jamal gab Anwars Anweisungen auf Arabisch an den Taxifahrer weiter. Er tat das so, als würden sie absolut Sinn ergeben. Was sie möglicherweise wirklich taten. Vielleicht nutzte man hier ganz selbstverständlich Mauern als Orientierungshilfen. Wir stiegen ein und kletterten auf den Rücksitz. Die Fahrt dauerte etwa zehn Minuten, in denen mehrfach andere Passagiere ein- und ausstiegen. Taxis sind hier eine kommunale Einrichtung: Man zahlt einen festen Preis von 2,50 Schekel pro Sitz. So winkten andere Menschen das Taxi zu sich heran, nannten dem Fahrer ihr Ziel, und dieser nickte dann entweder und ließ sie rein, oder er schüttelte den Kopf und fuhr weiter.

Das Taxi hielt. Der Fahrer schaute mich im Rückspiegel an. Ich antwortete mit einem Gesichtsausdruck, der, wie ich hoffte, *Sind wir da?* zum Ausdruck brachte. Seine Augenbrauen signalisierten Unverständnis. Da ich kein Arabisch sprach und er kein Englisch, steckten wir in einer Sackgasse. Ich wiederholte meinen Gesichtsausdruck. Er wiederholte seinen. Annett und ich stiegen aus. Was hätten wir sonst auch tun können? Wir besaßen keine gemeinsame Sprache und noch nicht mal eine gemeinsame Mimik.

Wir standen am Rand einer vielbefahrenen vierspurigen Straße. In der Nähe gab es einige Mauern – was schön war, denn Mauern verhindern, dass Dächer und andere Dinge auf den Boden fallen. Wir verglichen diese Mauern mit Anwars Beschreibung: Keine davon schien die Mauer zu sein, nach der wir suchten. Ich versuchte, Anwar anzurufen, doch er ging nicht dran. Ich schickte eine SMS, die ebenfalls unbeantwortet blieb. Wir entschieden uns daher nach der Vollkommen-geraten-Methode® für eine Richtung und liefen los.

Annett war sauer. Das war nicht zu übersehen. Sie hatte eine Planung auf Annett-Niveau erwartet. Geliefert hatte ich Planung auf Adam-Niveau. Wir redeten nicht viel. Es war dunkel. Wir hatten keine Ahnung, wo wir waren. Wir kamen an mehreren Schuhgeschäften und Bäckereien vorbei. Die korrekte Schilder-Farb-Kombi entdeckten wir nicht. Da piepte mein Telefon, und wir atmeten erleichtert auf. Wie konnten die Menschen bloß reisen, bevor es Mobiltelefone gab? Es ist ein Wunder, dass überhaupt jemand den Mut fand, sich so weit von seinem Zuhause zu entfernen, dass er sich verirren konnte. Dass die Menschheit nicht wie – sagen wir mal – Büffel in einer riesigen Herde lebte. Die SMS war von Anwar, der fragte, wo wir waren. Wir antworteten ihm, dass wir es nicht wussten und genau das die Krux an der Sache war.

»Was ist mit der Mauer«, schrieb er zurück.

Ja genau, was war mit der Mauer? Da waren so viele Mauern. Wir schickten ihm die Namen einiger Geschäfte in unserer Nähe. Er sagte uns, wir sollten bleiben, wo wir waren. Also blieben wir, wo wir waren. Dann setzten wir uns auf eine Mauer und warteten. Es war eine niedrige Mauer. Sie war nicht weiß.

Ein paar Minuten später trat ein bärtiger Mann auf uns zu, streckte die Hand aus und kannte unsere Namen.

»Ihr habt es geschafft!«, rief er und umarmte uns. Er schien sich aufrichtig darüber zu freuen.

»Haben wir das?«, fragte ich. »Sind wir in der Nähe deines Hauses?«

»Klar, habt ihr nicht *Die Mauer* gesehen?«

Wir hatten eine Menge Mauern gesehen.

»Ich kann nicht glauben, dass ihr hier seid«, sagte er. »Das ist so großartig.«

Seine Begeisterung verunsicherte uns ein wenig. Er hätte uns eigentlich versichern sollen, dass das, was wir taten, nichts Besonderes war. Dennoch waren wir erleichtert und machten uns leichten Fußes auf den Weg zu seiner Wohnung.

»Wie oft hast du Couchsurfer zu Besuch, Anwar?«

Er blieb stehen, um darüber nachzudenken. »Im Lauf der Jahre hatte ich vielleicht vierhundert. Jetzt ist es vielleicht noch einer pro Monat. Und dabei akzeptiere ich jede Anfrage. Ich denke, es ist inzwischen einfach zu kompliziert. Ihr seid mutig. Mutiger als die meisten anderen.«

Annetts Gesichtsausdruck legte nahe, dass wir vielleicht einfach nur dümmer waren als die meisten anderen. Wir fanden das Schuhgeschäft. Wir fanden die Bäckerei. Wir fanden die weiße Mauer. Es war ganz einfach, alles ganz einfach. Wenn auch vielleicht nicht ganz so einfach wie mit Straßennamen und Hausnummern. Hinter der Bäckerei befand sich tatsächlich Anwars Zuhause. Das Erste, was uns beim Betreten seiner bescheidenen Zweizimmerwohnung auffiel, war, dass praktisch jedes Fleckchen Wand von einem früheren Gast beschrieben worden war. Das Gästebuch von »Hostel Anwar« befand sich direkt auf dem Verputz. »Ich brauche keinen Sex. Die Regierung fickt mich jeden Tag« und »Denke groß, rede leise, handle laut!!!« waren zwei der Highlights unter den Einträgen. Eine Gitarre hing daneben. Instinktiv suchte ich nach einem Bild von Bob Marley.

Wir öffneten die mitgebrachte Flasche Gin. Anwars Augen

leuchteten auf, wie nur die Augen eines Reggae-Liebhabers und Alkoholenthusiasten, der in einer abstinenten Stadt festsitzt, aufleuchten können. Alkohol war hier verboten. Schnell holte Anwar die verlorene Zeit auf. Ich habe entdeckt, dass Menschen, die oft mit Fremden zusammen sind, die Fähigkeit entwickeln, sie vergessen zu lassen, dass sie Fremde sind. Das wirkt meist völlig mühelos – wie alles, das kompliziert ist und eine große Anstrengung erfordert. Auch Anwar war gut darin. Aber trotz seiner herzlichen und unkomplizierten Art trug er eine gewisse Traurigkeit in sich. Er erzählte uns von einem Telefonat, das er an diesem Tag mit seinem Vater geführt hatte.

»Oh Mann, es war der übliche Scheiß«, sagte er und nahm einen enthusiastischen Schluck von seinem Gin Tonic. »›Du solltest heiraten. Warum bist du noch nicht verheiratet? Warum kannst du nicht sein wie die anderen? *Die Leute reden über dich...*‹«, er seufzte. »Nur dieser Satz: Die Leute reden über dich. Das sagt dir alles, was du über die arabische Kultur wissen musst, Mann. Scheiße, die Leute tun hier alles, um nur nicht aufzufallen.«

Ich entschuldigte mich, auch wenn ich keine Ahnung hatte, wofür. Offensichtlich war es ja nicht meine Schuld, zumindest noch nicht. Annett schenkte uns neue Drinks ein. Das half.

Anwar fuhr mit seiner Geschichte fort: »Also sagte ich zu ihm: ›Vater, ich bin glücklich. Mir gefällt mein Leben.‹«

Wir stießen auf seinen Akt des Widerstands an. »Wisst ihr, was er geantwortet hat?«, fragte er.

»›So wirst du noch glücklicher sein.‹ Kann man das fassen?«

Wir konnten es nicht.

Anwar nahm noch einen Schluck. »Verrückt, Mann. Hier

zu leben heißt, sich ständig in Acht zu nehmen. Ich passe einfach nicht hierher. Ich bezeichne mich als Atheisten, versteht ihr? Na ja, vielleicht auch eher als Agnostiker. Wie auch immer: Kann ich das hier jemandem sagen? Unmöglich«, höhnte er. »Man würde sofort auf mich losgehen. Das ist der Grund, warum ich Couchsurfer um mich herum brauche. Ich kann mit niemandem sonst offen reden.«

Je mehr wir tranken, desto mehr Einblick gewährte uns Anwar in seine festen Überzeugungen. Ich versuchte, mir kein Urteil darüber zu bilden. Schließlich hatte ich keine Ahnung davon, was er durchmachen musste. Dass ich mit bestimmten Facetten der englischen Kultur nicht gut zurechtkam, war einer der Gründe dafür gewesen, mein Heimatland zu verlassen – aber das waren alles Kleinigkeiten für jemanden, der seinen Agnostizismus verstecken muss oder sich anhören muss, dass die Leute reden, weil man mit Mitte dreißig noch nicht verheiratet ist.

»Die Besatzung ist eine Strafe dafür, dass wir so sind, wie wir sind«, sagte Anwar, als wir zweieinhalb Gins intus hatten. Ein Gin entspricht zeitlich gesehen einem Glas Wein und etwa einem Dreiviertelbier.

»Alles hat Konsequenzen«, fuhr er fort. »Wir sind nicht organisiert. Wir sind vielleicht vier Millionen, aber wir sind keine Einheit. Wir kämpfen untereinander, Mann. Die ganze Zeit. Wenn wir unser Denken nicht befreien können, wie wollen wir da unser Land befreien? Ich wäre alles lieber als das, sogar jüdisch. Schau sie dir doch mal an … Es sind nicht viele, oder? Aber trotzdem haben sie so ziemlich das Sagen in der Welt. Sie arbeiten hart.«

Er legte Tanzmusik auf, und wir schenkten eine weitere Runde Gin aus.

»Ich will nicht depressiv wirken«, sagte er, »ich will euch nur die Realität vermitteln. Das da draußen ist die Realität, ich lebe sie. Ich kann nicht trinken, kann nicht mit einem Mädchen ausgehen. Dabei will ich mein Leben nicht vergeuden, versteht ihr? Dieses Land ist noch nicht aufgeklärt, aber es ist schwer, etwas daran zu ändern, solange die Religion im Weg steht. Gerade vor einer Woche kamen zwei deutsche Frauen zu Besuch. Wir liefen in der Altstadt umher, sie sprachen Deutsch miteinander. Auf einmal hielt ein Auto neben uns an, der Fahrer kurbelte das Fenster herunter, spuckte sie an und sagte: ›Verpisst euch, ihr dummen Nazis.‹ Es war furchtbar. Ich weinte mit ihnen. Ich konnte es einfach nicht glauben. Da gibt es Menschen, die bereit sind, herzukommen und sich anzuschauen, wie unser Leben aussieht. Menschen, die unsere Kultur erleben wollen. Und was machen wir mit ihnen? Wir spucken sie an und verurteilen sie für die Fehler ihrer Vorfahren. Hier ist es wie im Gefängnis, Mann. Couchsurfing ist mein Fenster.«

An diesem Abend blieben wir daheim. Anwar behauptete, dass man in Hebron nach Anbruch der Dunkelheit nichts mehr unternehmen konnte. Am nächsten Morgen musste er arbeiten und verließ früh das Haus. Als wir gingen, zogen wir die Tür hinter uns ins Schloss. Wir hinterließen keinen Beweis unseres Besuchs an der Wand. Es wäre auch schwer gewesen, »Macht Hummus statt Mauern« zu übertreffen.

Der Besuch bei Anwar hatte mich daran erinnert, wie viel Glück ich doch habe, in eine Mehrheit hineingeboren zu sein: in den Stamm der weißen, heterosexuellen, englischsprechenden Männer mit durchschnittlicher Größe. Mit so einem Blatt auf der Hand kann man eigentlich nicht verlieren. In aller Regel waren die Angehörigen meines Stammes die gesamte Menschheitsgeschichte über einigermaßen nett zueinander – zumindest solange niemand auf die Idee kam, aus der Sicherheit der Masse auszuscheren. Mit Minderheiten haben wir's nicht so. Wer von uns als Angehöriger einer Mehrheit geboren wurde, wird nie verstehen, was es für ein Kampf ist, jeden Tag seines Lebens ohne das Polster der Statistik zu leben. Anwar dagegen tut es. Dabei hat sein Vater nicht ganz unrecht: Früher hatte man wirklich Angst davor, dass die Leute über einen reden. Das ändert sich zwar langsam, aber eben nicht überall. Und nicht überall in gleicher Weise. Ich hoffte für Anwar, dass er eines Tages die Chance bekommen würde, an einem Ort zu leben, wo er beides sein konnte: extrovertiert und anonym.

Ein Taxi zurück nach Jerusalem zu bekommen war ganz einfach. Wir fragten die Passanten nach einer Bushaltestelle, sie zeigten in verschiedene (gegensätzliche) Richtungen, und irgendwann stießen wir auf einen Mann, der auf der Motorhaube eines ehemals weißen Autos saß. Eines Autos mit israelischen Nummernschildern.

»Jerusalem?«, fragte der Mann.

»Ja«, antworteten wir.

Er nannte einen Preis, wir erklärten uns einverstanden und stiegen ein. Er schüttelte den Kopf und winkte uns wieder raus.

»Noch zwei Leute mehr«, sagte er. Er *war* der Bus, aber der Bus war ein Auto, und das Auto musste voll sein, bevor die Fahrt losging. Wir aber waren nur zu zweit. Ghana reloaded.

Die erste Stunde verging recht schnell. Eine ältere Dame humpelte ins Bild und war bereit, einen der verbliebenen zwei Plätze zu belegen. Sie wartete im Auto, während wir draußen in der Sonne mit dem Fahrer und einigen seiner

Freunde Kekse teilten. Essen, Warten und öffentliche Verkehrsmittel gehörten in unserem Denken inzwischen zusammen wie Bier und Kopfschmerzen. Die nächsten dreißig Minuten zogen sich – und das nicht nur, weil die Kekse alle waren. Irgendwann gaben wir auf und buchten selbst den letzten Platz, damit die Fahrt endlich losgehen konnte. Es kostete uns fünf Euro.

Als der Wagen sich in Bewegung gesetzt hatte, wurde klar, dass unser Fahrer Kekse ebenso liebte wie den Rausch der Geschwindigkeit. In nur zwanzig Minuten erreichten wir die Grenze. Plötzlich war die Stimmung im Auto angespannt. »Haben Sie Probleme an der Grenze?«, fragte ich den Busfahrer unseres Autos.

»Probleme?«, wiederholte er, drehte sich um und schaute mir ins Gesicht – viel länger als nötig oder ratsam war, wenn man gerade dabei war, ein Bus-Auto zu steuern. »Nein, keine Probleme.«

An der Grenze trat ein netter Mann mit einer großen Schusswaffe an unser Auto und sammelte Pässe und Ausweise ein. Er musste nur eine kleine Bewegung am Hebel an dieser Waffe machen und wir alle wären tot. Das erschien mir ebenso bemerkenswert wie falsch, zumal das den Grenzposten überhaupt nicht zu kümmern schien.

Zwischen Soldat und Fahrer entspann sich eine Diskussion, die wir nicht verstanden. Der Bewaffnete schaute sich die Pässe nochmals durch. Wir erwarteten Fragen. Warum waren wir in Palästina gewesen? Waren wir »für sie« oder »gegen sie«?

Stattdessen schickte uns der Soldat auf einen nahe gelegenen Parkplatz. Dort stellten wir unser Auto ab. Zwei ebenso todbringend bewaffnete Soldaten näherten sich. Aber es waren nicht wir, die ihr Interesse geweckt hatten. Sie konzentrierten sich vielmehr auf die alte Dame, die neben Annett auf der Rückbank saß. Einer der Soldaten hielt ihren Ausweis in die Höhe, so dass er ihn und sie miteinander vergleichen konnte. Er rief den anderen Soldaten herbei, der es ihm gleichtat. Sie schüttelten den Kopf. Kratzten sich am Kinn. Sie stellten ihr Fragen, die sie offenbar nicht zufriedenstellend beantwortete. Schließlich ergriff unser Fahrer das Wort und setzte sich für sie ein. Der Soldat drohte ihm mit erhobenem Finger. Er diskutierte noch etwas weiter mit seinem Partner, dann kam er zum Autofenster zurück, sagte etwas zu der älteren Dame und – endlich! – er winkte uns durch. Sobald wir die Grenze hinter uns hatten, fingen der Fahrer und die Frau zu lachen an.

»Was ist passiert?«, fragte ich. »Sie sagten doch ›keine Probleme‹?«

Der Mann musste so sehr lachen, dass er zunächst gar nichts sagen konnte. Das änderte allerdings nichts an seinem Fahrstil. Das kleine weiße Auto klapperte und stöhnte, während wir an Geschwindigkeit aufnahmen. Irgendwann hatte er sich wieder so weit im Griff, dass er reden konnte. »Normal kein Problem, aber ...« Er zeigte auf die Frau neben Annett.

»Die Dame?«, fragte ich.

»*Dame*, ja. Damen-Pass nicht gut.«

»Was ist mit dem Pass?«

Die alte Dame reichte ihn zu mir nach vorn. Darauf war das Bild einer jungen Frau zu sehen. Einer gutaussehenden jungen Frau obendrein. Das war doch nicht möglich ... oder doch? Ich schaute sie an. *Unmöglich.* Ich schaute noch einmal nach. Konnte es? *Vielleicht...* Die Augen waren ähnlich. Sie deutete mit dem Finger auf ein Datum. Das Ablaufdatum. Der Ausweis war seit 1985 abgelaufen!

Jetzt verstand ich den Witz.

Aber das war noch nicht alles. Das Ausstellungsdatum lag noch zwanzig Jahre weiter zurück. Dieser Ausweis war 1965 ausgestellt worden! Kein Wunder, dass die Grenzposten eine gewisse Mühe hatten, die Inhaberin zu identifizieren. Sie benutzte einen Ausweis, der fünfzig Jahre alt war.

»Letztes Mal mit diesem Ausweis, der Mann sagt«, fügte der Fahrer hinzu, während er waghalsig einen LKW überholte. »Sehr witzig ... ja?«

Als wir zurück in Berlin von unserem Trip erzählten, führte das bei unseren Gesprächspartnern oft dazu, dass sie uns ihre Meinung über den Konflikt mitteilen wollten. Sich auf eine Seite schlagen wollten. Das war vor allem dann der Fall, wenn wir mit Leuten sprachen, die aus dieser Ecke der Welt kamen. Verrückterweise war mein eigenes Urteil vor unserer Abreise klarer gewesen. Das alles aus der Nähe zu betrachten – so schnell und oberflächlich unser Blick auch gewesen war – hatte mir lediglich die Sinnlosigkeit des Versuchs vor Augen geführt, das alles verstehen zu wollen.

Es war, als ob man einen Zauberwürfel in der Hand hielt, bei dem jemand absichtlich alle Farbaufkleber entfernt hatte. Und sobald man ihn hochnahm und versuchte, die kleinen Quadrate richtig anzuordnen, kamen die wütenden Mitglieder zweier Stämme angerannt, die einen anschrien und aufeinander einschlugen, weil sie sich nicht einigen konnten, welchem Stamm der Würfel zuerst gehört hatte. Auf unserer Reise haben wir eine Menge Menschen mit festen Überzeugungen getroffen. Doch der israelisch-palästinensische Konflikt scheint mir nur mit Demut und Zweifel beendet werden zu können. Indem man das Reden über die Vergangenheit verbietet, einen Schlussstrich zieht und von vorn beginnt. Heute gibt es zwei Volksstämme, die versuchen, sich einen Landstrich zu teilen. Beide verdienen das Recht auf Selbstverwaltung. Der eine hat es, der andere hat es nicht. Das muss sich ändern.

Glaube ich ...

(Schwach) radioaktive Grüße aus Tschernobyl!

Prypjat (Ukraine): Reaktor 4, Autoskooter, Riesenrad, Hybris

In den frühen Morgenstunden des 26. April 1986 führten die Reaktorfahrer des Wladimir-Iljitsch-Lenin-Kernkraftwerks einen Stresstest an Reaktor 4 durch. Es handelte sich um einen geplanten Test, daher machten sie sich keine größeren Sorgen, als die Strahlungswerte höher ausfielen als erwartet. Sie wollten mehr über die Grenzen des Reaktors erfahren, da durfte er ruhig ein bisschen gestresst werden. Doch als das Strahlungslevel immer weiter anstieg und der Zufluss von Kühlflüssigkeit eine kritische Grenze zu unterschreiten drohte, wurde die Schichtleitung langsam nervös. Die Temperatur im Reaktor musste gesenkt werden und zwar schnell. Aber wie? Die Männer mussten eine folgenschwere Entscheidung treffen. Ihnen standen zwei Optionen zur Verfügung. Was sie in diesem Moment nicht wussten: Eine davon hätte den sich immer weiter aufheizenden Reaktor wieder in den Normalbetrieb heruntergedrosselt. Die andere würde zur schlimmsten nuklearen Katastrophe in der Geschichte der Menschheit führen.

Um 1.23 Uhr nachts entschied man schließlich, den Test

abzubrechen, und betätigte den Notabschaltkopf. Die Steuerstäbe wurden in den Reaktorkern gefahren, was die Reaktion, die in seinem Inneren ablief, verlangsamen sollte. Unter den gegebenen Umständen wirkte die vermeintliche Stopptaste jedoch wie ein Beschleuniger. Die Temperatur schnellte auf mehr als dreitausend Grad hoch.

Um 1.23 Uhr und 58 Sekunden – seit der schicksalhaften Entscheidung war also noch nicht mal eine Minute vergangen – kam es zur ersten von mehreren massiven Explosionen, als das Wasser, das eigentlich zur Kühlung des Urans diente, verdampfte. Der Dampf wollte sich ausbreiten, dafür bot ihm der Reaktor aber nicht ausreichend Platz. Der entstandene Überdruck sprengte das hundert Tonnen schwere Dach weg und blies eine Wolke von fünfzig Millionen Ci Radionukliden in den Nachthimmel. Nein, ich habe auch keine Ahnung, was ein Radionuklid ist. Aber wenn man erfährt, dass die in Tschernobyl freigesetzte Menge vierhundert Hiroshima-Bomben entspricht, erahnt man das wahre Ausmaß dieser Katastrophe.

Was in dieser Nacht als Tschernobyls Problem begann, wurde schnell zu einem Problem für ganz Europa. Das Feuer, das zehn Tage lang in Reaktor 4 wütete, spie genügend radioaktives Material aus, um vierzig Prozent des europäischen Festlands zu kontaminieren. Hätte der Wind aus einer anderen Richtung geweht, wäre einigen Theorien zufolge der gesamte Kontinent unbewohnbar geworden. So mussten nur zweitausendsechshundert Quadratkilometer dran glauben.

In der Nacht des Unglücks schliefen, gerade einmal drei Kilometer von dem Katastrophenreaktor entfernt, fünfzigtausend Menschen friedlich in der Stadt Prypjat – sie ahnten nicht, dass sie verdammt waren. Am folgenden Nachmittag zwang man sie, ihre Häuser zu verlassen. Sie bekamen gerade einmal eine Stunde Zeit und konnten nur das Nötigste mitnehmen. Von dem, was zurückblieb, wanderte später fast alles in riesige Gruben. Die Behörden sagen, dass die Menschen eines Tages nach Prypjat zurückkehren können, aber das wird erst in zweitausendsiebenhundert Jahren sein. Wer nicht so lange damit warten will, einen Blick auf sein altes Leben zu werfen, kann einen Tagesausflug dorthin unternehmen. Das Gebiet wird nach und nach für kleine Gruppen mutige/dumme/unsensible/neugierige/makabre Touristen geöffnet, die sich ein modernes Pompeji anschauen wollen. Touristen, denen es nicht reicht, auf ihrer sicheren Couch sitzend nur den Wikipedia-Eintrag zu lesen. Die näher dran möchten: den Ort des Geschehens sehen, anfassen, spüren und als Hintergrund für ein Selfie nutzen.

Touristen wie ich ...

Gerade einmal sechs Monate vor dem dreißigsten Jahrestag der Katastrophe saß ich annettlos in der hintersten Sitzreihe eines Minibusses aus Kiew. Unsere bisherigen Reisen waren zwar nicht darauf hinausgelaufen, dass wir im Himalaya in einem Tempel knieten und unser Qi in Einklang brachten, indem wir die vielen Namen des Einen Wahren Gottes rezitierten. Doch die Intensität unserer Trips forderte langsam ihren Tribut. Außerdem war die Frequenz, mit der ich unsere Reisen geplant hatte, mit dem mageren Urlaubskontingent einer normalen Vollzeit-Beschäftigten definitiv nicht vereinbar. Von nun an war ich also auf mich selbst gestellt. Allein war ich allerdings nicht – mit mir im Minibus saßen sieben weitere Touristen, außerdem zwei Reiseleiter, von denen nur einer mal was sagte, sowie der Fahrer, der sein Fahrzeug praktisch nie verließ. Ein Fahrzeug, das er tagein, tagaus mit stiller Hingabe und Fachkompetenz wienerte und polierte. Als hätte er ein schlechtes Gewissen, den Wagen für solche Fahrten zu benutzen, und wollte es so wiedergutmachen.

Tschernobyl ist nur 170 km von Kiew entfernt, und die Straßen, die die beiden Orte verbinden, sind weitgehend leer – Sperrzonen wirken Wunder gegen ein zu hohes Verkehrsaufkommen. Die Strecke von Haustür zu Haustür, also vom hektischen Zentrum Kiews bis zur Sperrzone, die in einem Radius von 30 km um das Kraftwerk errichtet wurde, kann man in zweieinhalb Stunden zurücklegen. Obwohl man in der Regel zuallererst die Ukraine mit der Katastrophe in Verbindung bringt, ist Weißrussland viel schlimmer dran: Zwanzig Prozent seines Staatsgebiets sind nach wie vor von radioaktivem Niederschlag betroffen. Wenn man von der Sperrzone aus nach Norden statt nach Süden fährt, dauert es sehr viel länger als zwei Stunden, bis man eine Großstadt wie Kiew erreicht.

Unser Reiseleiter Iwan drehte sich auf dem Beifahrersitz zu uns nach hinten. Er war ein kleiner, kahlköpfiger Russe mit stahlblauen Augen.

»Bis vor einem Jahr mussten wir sagen, dass Besucher Wissenschaftler sind«, sagte er. Er sprach mit sanfter Stimme und verzichtete, wie es vielen russischen Muttersprachlern eigen ist, weitgehend auf die Verwendung des bestimmten Artikels. »Jetzt ist es okay, glaube ich.« Seine hypnotischen Augen wanderten ruhelos hin und her. Was nicht gerade beruhigend wirkte. »Wenn jemand fragt – Sie sind Wissenschaftler, okay?«

»Okay«, murmelten wir.

Naturwissenschaften waren noch nie meine Stärke. Mein

Physiklehrer an der Highschool sagte immer, dass ich wahrscheinlich mein ganzes Leben lang bei McDonald's arbeiten würde. Das mag für jemanden, dessen Aufgabe es ist, junge Geister zu formen, nach einem ziemlich harschen Urteil klingen, aber ich trage es ihm nicht nach. Als Wissenschaftler zog er einfach den logischen Schluss aus den Daten, die ihm zur Verfügung standen – und diese Daten ließen keinen Zweifel daran, dass ich weder Neuronen von Neutronen noch Elektronen von Elektro unterscheiden konnte. Wenn es ein System von Perioden gab, das in meinem Leben eine Rolle spielte, dann waren es die unregelmäßigen Abstände, in denen ich meine Hausaufgaben erledigte. Jeder Versuch, mich als Wissenschaftler auszugeben, würde schon bei oberflächlichsten Rückfragen kläglich scheitern. Das sagte ich Iwan nicht. Er war ohnehin damit beschäftigt, mit seinen Kollegen russisch zu sprechen, frei von der Tyrannei des *DerDieDas*.

Als wir uns der Sperrzone näherten, war die Stimmung in unserem Minibus regelrecht aufgekratzt. Ich glaube, wir alle stellten uns insgeheim vor, das Kraftwerk aus den *Simpsons* zu besuchen: Dort würden wir in unsere Schutzanzüge schlüpfen und mit langen Metallzangen grün leuchtende Brennstäbe durch die Gegend tragen. In der Mittagspause ginge es dann in die umliegenden Wälder, wo eine Tierwelt mit dreiäugigen Füchsen oder zweiköpfigen Hasen auf uns wartete.

Dann passierten wir die erste Sicherheitskontrolle und ein Schild, das man auch als Nichtwissenschaftler verstehen konnte: ein großes rotes Dreieck mit gelb-rotem Strahlenzeichen in der Mitte.

War das hier wirklich eine gute Idee? Warum besuchte ich einen Ort, aus dem Hunderttausende geflohen waren? Durch das Autofenster sah ich ein Rudel wilder Hunde und etwas später, in der Ferne, ein Pferd. In Abwesenheit des Menschen gedieh die Fauna offensichtlich prächtig. Am nächsten Kontrollpunkt traten drei Männer in ukrainischen Armeeuniformen aus einer Backsteinhütte und überreichten uns Haftungsausschlusserklärungen und Sicherheitsvorschriften, die wir unterschreiben sollten. Wir durften auf keinen Fall:

– Gegenstände aus der Zone hinaustransportieren;
– aus Quellen, Flüssen und anderen offenen Wasserstellen trinken;
– Tiere (Katzen, Hunde usw.) in die Sperrzone hinein- oder aus ihr herausbringen.

Weiter stand dort, dass wir uns beim Verlassen einer »obligatorischen Kontrolle der Strahlenbelastung von Bekleidung, Schuhen und persönlichen Gegenständen« unterziehen mussten. »Wenn die Kontamination die festgelegten Obergrenzen überschreitet, werden Bekleidung, Schuhe und Gegenstände einer Dekontamination unterzogen.«

Ich schluckte.

»Ist okay«, sagte Iwan. »Sie bekommen mehr Strahlung auf Flug als heute.«

Nun, es war nicht überraschend, dass er diesen Standpunkt vertrat. Schließlich war es sein Job, leichtgläubige Menschen wie mich hierherzulocken. Bei Ryanair jedenfalls bekam man keine derartigen Formulare zur Unterschrift vorgelegt. Was eigentlich verwunderlich ist. Mit einem Upgrade-Angebot bestehend aus Strahlenschutzkleidung und einem frisch belegten Sandwich ließe sich sicher ordentlich Geld verdienen.

Mein Stift schwebte über der gestrichelten Linie. Alle anderen hatten schon unterschrieben, sie schienen keine Probleme damit zu haben. Ich kritzelte also auch meinen Namen darunter, setzte das Datum dazu und überreichte das Formular dem gelangweilt aussehenden Posten. Er überprüfte unsere Pässe und winkte uns zurück in den Minibus.

Hundert Meter weiter die Straße runter kamen wir an das eigentliche Willkommensschild: ein weißes Gebilde aus Backstein mit der Aufschrift »Tschernobyl« in erhabenen blauen kyrillischen Buchstaben, gekrönt vom Atomsymbol und flankiert von einem Bild des Reaktors, komplett mit Hammer und Sichel. Wir hielten an und fotografierten uns gegenseitig davor. Um das Gebilde herum lagen ein paar grüne und rote Äpfel in unterschiedlichen Stadien von Reife und Fäulnis.

»Ich biete jedem fünfhundert Dollar, der einen davon isst«, sagte Paul, einer unserer Mitreisenden. Ich hob einen Apfel auf und untersuchte ihn auf optische Mängel (und in der Hoffnung, dass er vielleicht leuchten würde). Dann öffnete ich den Mund und tat, als würde ich herzhaft zubeißen.

»Halt!«, rief Paul erschrocken.

Ich lachte und ließ den Apfel auf den Boden fallen.

Iwan demonstrierte gerade dem Rest der Gruppe seinen signalgelben Geigerzähler. Die durchschnittliche Strahlenbelastung war in dieser Gegend inzwischen unbedenklich für einen Tagesausflug, doch es gab immer noch Bereiche, wo ein längerer Aufenthalt nicht ratsam war. Iwan erklärte uns, dass Strahlung sich nicht gleichmäßig ausbreitet. Auf der asphaltierten Straße zum Beispiel registrierte sein Geigerzählers nur 0,4 µSv/h. Doch sobald er den Weg verließ und in die Nähe von Blättern, Moos und Erde kam, die radioaktives

Material besser absorbieren können, sprang die Anzeige auf 8,1 µSv/h. Davon nur eine kleine Menge zu verschlucken kann tödlich sein. Ich lernte so viel. Nicht, dass mir dieses Wissen in meinem Job bei McDonald's viel nutzen würde.

Wir begannen unsere Tour an dem Ort, der zum Sinnbild für die Katastrophe geworden ist: Prypjat, der komplett erhaltenen sowjetischen Geisterstadt, in der einmal fünfzigtausend Menschen lebten. Derzeitige Einwohnerzahl: null.

Wir fuhren zunächst auf den ehemaligen zentralen Platz der Stadt. In einiger Entfernung von uns suchten ein paar wilde Hunde nach Futter. Wir besichtigten die Ruinen einer Turnhalle, eines Kinos und – wahrscheinlich am bekanntesten – die Mittelschule von Prypjat. Von außen waren die Schulgebäude noch intakt, doch in ihrem Inneren wurden wir mit Chaos konfrontiert: Graffiti, Glasscherben und Spuren der Plünderungen, die es im Laufe der Jahre gegeben hatte. In den Rissen im Beton tobte eine weitere Schlacht – zwischen dem Menschengemachten und der Natur. Baumsprösslinge, Unkraut und Gras kämpften verbissen um die Rückeroberung von Terrain, das einmal uns Menschen gehört hatte. Ein Verkehrsschild, das vor Kindern auf der Straße warnte, war inzwischen fast vollkommen von einem dichten Gebüsch überwuchert. Hier liefen keine Kinder mehr über die Straße.

Prypjat erinnerte mich an die Tempelanlage im kambodschanischen Angkor Wat. Dort sind die Bäume zum Teil dermaßen mit den Tempelruinen verwachsen, dass man sich die Gebäude kaum ohne sie vorstellen kann, als wären sie immer schon da gewesen.

Es lag eine schwere Stille über der Szenerie. Schutt und Glasscherben knirschten unter unseren Füßen, ansonsten war alles ruhig, still, ausgestorben. Weil den Einwohnern Prypjats nur so wenig Zeit zur Flucht geblieben war, wirkte alles wie eingefroren. Wie ein riesiges Filmset, das auf Schauspieler wartete, die seit Ewigkeiten in der Maske festsaßen. In einem der Klassenzimmer lagen noch die hellgelben »Математчка 3«-Bücher auf allen Tischen. Auf der Tafel waren noch die Reste einer Rechenaufgabe zu lesen. Im Inneren von »Математчка 3« gab es ein Bild von Kindern, die ein Bild von Lenin mit Blumen drapierten. Vor dem Unglück spielte Tschernobyl eine große Rolle in der sowjetischen Propaganda. Möglicherweise war diese Klassenraum-Szene auch gestellt, sie wirkte ein wenig zu perfekt. In der Aula gleich nebenan beschlich mich das gleiche Gefühl: Dort lagen Hunderte Gasmasken auf dem Boden oder hingen an der Decke, dazwischen Puppenköpfe und ein ausgeschlachteter Fernsehapparat. Was sollten diese Puppenköpfe dort? Was war mit ihren Körpern geschehen, was mit den Augen? Warum würde jemand Gasmasken an der Decke befestigen? Dieser Raum war ganz offensichtlich inszeniert worden, um ihn so gruselig wie möglich erscheinen zu lassen und eine maximale emotionale Wirkung zu erzielen. Was uns allerdings nicht davon abhielt, ihn begeistert zu fotografieren.

Verlassenes Gebäude. Graffiti. Gasmasken. Puppenkopf ohne Augen. Tschernobyl.

Das waren die *Money Shots*, die Fotomotive, deretwegen die Leute herkamen. Touristen wollen den Namen, die Story, den Mythos, die Legende. Nicht die weniger fotogene Realität.

Nach der Schule besuchten wir das Schwimmbad der Stadt. Es war ähnlich runtergekommen, obwohl die Aufräumkommandos es noch zehn Jahre nach dem Unglück in ihrer Freizeit genutzt hatten. Es gibt widersprüchliche Angaben darüber, wie viele von ihnen ihr Leben verloren.

»Offiziell Opferzahl unter hundert«, sagte Ivan skeptisch, »inoffiziell eher Million.«

Dem Reaktor selbst kann man sich nicht nähern, weil dort noch immer eine gefährlich hohe Strahlung herrscht. Darum ist nach den Puppenköpfen und Gasmasken der Vergnügungspark von Prypjat zur berühmtesten Ansicht der Stadt geworden. Wie es der Zufall wollte, ereignete sich das Unglück wenige Tage vor dem Ersten Mai, für den eine große Feier geplant worden war. Verschimmelte, verblasste und zerrissene Plakate kündigten noch von den bevorstehenden Festivitäten. Die Autoskooter waren komplett verrostet – als hätten sie der zahlenden Kundschaft mit ihren Crashs Tausende Stunden ekstatischer Freude bereitet und wären dann in den wohlverdienten Ruhestand versetzt worden. Dabei waren sie nur sehr kurz in Betrieb – nämlich am Tag nach dem Unglück: Die Menschen sollten beruhigt und abgelenkt werden, während die Behörden noch überlegten, ob sie evakuieren sollten oder nicht. Es war gerade noch genug gelbe und blaue Farbe übrig, um sich die Fahrzeuge in ihrer Glanzzeit vorzustellen.

Daneben erhob sich ein ebenso rostiges Riesenrad. Die Dinge hier altern schnell, eine Folge der Strahlung in der Luft. Wie im Hörsaal der Schule hatten die Menschen Puppen und Kuscheltiere in die gelben Gondeln des Riesenrads gesetzt, um den trostlosen Eindruck noch zu verstärken. Ich konnte nicht anders, als mir Menschen in diesen Gondeln vorzustellen: aufgeregte Kinder und stolze Eltern, die sich alle hoch in den Himmel drehen, um einen Blick auf das wenige Kilometer entfernte Kraftwerk zu erhaschen, wo die meisten von ihnen arbeiten. Nur wenige konnten mit ihm fahren, denn es war nur ein, zwei Stunden lang in Betrieb. Und wer das Glück hatte, einen Platz zu ergattern, hatte sich am Ende nur noch mehr toxischer Luft ausgesetzt.

Auf dem Weg zum Reaktor fuhren wir durch ein paar andere kleine Städtchen, einige davon wenig mehr als eine Handvoll heruntergekommen aussehender Häuser.

»Einige Leute sind zurückgekommen, um hier zu leben«, sagte Iwan.

»In der Sperrzone?«, fragte ich ungläubig.

»Ja, vor allem Babuschkas.«

»Sind die mutig oder verrückt?«

»Meistens sind einfach nur alt. Sie wollen sein alleingelassen. Wir helfen ihnen, wenn wir können.«

Wir erreichten einen Aussichtspunkt, von dem aus man gut den Sarkophag sehen konnte, der die Ruinen von Reaktor 4 bedeckt. Die Strahlung war noch zu stark, deshalb durften wir nicht näher herangehen. Aber wir konnten auch von hier aus, in etwa dreihundert Meter Entfernung, unsere alles entscheidenden Fotos schießen.

Die Katastrophe begann vor dreißig Jahren, aber sie ist noch nicht vorüber. Das Gelände, das wir sahen und digital einfingen, ist immer noch ein echtes Katastrophengebiet. Immer noch arbeiten dort Tag für Tag Aufräumtrupps und versuchen, das Ganze sicher(er) zu machen. Schätzungsweise zehn Tonnen radioaktives Material sind aus dem Kraftwerk entwichen, doch unter dem Sarkophag befinden sich noch weitere hundertneunzig Tonnen, bedeckt von rund fünftausend Tonnen Sand, Bor, Dolomit, Ton und Blei. Ein großer Teil davon wurde aus Hubschraubern abgeworfen, die gerade lang genug über der Unfallstelle kreisten, um all ihre Ladung loszuwerden. Viele ihrer tapferen Piloten starben kurz danach an den Folgen der Strahlung, der sie dabei ausgesetzt waren. Anfangs versuchte man, Roboter für die Aufräumarbeiten einzusetzen, die man aus sicherer Entfernung steuern konnte, doch selbst deren Schaltkreise wurden durch die Strahlung zerstört. Also hielt man sich an uns, die *Bio-Roboter*.

»Leute rennen rein, bleiben eine Minute, rennen raus«, berichtete Iwan.

»Was konnte man in einer Minute machen?«, fragte jemand.

Er grinste. »Nicht viel. Am Ende selbst eine Minute zu viel. Fast alle Leute gestorben.«

Wir sahen, dass an einem noch größeren, dickeren neuen Sarkophag gebaut wird, der auf Rollen über den alten geschoben werden soll.

»Ist größte bewegliche Struktur von Welt. Fünf Meter dick. Einunddreißigtausend Tonnen. Eineinhalb Milliarden Euro. Sie sagen, ist fertig in 2018.« Iwan kicherte. »Wir werden sehen.«

Wird der neue Sarkophag die zweitausend Jahre überstehen, die es dauern wird, bis die Region wieder bewohnbar ist? Angesichts der Tatsache, dass der gegenwärtige Sarkophag schon nach einunddreißig Jahren Spuren von Altersschwäche zeigte, erscheint das eher unwahrscheinlich. Doch niemand hat einen besseren Plan.

»Das sollte *das* Kraftwerk der Welt sein. Sie hatten Plan, ihn zum größten zu machen.« Ivan blickte prüfend auf den Geigerzähler. »Wir sollten nur fünfzehn Minuten hierbleiben.«

Nach fünf Minuten saßen wir wieder im Minibus.

Für einen Touristen ist Tschernobyl nicht sonderlich lohnend. Was man wirklich sehen möchte, kann man nicht sehen, weil es zu gefährlich ist. Aber diese Gefahr fühlt sich nicht real an, denn sie ist nur eine Zahl auf dem Display eines Geigerzählers. Das macht einen mutiger, als gut für einen ist. Unsere Gruppe trampelte abseits der Wege herum, kletterte auf die Dächer verlassener Gebäude, kraulte den Bauch und den Rücken der zutraulichen Hunde, die in der Hoffnung auf etwas Nahrung um uns herumschlichen.

Eine furchtbare Tragödie ereignete sich hier – eine, die die Welt und ihre Einstellung zur Kernkraft verändert hat. Das ist der Grund, warum es so wichtig ist, die Erinnerung an Tschernobyl am Leben zu halten. In Pompeji waren die Menschen unschuldige Opfer der Natur, die Lektion von Tschernobyl ist eine weitaus stärkere. Es ist eine Lektion in Sachen Torheit und Arroganz: Viele von uns glauben immer noch, dass wir uns die Welt unterordnen können und unser Handeln keine Konsequenzen für die Natur und somit auch für uns haben wird.

Ich glaube, dass Tschernobyl in vielerlei Hinsicht einen Wendepunkt für die menschliche Hybris darstellt. Es ist das Ende der Bestrebungen, immer größere, bessere, kühnere Zeugnisse unseres eigenen Egos, unserer Überlegenheit und Ideologie zu errichten. Die Katastrophe war so groß, dass sie sogar das schlagende Herz der Sowjetunion zum Stillstand brachte. Fünf Jahre nach der Tragödie von Reaktor 4 lag auch sie in Trümmern. Ein brutales System brach zusammen wie so viele andere vor ihm. Wir hätten etwas aus dem Zerfall lernen können, anstatt möglichst schnell die Folgen zu begraben und uns daranzumachen, die gleichen Fehler zu wiederholen. Doch nach dreißig Jahren kommt Russland wieder aus seinem Sarkophag hervorgekrochen. Es marschiert durch seine früheren Territorien und verlangt zurück, was es als sein Eigentum ansieht. Die Krim ist bereits annektiert, und die Bevölkerung der Ukraine schaut beunruhigt nach Osten, weil sie erwartet, dass der Rest des Landes als Nächstes drankommt. Es gibt so viele Lektionen, die man in Tschernobyl lernen kann, und ich rede nicht von denen in »Математчка 3«. Die Frage ist nur: Hört überhaupt noch jemand zu?

»Der Präsident wird Sie nun empfangen.«

Liberland (Kroatien/Serbien): Libertäre, ein Cannabis-Schamane, DER FAHRER!

An einem warmen Frühlingstag fuhr ich in einem kleinen Motorboot die Donau entlang, zusammen mit fünf Libertären, einem Liechtensteiner Nachwuchsdiplomaten und einem selbsternannten »Cannabis-Schamanen«. Wir waren auf dem Weg in das jüngste Land der Welt – ein Land, so neu, dass es noch gar nicht wirklich existiert.

Sein Name ist *Liberland*.

Wie es kam, dass ich dorthin fuhr, ist eine längere Geschichte. Sie beginnt genau ein Jahr vor meiner Bootsfahrt, als ein tschechischer Politiker namens Vít Jedlička ein verlassenes, sumpfiges Stück Marschland am Ufer der Donau betritt, die die Wassergrenze zwischen Serbien und Kroatien bildet. Er hält dieses sieben Quadratkilometer große Stück Land für Terra nullius (Niemandsland), das nach internationalem Recht von jedermann beansprucht werden kann. Also beansprucht er es für sich, steckt eine Flagge in den Boden und ernennt sich selbst zum Präsidenten der »Freien Republik Liberland«. Die einzigen Bürger zu diesem Zeitpunkt: mehrere Millionen Stechmücken. Das Parlament: eine verlassene Jagdhütte. Es ist nicht gerade viel, aber Präsident Vít hat große Pläne – hier soll ein libertäres Paradies mit minimaler Regierung und noch minimalerer Besteuerung entstehen. Genauer gesagt: ohne irgendeine Form von Steuerpflicht.

Klingt bescheuert, nicht wahr? Schließlich kann man nicht einfach so sein eigenes Land gründen. Das weiß doch jeder. Und trotzdem gibt es Menschen, die genau das versuchen – abseits des prüfenden Blickes der breiten Öffentlichkeit. Mikronationen werden diese Versuche meist genannt. Es sind Länder wie die *Republik Molossia* (die bis heute behauptet, Krieg gegen Ostdeutschland zu führen), *Sealand* (eine ehemalige Seefestung vor der Küste Englands), die *Republik New Atlantis* (die der Bruder von Ernest Hemingway auf der Hälfte eines 30 m² großen Bambusfloßes ins Leben rief), die *Republik Minerva* (die der König von Tonga so ernst nahm, dass er dort einmarschierte und sie zerstörte), oder das *Königreich Nordsudan* (geschaffen, um aus der siebenjährigen Tochter des Gründers eine Prinzessin zu machen. Disney hat sich die Filmrechte gesichert). Und etwas näher an zu Hause (genauer gesagt in Wittenberg) gibt es das *Königreich Deutschland*. Als dessen Staatsoberhaupt Peter Fitzek kürzlich beim Fahren ohne Führerschein erwischt wurde, zeigte er seinen vom Königreich Deutschland ausgestellten Personalausweis vor und behauptete, die Gerichtsbarkeit der Bundesrepublik Deutschland erstreckte sich nicht auf andere Staatsoberhäupter. Ganz so einfach ist es dann doch nicht, beschied ihm ein Richter der deutschen Gerichtsbarkeit und verhängte eine dreimonatige Gefängnisstrafe.

Als jemand, der selbst zu eskapistischen Phantasien neigt, verfolge ich diese bizarre Welt mit großem Interesse. Eigentlich hatte ich erwartet, dass es Liberland ergehen würde wie all den anderen Mikronationen. Ein kurzes Aufflackern in den Medien, der Verkauf von ein paar Souvenirs und dann wenden sich alle wieder anderen Dingen zu. Jetzt mal ganz ehrlich: freiwillige Steuern? Sehr witzig, Liberland. Ich bin dabei. Im Grenzgebiet zwischen Kroatien und Serbien, sagst du? Zweier Länder, die einander hassen, fünf Jahre lang einen erbitterten Territorialkrieg gegeneinander geführt haben – was gerade einmal zwanzig Jahre her ist – und ihre Grenzstreitigkeiten bis heute nicht beigelegt haben? Daneben erscheint die Bambusfloß-Nation von Hemingways Bruder als absolut vernünftige Idee.

Doch die Zeit schreitet – wie es Jim, der Rassist, in seinen Gedichten so treffend formuliert hat – unaufhaltsam voran. Serbien verzichtete: Man wolle dieses Stück Land nicht und habe kein Problem damit, dass Liberland es sich nehme. Also musste man nur noch Kroatien überzeugen. Fünfzigtausend Menschen bewarben sich online um die Staatsbürgerschaft von Liberland, nur für den Fall der Fälle. Die *New York Times* schickte einen Reporter, der den Präsidenten zehn Tage lang begleitete. Liberland ernannte Botschafter in Dutzenden von Ländern überall auf der Welt. Die Berichterstattung in der Presse nahm zu. Die Fluglinie *Air Liberland* wurde angekündigt. Noch mehr Presse. *Liberland Merits*, die Landeswährung, wurde geschaffen. Zweihunderttausend Menschen bewarben sich um die Staatsbürgerschaft. Es wurden in vierzig Ländern Botschafter ernannt. Vierhunderttausend Menschen bewarben sich um die Staatsbürgerschaft.

Meinten die das ernst? Konnten sie damit am Ende vielleicht sogar durchkommen? Wenn ja, würden sie auch mich aufnehmen? Es war an der Zeit, Mr President zu treffen und es herauszufinden. Meine per E-Mail vorgetragene Interview-

Anfrage an das »Präsidentenbüro der Freien Republik Liberland« blieb zunächst unbeantwortet. Doch dann, es war an einem regnerischen Mittwochabend, erhielt ich die folgende E-Mail:

> »Lieber Adam, ich denke darüber nach, am Dienstag mit Ihnen zu Mittag zu essen. Was meinen Sie? Welches Restaurant schlagen Sie vor?«

Es war Präsident Vít persönlich, er kam nach Berlin. Damit stand ich nicht nur in direktem Kontakt mit einem Staatsoberhaupt – es wollte obendrein noch, dass *ich* vorschlug, wo wir uns zum Essen treffen. Als bescheidener und mittelloser Comedy-Autor esse ich meist das, was ich in Mülltonnen finde. Manchmal, wenn ich es richtig krachen lassen will, genehmige ich mir an einer U-Bahn-Station einen Döner für 2,50 Euro. Das war alles nicht wirklich präsidial. Also schlachtete ich mein Sparschwein und schlug ein Restaurant mit russischem Ambiente in Berlin-Mitte vor: das *Gorki Park*. Die Ironie, einen Libertären, der Regierung und Besteuerung verachtet, in ein Restaurant einzuladen, das dem Sowjetsozialismus huldigt, gefiel mir einfach zu gut. Diese Chance durfte ich nicht verpassen.

Unter Wandbildern, die russische Bauern mit Apfelkörben zeigten, und inmitten von Sputnik-Memorabilien warteten nun drei Männer im Anzug auf mich. Präsident Vít und seine Entourage wussten auf jeden Fall, sich ihrer Rolle entsprechend zu kleiden. Ich schaute runter auf mein zerknittertes Hemd und meine fleckige Jeans – ich nicht. Ich kleide mich zu allen Zeiten so, als hätte ich gerade ein Problem mit dem Abwasserrohr im Badezimmer behoben. Aber es kam noch besser. Als wollte ich meine Glaubwürdigkeit als »Journalist« – was ich vorgab zu sein – noch weiter untergraben, hatte ich auch noch meine Brieftasche zu Hause vergessen.

Mr President war untersetzt, hatte jedoch ein freundliches Gesicht mit Hamsterbacken und akkurat gestutztem blonden Kinnbart. Seine Entourage setzte sich an einen anderen Tisch, so konnten wir uns ungestört unterhalten. Ich begann das Interview damit, ihn unabsichtlich zu beleidigen: Ich bezeichnete Liberland als »Mikronation«.

»Vierhunderttausend Menschen haben sich um unsere Staatsbürgerschaft beworben«, antwortete er energisch. »Wenn wir die alle akzeptieren, sind wir größer als Island. Nennen Sie das eine Mikronation?«

Wir hatten noch nicht mal Getränke bestellt (die ich nicht bezahlen konnte), und schon hatte ich die Souveränität dieses Mannes in Frage gestellt. Ich versuchte es etwas weniger konfrontativ. Nicht dass Vít defensiv oder aggressiv gewesen wäre, im Gegenteil: Er war ruhig, freundlich und charismatisch. Ich mochte ihn.

Ich beugte mich zu ihm vor. »Nun, Sie wissen das natürlich besser als ich. Aber für mich als Außenstehender sieht es so aus, als gäbe es einen Grenzstreit. Serbien sagt: Dieses Land gehört nicht uns. Kroatien sagt: Wir wissen nicht, wem es gehört, aber es gehört ganz sicher nicht euch.«

»Wenn die Kroaten das Land für sich reklamieren, warum können wir Kroatien dann nicht passieren? Schließlich würden wir das Land nach ihrer Logik gar nicht verlassen!«

Ich war nicht gut genug vorbereitet, um darauf zu antworten. Überhaupt war ich nicht besonders gut vorbereitet. Ich hatte erwartet, mich hier mit irgendeinem verrückten Opportunisten zu treffen, der ein bisschen Medienrummel bekommen, ein paar T-Shirts verkaufen und als Präsident durch die Welt reisen wollte. Sein intensiver Blick sowie die Professionalität seiner Entourage überzeugten mich davon, dass das nicht der Fall war. Diese Leute meinten es ernst.

Vít war auch nicht irgendein Internet-Glücksritter, er hatte politische Erfahrung. In seinem Heimatland Tschechien hatte er mehrere politische Ämter bekleidet, sich aber desillusioniert von der Politik abgewandt, als ein früherer KGB-Agent zum Finanzminister wurde.

»Die Leute wählen diejenigen, die ihnen dann fast alles durch Besteuerung wieder wegnehmen«, klagte er.

»Aber er wurde demokratisch gewählt, oder?«

Er höhnte: »Hitler wurde auch demokratisch gewählt. Demokratie hat keinen Wert an sich.«

Vor meinen Augen wurde eine heilige Kuh geschlachtet. Ich hielt die Demokratie stets, wie Winston Churchill es so schön formuliert hatte, für »die schlechteste Regierungsform – abgesehen von allen anderen Formen«. Wir Briten sind angeblich sogar in den Krieg gezogen, um die Demokratie zu verbreiten.

Mein Essen wurde gebracht. Blini. Sie waren köstlich.

»Wenn ein oder zwei Menschen versuchen, ihren eigenen Staat zu gründen, betrifft das normalerweise nicht mehr als diese zwei Menschen«, sagte ich. »Woran, glauben Sie, liegt es, dass Liberland so viel erfolgreicher ist?«

Er ließ sich das bei einem Löffel Borschtsch durch den Kopf gehen. »Viele Menschen glauben an die Ideale von Liberland. Jede Nation ist nur so stark wie die Menschen, die an sie glauben. Als ich zum ersten – nein: zum zweiten Mal verhaftet wurde, weil ich das Land betreten hatte, forderte der kroatische Polizeichef vor Gericht eine längere Haftstrafe.

Er sagte: ›Liberland existiert nur in Ihrem Kopf, es ist nur eine Phantasie.‹«

Vít lachte, ebenso wie seine nicht zuhörenden Aufpasser. »Ich hab ihm gesagt: ›Und genauso existiert Kroatien nur in Ihrem Kopf und, ist nur eine Phantasie.‹ Das machte ihn natürlich richtig wütend. Aber das ist wahr.«

Nun verfügt Kroatien – sei es nun imaginär oder nicht – über eine Armee, Gerichte und Gefängnisse, die es einsetzen kann, um Zweifler von seiner Existenz zu überzeugen. Vít hatte eine Fahne, eine Webseite und eine Menge E-Mails von Interessenten. Keine guten Voraussetzungen für einen Kampf auf Augenhöhe. Er glaubte doch nicht im Ernst, dass er damit durchkommen würde, oder?

»Vielleicht wird es nicht funktionieren, wer weiß. Wir wollen es einfach nur versuchen dürfen.«

Für mich klang das ziemlich vernünftig. Als wir uns für ein gemeinsames Foto aufstellten, lud Vít mich ein, Liberland eines Tages einen Besuch abzustatten. Es war vermutlich nicht mehr als eine Floskel – dennoch machte ich mich gerade mal zwei Monate später auf den Weg...

Ich bekam meine Chance, als Liberland sein einjähriges Bestehen feierte. Anlässlich dieses Jubiläums sollte ganz in der Nähe des umstrittenen Sumpflands, auf der kroatischen Seite der Donau, eine libertäre Konferenz stattfinden. Am Ende der Konferenz würden alle Teilnehmer in Boote steigen, und versuchen, am kroatischen Grenzschutz vorbei Liberland zu erreichen. Oder besser gesagt das, was eines Tages Liberland werden würde, sobald die Leute nicht mehr alles dafür taten, damit es das blieb, was es war: ein unbewohnter Sumpf.

Im Zuge meiner Reiseplanung wurde mir klar, dass Libertäre nicht unbedingt die besten Planer sind. Vielleicht fehlt ihnen auch einfach die Übung, schließlich lehnen sie zentrale Planung strikt ab. Zwei Wochen vor Konferenzbeginn waren online weder Informationen über den Ablauf noch Karten verfügbar. Also begann ich eine E-Mail-Korrespondenz mit dem Organisator, einem Kroaten namens Damir. Er antwortete ausweichend. Es würde einen Shuttlebus vom Flughafen geben. Ich musste kein Ticket kaufen. Die Organisatoren würden sich um die Unterbringung vor Ort kümmern. Oh nein, halt, das müsste ich doch selbst erledigen. Nein, sie wussten noch nicht, was das kosten würde.

Damir hatte alle Hände voll zu tun. Die kroatischen Behörden standen dem Projekt Liberland zunehmend feindselig gegenüber: Sie setzten die Hotels in der Gegend unter Druck, die Konferenz nicht zu beherbergen. Damir und ich wechselten weitere E-Mails. Ich erhielt weitere vage Antworten, und der Shuttlebus wurde gestrichen. Endlich wurde meine Hotelreservierung bestätigt, aber erst um 23 Uhr in der Nacht vor meiner Ankunft. Das Hotel selbst lag dreißig Kilometer vom Tagungsort entfernt.

Eine dreieinhalbstündige Busfahrt brachte mich von der serbischen Hauptstadt Belgrad ins kroatische Osijek, das mit seinen über hunderttausend Einwohnern übrigens die viertgrößte Stadt Kroatiens ist. Als wir in den Busbahnhof einfuhren, war da leider niemand, um mich in Empfang zu nehmen. Ich rief Damir an. Ich war wütend. Diese Leute wollten einen Staat gründen? Sie konnten noch nicht mal eine mittelgroße Konferenz organisieren. Sie machten sich etwas vor.

Damir beruhigte mich. »Boris wartet draußen«, sagte er, »er hat lockiges Haar und fährt einen Kombi.«

Ich bezweifelte das. Ich bezweifelte das sehr. *Boris?* Kein Mensch heißt wirklich Boris. Den Namen gibt es nur im Film. Und da ist Boris entweder Computerexperte oder Profikiller. Da kam von draußen ein Mann mit lockigem Haar auf mich zu und streckte mir die Hand entgegen.

»Mr. Fletcher?«, fragte er.

»Ja.«

»Ich bin Boris, Ihr Fahrer.«

Da er nicht danach aussah, als würde er sich besonders gut mit Computern auskennen, nahm ich mir vor, mich zu benehmen. Der andere Passagier im Fond des Wagens war ein großer, klobiger Mann mit dicken Backen und strähnigem Haar, das an den Seiten herabhing. Er stellte sich als Gregor vor. Er hatte eine Fahne. Wahrscheinlich wusste er nicht, welche Konsequenzen es haben konnte, einen Boris zu verärgern, denn er machte keinerlei Anstalten, sich zu benehmen. Während der etwa dreißigminütigen Fahrt stellte sich bald heraus, dass Gregor jemand war, der den Klang seiner eigenen Stimme sehr liebte. So sehr, dass er keine Gelegenheit verpasste, ihr zu lauschen.

»Ich bin Investor«, sagte er. »Immobilien. Du weißt schon, Guangzhou, New York, Korea, Florida. *Egal*. Keine große Sache …«

Für ihn war es eindeutig eine große Sache.

»Bist du ein Libertärer?«, fragte ich ihn.

»Ach, weißt du, für manche Investments wär das gut. Aber ich bin mir darüber im Klaren, dass es auch ein paar Probleme mit sich bringt. Das hab ich Vít auch gesagt, als ich ihn vor eineinhalb Jahren getroffen habe. Ich hab ihn getroffen, weißt du? Ja, keine große Sache.«

Es war eindeutig eine ziemlich große Sache.

»Er kam zu mir nach Hause und alles. Klar. Hast du ihn getroffen?«

»Ja, in Berlin. Er ist allerdings nicht zu mir nach Hause gekommen.«

»Oh, nun ja, egal. Wen interessiert das schon, nicht wahr?«, sagte er und klopfte mir mitleidig auf die Schulter.

Gregor interessierte es.

Wir erreichten den Tagungsort – ein Hotel mitten im Nirgendwo, was wiederum ein ziemlich ungünstiger Ort für ein Hotel ist. Ich nahm daher an, dass es mitten in irgendwas wirklich Bedeutendem lag, das ich nur nicht entdecken konnte, weil es zu gut versteckt war. Auf dem Schotterparkplatz war gerade eine Bombe geplatzt: *Präsident Vít kommt nicht.*

Damir war außer sich: »Sie halten ihn an der kroatischen Grenze fest! Was ganz eindeutig illegal ist, schließlich ist er EU-Bürger.«

»Was?! *Fuck!*«, rief Gregor, »ich hab ein paar große Deals angebahnt.«

»Es ist so«, sagte Damir, »tut mir leid.«

Gregor ließ den Kopf hängen und trat einen Stein unter seinem Schuh weg. »Mann, Serbien ist der Wilde Westen, aber Kroatien ist auch nicht viel besser. Die *tun* hier nur diplomatisch.«

Im Hotel war das Buffet bereits eröffnet. Ich holte mir was zu essen und ging zu einem Tisch, an dem noch ein Stuhl unbesetzt war.

»Ist hier noch frei?«, fragte ich.

Die beiden Männer, die schon dort saßen, schauten sich an und fingen an zu lachen.

»Hier ist Liberland«, sagte einer, »nimm einfach Platz.«

Ich stellte meinen Teller ab und ging in Richtung Bar, um mir etwas zu trinken zu holen. Als ich wieder zurückkam, hatte jemand anders meinen Platz eingenommen. Er hatte einfach meinen Teller in die Mitte des Tischs geschoben und sich auf meinen Stuhl gesetzt. War das hier Liberland? Jeder ist sich selbst der Nächste? Der Platzräuber machte keine Anstalten, sich zu entschuldigen oder gar den Sitz zu räumen – also beugte ich mich umständlich über ihn, nahm meinen Teller und suchte mir einen neuen Platz. Ich versuchte mein Glück an einem anderen Tisch und fragte, ob ich mich auf den freien Stuhl setzen könnte.

»Nein, da sitzt unser Freund«, sagte ein Mann im Holzfällerhemd.

Diplomatie würde mich hier nicht weiterbringen. Mir ein Beispiel an Präsident Vít nehmend, sollte ich einfach eine Flagge auf einen Stuhl pflanzen und ihn zur Freien Republik von Adams Hintern erklären. Am dritten Tisch durfte ich mich schließlich dazusetzen. Dort steckte man mitten in einer leidenschaftlichen Diskussion über das Recht auf Waffenbesitz. Die vorherrschende Meinung war, dass man es ausweiten sollte. Währenddessen begann am anderen Ende des Raums eine Zweimann-Combo mit Keyboard und Akustik-Gitarre bekannte Oldies zu spielen. Zum Einstieg vergingen sie sich an »Don't Worry, Be Happy«. Inmitten dieser eklektischen Gruppe Exzentriker fühlte ich mich ziemlich wohl. Was daran liegen mochte, dass ich »Liberal Ale« trank – Liberlands eigenes Bier.

»Ich hab es heute Morgen direkt aus Víts Wohnung geholt«, sagte der nervöse Mann, der es mir überreicht hatte.

Jeder, mit dem ich ins Gespräch kam, legte Wert auf die Feststellung, einer der besten Freunde von Präsident Vít zu sein. Die Band spielte nun »One Love« von Bob Marley. Zumindest glaubte ich, dass es das sein sollte. Wenn es *Love* in diesem Raum gab, dann war sie für den Exilpräsidenten reserviert.

Ich kam mit einem Programmierer aus London ins Gespräch. »Wie gefällt dir die Konferenz bisher?«, fragte ich ihn.

»Ich find sie sehr ruhig«, sagte er betrübt. »Bis jetzt gab's noch keine einzige Verhaftung.«

Dabei hatte sich schon ein Kandidat herauskristallisiert, den ich liebend gern in Handschellen gesehen hätte: Gregor. Dieser Mann war ein wandelndes und pausenlos laberndes Verbrechen wider die Sittlichkeit. Er saß ein paar Tische weiter. Sturzbetrunken hatte er sich auf eine hübsche Türkin gestürzt, die gerade von der Geburtstagstorte aß. Sie diskutierten über ein privates soziales Netzwerk für Reiche. Gregor schaukelte seinen Stuhl gefährlich hin und her. Vor ihm stand eine Flasche Rotwein.

»Meine Mutter hatte Geld, na und? Egal. Ich mach mir nichts aus Geld. Was mich interessiert, ist die Qualität der Menschen, mit denen ich zu tun habe. *Komm, lass uns segeln gehen?* Verstehst du? Keine große Sache ...«

Die Frau wirkte gelangweilt, aber Gregor war nicht aufzuhalten.

»Manchmal isst man Thunfisch, manchmal Kaviar. Verstehst du?«

Wenn sie es verstand, behielt sie es für sich. Sie lächelte höflich.

»Entspann dich. Is ja nur ein Witz, nicht wahr? Wen kümmert's?«

Die junge Frau offensichtlich wenig.

»Neid, dieses ganze Zeug«, fuhr er fort. »Hat eine große

Rolle gespielt in meinem Leben. Bestimmt auch bei dir. Ich kümmer mich nicht um andere Leute...«

Sie legte ihre Gabel nieder. »Ich mich auch nicht. Sie können hinter meinem Rücken reden, das ist mir egal.«

»Weißt du, du gefällst mir«, sagte er und griff nach ihrem Arm. »Du bist wirklich klasse.«

Sie zog ihre Hand zurück. »Ich geh raus, eine rauchen.«

»Ja, gehen wir«, er sprang enthusiastisch auf, und sein Stuhl knallte hinter ihm zu Boden. Ich hob ihn auf. Gregor verkörperte alle negativen Vorurteile über Immobilien-Investoren, doch er war die einzig wirkliche Nervensäge, die mir bisher auf dieser Veranstaltung begegnet war. Die übrigen Teilnehmer waren intelligente und offene Menschen, die gern über ihre Ansichten sprachen. Sie waren felsenfest davon überzeugt, dass dieser ganze Länder-, Staaten- und Regierungsunsinn kurz vor dem Zusammenbruch stand. Und wenn es so weit wäre, nun, dann stünden sie mit ihren Ideen bereit. Dann würde ihr Zeitalter anbrechen: das Zeitalter von Libertarismus – und etwas namens *Anarcho-Kapitalismus*.

Bis es so weit war, würden sie sich einfach damit abwechseln, das ohnehin schon am Boden liegende System mit Fußtritten zu traktieren. Die Band massakrierte »Stuck in the Middle With You«. Es war halb elf, und ich murmelte etwas von meinem Wunsch, demnächst zu gehen.

»Kein Problem«, versicherte Damir. »Ich bestell dir einen Wagen. Fünf Minuten.«

Dreißig Minuten später ging ich hinaus auf den Parkplatz, wo Gregor gerade versuchte, die Türkin zu umarmen, die ihrerseits weitgehend erfolgreich versuchte, dieser Umarmung zu entgehen. Seine Augen waren jetzt blutunterlaufen und seine aufgeschwemmten Wangen leuchteten.

»Hat es dir gefallen?«, fragte ich ihn.

»Hier?!?«, fragte er höhnisch. Er gestikulierte in Richtung Hotels. »Mit all den Nazis und Verrückten und Bärtigen?«

Mir war niemand über den Weg gelaufen, der auch nur annähernd die Bezeichnung Nazi verdient hätte. Allerdings waren tatsächlich mehrere Menschen mit Bart hier – ich selbst gehörte im Übrigen auch dazu. Ich fand Männer mit Bart schon immer ziemlich sympathisch.

»Das interessiert mich nicht, Mann«, fügte Gregor verächtlich hinzu. »Ich bin hier für *Investments*.«

Eine Stunde ging ins Land. Gregor, der mit mir in den Tagungssaal zurückgekehrt war, beschwerte sich lautstark, bis sich irgendwann Anton erhob: ein stoischer Österreicher mit wilder Mähne.

»Gehen wir«, sagte Anton. Unglücklicherweise nahm er Gregor gleich mit.

»Fünfundfünfzig Euro für zwei Flaschen Wein?«, wetterte Gregor vom Rücksitz aus. »*Fuck*. Und ich musste *reingehen*! Ich mein, kommt schon! Ich musste ihn bezahlen *und* reingehen und ihn holen? *Rein*?! Und bezahlen? Ernsthaft?«

Vom Beifahrersitz aus warf ich Anton einen entschuldigenden Blick zu. Ich hatte mich mittlerweile an Gregor gewöhnt, doch Antons Feuertaufe fand auf engstem Raum statt. Es gab kein Entkommen. Anton lächelte zurück. Er war so gelassen. Er war der Anti-Gregor.

»Mein bester Freund ist der Premierminister von Kroatien!«, knurrte Gregor, seine Hände auf unsere Lehnen gestützt. »Ich mein, kommt schon ...«

Ein paar Sekunden herrschte Stille. Ich hoffte bereits, er wäre eingeschlafen. Aber keine Chance.

»Du kennst also Vít?«, bellte er.

Weil wir nicht wussten, wem die Frage galt, antwortete keiner von uns.

»DER FAHRER«, fügte Gregor ungeduldig hinzu. Offenbar hatte er Antons Namen vergessen. »Ich frage DEN FAHRER.«

Anton, DER FAHRER, atmete tief durch. »Ja, ich kenne ihn.« Antons Stimme hatte was von einer Meditations-CD. Einem sommerlichen Grillabend mit Freunden. Einer Liebe unterm Apfelbaum. Einer sinnhaften Welt. Einer Gregor-freien Welt.

»Oh, wirklich?«, erwiderte Gregor sarkastisch. »Nun, ich denke, dass meine Beziehung zu ihm ein wenig enger ist. Nichts für ungut. Er war bei mir zu Hause und so.«

Es entstand eine Pause. »O ... kay, sagte Anton stoisch.

Gregor fing wieder an. »Eine liberländische Botschaft will er von mir? *Pfff*. Egal. Ich werde sie ihm geben. Für Geld natürlich. *Viel Geld*. Er war mal bei mir zu Hause. Keine große Sache.«

Ich hab mir immer etwas darauf eingebildet, dass ich mit fast allen Menschen auskomme. Manchmal muss man sich ein wenig am Kopf kratzen, die eine oder andere Charakterschwäche übersehen – aber eigentlich gelingt es mir stets, eine positive Eigenschaft zu finden. Aber Gregor war ich nicht gewachsen.

Das Abholen um 9 Uhr am nächsten Morgen erfolgte wie angekündigt – wenn auch nicht zum angekündigten Zeitpunkt. Ich dachte schon, ich sei einer Fehlinformation aufgesessen, als der Wagen nicht um 9 Uhr, sondern erst um 10.30 Uhr vorfuhr. Bei unserer Ankunft auf dem Parkplatz des Konferenzhotels entdeckten wir ein kroatisches Polizeiauto und – direkt vor dem Eingang postiert – zwei Männer mit Anzug und Headset, deren Kabel in ihren Hemdkragen verschwanden.

»Kroatische Geheimpolizei«, sagte Damir. »Die sind hier, um uns einzuschüchtern.«

Im Tagungsraum setzten wir uns auf unsere Plätze. »Ich werde jetzt das Wort an den Herrn Präsidenten, Gründer und Präsidenten von Liberland, übergeben«, sagte der Moderator. Nur eine Stunde später als angekündigt.

Über uns an der Wand erschien das Gesicht von Präsident Vít Jedlička.

»Hall-----------------ooo«, sagte es. Das Video stockte. »All--eeee----zusaaaa----men.« Der Sound fiel aus, kam wieder, fiel erneut aus. »Ich bin se--ehr glücklich, euch alle ---- «

»Bitte alle raus aus dem WLAN. Wir brauchen die ganze Bandbreite für den Präsidenten!« Der Moderator wirkte gestresst.

Ein ganzes Land? Aus dem Nichts? Ernsthaft? Diese Leute?

Natürlich war es diesmal nicht Liberlands, sondern Kroatiens Schuld, allerdings hat die kroatische Provinz fünfundzwanzig Jahre Vorsprung vor Liberland, und man schaue sich einmal an, wie schwer sie sich tat, so etwas Simples wie eine Internetverbindung, die schnell genug war für Skype, bereitzustellen.

Als die eigentliche Konferenz erst mal lief, war sie großartig, obwohl ihr Inhalt in einer unansehnlichen und chaotischen Verpackung daherkam. Wir lernten mehr über das Territorium und erfuhren, warum die örtlichen Behörden solche Probleme mit Liberland hatten. Ein kroatischer Politiker brachte es auf den Punkt: »Meine Großmutter ist nie in ihrem Leben umgezogen und hat trotzdem in fünf oder sechs verschiedenen Ländern gelebt. Es ist kein Wunder, dass die Menschen hier Angst vor Veränderung haben.«

Er hatte nicht übertrieben. Diese Region, Slawonien, hat eine sehr turbulente Vergangenheit. Sie war der Zankapfel in Konflikten zwischen verschiedenen Nationen – auch nach dem Zusammenbruch Jugoslawiens und dem blutigen Bürgerkrieg Anfang der Neunzigerjahre. Bis zum heutigen Tag gibt es Probleme. Mehrmals am Tag fährt ein Bus nach Deutschland. Die Bevölkerung geht täglich um vierzehn Einwohner zurück. Es gibt wenige Jobs, kaum Aufstiegschancen, und nach den Gesprächen zu urteilen, die ich mit Einheimischen führen konnte, gibt es auch wenig Hoffnung. Erstaunlich, wenn man bedenkt, wie schön und auch wie ertragreich die Region ist. Sie ist nach wie vor Kroatiens wichtigstes Weinanbaugebiet.

Zwischen den einzelnen Themenblöcken machten wir Smalltalk auf der großen Terrasse. Ich war überrascht, wie viele der Teilnehmer Anzug trugen und sich wichtig klingende Titel gegeben hatten. Bei der geringsten Provokation steckten sie einander ihre Visitenkarten zu. Für eine Gruppe, die das System stürzen wollte, kleideten und verhielten sie sich bemerkenswert systemkonform. Was für mich die Frage aufwarf, ob sie es wirklich stürzen oder es nicht doch lieber an einem neuen Ort selbst errichten wollten, wo sie dann die Macht hätten.

Ein großer weißer Hund strich auf der Terrasse herum. Er pirschte sich an den waffenverliebten Briten, den ich am Vorabend kennengelernt hatte, sprang an sein Bein und fing an, es wie wild zu begatten. Der Brite versuchte, den Hund abzuschütteln. Aber es war ein großer Hund, der seine Attacke umgehend wiederholte. Der Mann stieß ihn weg und entfernte sich ein paar Schritte, doch der Hund folgte ihm. Ein paar Leute lachten und feuerten ihn an. Es wäre überall eine lustige Szene gewesen, doch im Rahmen einer libertären Konferenz war es irgendwie noch lustiger. Der Hund hatte sich vom Geist der Veranstaltung anstecken lassen und ließ seiner Sexualität freien Lauf. Ich hatte das Wort Freiheit im Lauf des Tages sehr oft gehört, und diese Szene zeigte eindrücklich, dass die Freiheit des einen oft genug die Freiheit eines anderen beeinträchtigt. In diesem Fall betraf es das Recht des Briten, frei von sexuellen Übergriffen zu sein.

Die Konferenz bestand aus Vorträgen. Wir wollten Action. Wir wollten ins Gelobte Land. Unsere Füße in seinen Schlamm einsinken sehen. Von seinen libertären Stechmücken malträtiert werden. Anderen Menschen davon erzählen, dass wir ein Land besucht hatten, das sie noch nie gesehen hatten: ein Land, so neu, dass sie nicht einmal von seiner Existenz wussten. Am nächsten Tag, es war ein warmer Sonntag, bekamen wir diese Chance. Der Bus sollte uns um 9 Uhr abholen. Um 9 Uhr kam kein Bus. Das überraschte mich gewaltig. Um 9.30 Uhr ging ich auf die Straße, um nach ihm Ausschau zu halten. Die Straße war enttäuschend busfrei. Um zehn war ich wieder im Hotel. Ich hatte das Warten aufgegeben. Um 10.30 Uhr kam ein Anruf: Der Bus würde »in drei Minuten da sein«. Ich ging wieder raus. Aus drei Minuten wurden dreißig. Um 11 Uhr kam er schließlich.

Ein silberner Doppeldecker, beladen mit den Libertären, die bereit waren, sich mit den kroatischen Grenzbeamten anzulegen, um einen Blick auf Präsident Víts sumpfiges Steuerparadies zu erhaschen. Es ging los.

»Grenzen erinnern uns daran, dass wir alle Sklaven sind«, sagte Susanne Tarkowski Tempelhof, die Keynote-Speakerin der Konferenz, als wir vor der Grenze zum Stehen kamen. Sie ist die Gründerin von etwas namens Bitnation: eine Online-Plattform, die mit Hilfe von Blockchain-Technologie (die auch hinter der Online-Währung Bitcoin steckt) Regierungen überflüssig machen soll.

»Das alles wird schon bald zusammenbrechen«, erwiderte der waffenverliebte Republikaner, der zuvor die amouröse Begegnung mit dem großen weißen Hund hatte.

»Genau, weil der Staat nicht existiert. Er ist eine kollektive Fiktion«, fügte Susannes Mann hinzu.

Doch all die Sorgen darüber, ob wir Kroatiens kollektive Fiktion verlassen dürfen, erwiesen sich als unbegründet. An der Grenze wurden wir ohne große Formalitäten durchgewinkt. Wahrscheinlich waren sie froh, uns loszuwerden. Als Nächstes kam ein leutseliger Grenzbeamter der Fiktion Serbien an Bord und sammelte unsere Pässe ein. Er war ein untersetzter Mann mit einem kleinen blonden Schnurrbart.

»Wohin fahren Sie?«, fragte er.

»Auf die andere Seite des Wassers, zum Restaurant«, antwortete ein englischer Journalist, der mittlerweile in Kroatien lebte.

»Oh, das ist sehr gut. Sie haben da einen neuen Koch. Sein Name ist Vitrovich. Er ist ausgezeichnet. Also, viel Vergnügen«, sagte der Beamte und stieg wieder aus.

Moment, waren wir immer noch Sklaven?

Nach einem schnellen Mittagessen und dem Erscheinen von Mr President himself war der große Augenblick gekommen: Es war Zeit für unsere Reise nach Liberland. Da Vít in Kroatien inzwischen offenbar nicht mehr geduldet wurde, versuchten wir es über die serbische Seite. Würden wir Liberland erreichen? Würde man uns unterwegs verhaften?

Seit Monaten hatte niemand mehr seinen Fuß auf liberländische Erde gesetzt, ohne verhaftet zu werden.

Unglücklicherweise waren aus den drei für die Überfahrt vorgesehenen Booten in der Zwischenzeit eins geworden. Ich bin sicher, dass viele der Teilnehmer schockiert waren. Denn das Boot, das wir hatten, fasste gerade mal acht Personen. Liberland war eine fünfundvierzigminütige Bootsfahrt stromaufwärts entfernt – und wir waren insgesamt fünfzig.

»Das wird mindestens drei Stunden dauern«, warnte Präsident Vít, »und das auch nur, weil wir auf eine kürzere Route ausweichen und die anderen mit einem Geländefahrzeug so nah an unser Ziel heranbringen werden, wie auf dem Landweg möglich ist.«

Zum Glück ergatterte ich einen Platz im Boot. Der heroisch-stoische Anton stand am Steuer. Seine wilde Mähne flatterte im Wind und lenkte mich von der Tatsache ab, dass wir nur drei Schwimmwesten an Bord hatten. Wer dreißig Minuten Autofahrt mit einem betrunkenen Gregor überstand und dabei nicht der Versuchung nachgab, einen Unfall zu bauen und uns alle zu töten, für den waren fünfundvierzig Minuten mit mir und einer Handvoll libertärer Gesinnungsgenossen in einem Boot ein Klacks.

Stotternd sprang der Motor an und erfüllte das Boot mit Dieselabgasen. Die Vorfreude war mit Händen zu greifen: Ich fühlte mich wie ein Pirat auf Kaperfahrt. Um das Bild komplett zu machen, fehlten nur noch eine Augenklappe und ein Papagei – vielleicht auch noch ein paar Schwimmwesten. Neben mir saß ein etwas verwahrlost aussehender Tscheche mit Dreadlocks namens Steffen. Er band die leuchtend gelbe Liberland-Flagge an einen Stock, den er am Heck des Bootes befestigte. Als er fertig war, jubelten wir. Wir meinten es ernst mit der Deregulierung. Da er ziemlich subversiv aussah, fragte ich ihn, ob er schon mal versucht hatte, sein eigenes Land zu gründen.

»Nein«, sagte er. »Aber ich hab mal mitgeholfen, eine Kirche zu gründen.«

Natürlich hast du das, Steffen. Bei diesen Leuten konnte mich nichts mehr überraschen. Das waren Macher.

»Wir nannten sie Cannabis-Kirche. Ich war Schamane. Wir waren klein, aber wir hatten eine Menge Gläubige.« Er zog an einem imaginären Joint. »Nicht einfach Gläubige. *Praktizierende* Gläubige. Sehr fromm waren die.« Er zwinkerte. »Außerdem plane ich, eine Prokrastinierpartei zu gründen. Aber irgendwie bin ich noch nicht dazu gekommen.«

Eigentlich sollte man annehmen, dass es kein großes Problem darstellt, sich auf eine Grenze zwischen zwei kollektiven Fiktionen zu einigen ... doch Serbien und Kroatien hatten sich bei ihren Verhandlungen in eine ziemliche Zwickmühle manövriert. In der Theorie bildet einfach die Donau die Grenze, aber es gibt auf beiden Uferseiten kleinere Landflächen, die das jeweils andere Land für sich beansprucht. Kroatien beruft sich dabei auf eine Karte aus dem 19. Jahrhundert, als die Donau noch einen anderen Verlauf hatte. Es ist ein echtes Durcheinander. Das Liberland die Chance gab, die es brauchte.

Nachdem wir etwa zwanzig Minuten unter der triumphierend im Wind flatternden gelben Flagge gefahren waren, näherten wir uns der Küste von Liberland. Dort erwartete uns bereits ein Boot der kroatischen Küstenwache. Verdammt. Wir winkten diesem traurigen Überrest des kaputten nationalistischen Systems zu. Die beiden Männer auf dem Boot winkten jedoch nicht zurück. Stattdessen fuhren sie mit ziemlicher Geschwindigkeit auf uns zu und erzeugten dabei Wellen, die unser armseliges kleines Boot ordentlich durchrüttelten. Sie wollten uns doch nicht etwa zum Kentern bringen, oder? Jetzt fühlte ich mich wirklich wie ein Sklave. Aber nein, ihr Boot heftete sich einfach an unsere rechte Seite: So konnten wir nicht beidrehen, um uns der Küste von Liberland zu nähern, die gerade einmal dreißig Meter zu unserer Rechten lag.

Ohne die Position zu wechseln, blieb die Küstenwache die gesamte Strecke über an unserer Seite. Wir starrten sie an. Sie starrten zurück. Allerdings machten sie damit viel mehr Eindruck als wir, sie waren schließlich geübte Einschüchterungsprofis. Außerdem hatten sie Uniformen, Schusswaffen und ein richtiges Boot – was alles immens hilfreich war. Wir waren nur eine zusammengewürfelte Gruppe von Hedonisten, Libertären, Cannabis-Schamanen und Comedy-Autoren. Wir waren gerüstet für Anarcho-Kapitalismus, nicht für Konfrontation. Es sei denn, das wäre ein und dasselbe – ich war mir, was das betraf, zunehmend unsicher.

»Seht ihr das ›Parken-Verboten‹-Schild?«, fragte Anton.

Wir kniffen die Augen zusammen. Ah, da war es: ein kleines weiß-rotes Schild, ein paar hundert Meter vor uns. Es sah fast aus wie handgemalt.

»Da fängt Liberland an«, sagte er stolz.

Für eine Grenze war es nicht sonderlich beeindruckend. Anton verringerte den Abstand zwischen uns und dem Polizeiboot auf knapp zwei Meter. Wir passierten das Schild. Der Weg an Land war nach wie vor blockiert, dennoch hatten wir Liberland erreicht, wir waren längsseits. Wie angekündigt war es voller Bäume, Sumpf und Stechmücken, aber es war eindeutig auch ein schöner Flecken Erde. Es gab sogar eine

Insel mit einem dreihundertfünfzig Meter langen weißen Sandstrand.

»Dort werde ich ein Café eröffnen«, sagte Steffen und zeigte auf den Strand.

»Die richtige Art von Café, oder?«, fragte die junge Türkin, die den gestrigen Abend damit verbracht hatte, Gregors Avancen abzuwehren.

Steffen musste nicht antworten, der Mann war schließlich Cannabis-Schamane. Hinter der Insel kamen noch mal hundert Meter Liberland: ein Stück kroatische Küste, von der Kroatien sagt, es ist Serbien, und Serbien sagt, es ist Kroatien, und Präsident Vít sagt, es ist Liberland, und ich sage, es ist schön. Und dann, so unscheinbar, wie es begonnen hatte, passierten wir ein weiteres Parkverbotsschild, und es war vorbei. Wir waren immer noch dreißig Meter von der Küste Liberlands entfernt und wurden immer noch von einem Polizeiboot abgedrängt. Wir konnten nicht näher ans Gelobte Land herankommen, ohne gerammt, durchnässt, verhaftet und ein paar Tage in einem kroatischen Gefängnis festgehalten zu werden. Also drehten wir ab und fuhren zurück. Konnten wir wirklich sagen, dass wir da gewesen waren? Die Passagiere im Boot waren nicht sicher. Ich beschloss, dass wir konnten, und sei es nur, um uns damit zu brüsten.

Am Ufer erwartete uns Präsident Vít.

»Wie gefällt euch Liberland?«, fragte er.

»Es ist sehr schön«, antwortete ich.

Und in diesem Augenblick – als reine Idee und unbescholtener Flecken Land – war es das auch.

Nach diesem intensiven Wochenende kehrte ich nach Belgrad zurück, wo ich versuchte, das Erlebte einzuordnen. Zweifellos kann man das ganze Liberland-Projekt leicht als lächerlich abtun. Ich geb's zu: Ich hab das auch gemacht – am Anfang und mittendrin ... und auch nach dem Wochenende im inneren Zirkel war ich nicht ganz frei von Spott. Dennoch hat mich der romantische Aspekt des Ganzen in seinen Bann geschlagen. Die Geschichte jedes heute existierenden Landes begann genauso wie die von Liberland: Eine Gruppe Radikaler verfolgte eine Sache, die von allen anderen als aussichtslos abgetan wurde. Und begründete etwas aus dem Nichts heraus.

Länder werden als heilig empfunden oder als etwas, das immer schon da war – doch sie werden geschaffen, geteilt, wiedervereinigt. Sie ändern ihre Namen. Ihre Grenzen werden festgelegt und wieder verschoben. Sie wechseln ihre Hauptstadt, ändern ihre Währung, wählen andauernd neue Regierungen. Fragen Sie mal die Bürger von Stalingrad, Rhodesien, Jugoslawien, Burma, Ceylon, Südsudan oder, weniger weit entfernt, die ehemaligen Bürger der noch ehemaligeren Deutschen Demokratischen Republik, was sie von heiligen Grenzen halten. Oder über die Langlebigkeit von Regimen denken.

Die Libertären haben recht: Länder sind tatsächlich kollektive Fiktionen. Es stimmt auch, dass neue Technologien das Potential haben, diese Fiktionen zu ändern und eine bessere, eine gerechtere Geschichte zu schreiben. Es geschieht bereits. Schauen Sie sich einmal um, wenn Sie das nächste Mal in einer Bar, einem Restaurant oder in der U-Bahn sind. Wie viele Menschen sehen Sie, die sich aus ihrer physischen Umgebung verabschiedet haben, um sich an einen virtuellen

Ort, ein digitales Niemandsland zu begeben? Der physische Standort ist einfach nicht mehr so wichtig, wie er mal war. Die Zeiten sind schon lange vorbei, dass wir dazu verdammt waren, in einem Umkreis von hundert Kilometern um unseren Geburtsort aufzuwachsen, zu arbeiten, einen Partner zu finden, Kinder großzuziehen und zu sterben. Die Vorzüge der Freizügigkeit habe ich als Migrant am eigenen Leib erfahren.

Bedeutet das, dass Liberland sein Paradies der freiwilligen Steuerabgabe, ohne Regierung, aber mit Cannabis-Schamanen bald bekommen wird? Ich habe keine Ahnung. Das Projekt ist in guter Verfassung. Die Marke ist bekannt und zieht jeden Tag neue Anhänger. Im Moment ist ihnen die Frage der Realisierbarkeit vermutlich gar nicht so wichtig. Es geht hier schließlich nicht nur um Politik. Sondern auch um Spaß, Abenteuer, Rebellion – und darum, dass wir die kurze Zeit, die wir hier auf diesem im Weltall rotierenden Gesteinsbrocken haben, nutzen: Teil von etwas Größerem sind, einem unmöglichen Traum hinterherjagen, uns der Illusion hingeben, unser eigenes Land zu schaffen. Eine kleine Kostprobe dieses Lebens hat mich davon überzeugt, dass es ein gutes ist. Radikale wie die Gründer von Liberland machen die Welt viel interessanter. Sie haben Phantasie und feste Überzeugungen – und das ist mehr, als viele andere von sich behaupten können. Ich hoffe, dass sie es schaffen und ich eines Tages meine Füße auf den sandigen Strand eines echten Liberland setzen werde.

»*Das is ja wie 'ne Mischung aus* Truman Show *und* Twilight Zone.«

Tiraspol (Transnistrien): Plastikgeld, Hammer und Sichel, der Sheriff, Korruption

Zurück im Berliner Alltag, tat ich mein Bestes: Ich öffnete meine Post, zahlte meine Steuern, wechselte Glühbirnen und guckte interessiert, wenn Annett mir von der Nervensäge aus der Personalabteilung erzählte, die »von Tuten und Blasen keine Ahnung hat«. Es war schwer. Das wahre Leben ist langweilig. Und es gibt so viele Rechnungen und Pflichten, so viel Abwasch und öden Papierkram – so viele Dinge, die man machen muss, nur, um nicht im Gefängnis zu landen. Ich tat, als würde ich mich freuen, wieder zu Hause zu sein, aber in Wirklichkeit plante ich heimlich einen Trip nach Transnistrien. Das Land hatte ich während meines Aufenthalts in Belgrad entdeckt. Es schien ein faszinierender Ort zu sein, einzigartig. Und ich war sicher, dass es dort nur sehr wenig Abwasch für mich zu erledigen gab.

Wenn Sie noch nie von Transnistrien gehört haben, muss Ihnen das nicht peinlich sein. Es gibt nicht viele Menschen, die von diesem Land gehört haben – und noch weniger, die akzeptieren, dass es tatsächlich ein Land ist. Unbestritten ist allein die Tatsache, dass es sich um einen winzigen Streifen

Land handelt, der zwischen Moldawien und die Ukraine gequetscht ist. Anders als Liberland war Transnistrien – obwohl genauso umstritten – ein Land, das man besuchen konnte, ohne verhaftet zu werden. Das hoffte ich zumindest.

Die Geschichte dieses Landes beginnt, wie so viele, mit dem Ende von etwas anderem. In diesem Fall: mit dem Ende der Sowjetunion. Als der rostige Eiserne Vorhang endlich fiel, versuchten Länder wie die Ukraine, Litauen und Moldawien ihre frühere Unabhängigkeit wiederzuerlangen und neue nationale Identitäten auszubilden. Das, was heute Transnistrien heißt, fand sich nun in einem Land wieder, das heute Moldawien heißt. Einem Land, das als offizielle Landessprache Moldawisch gewählt hat.

Das wiederum stellte für das hauptsächlich russischsprachige Transnistrien ein Problem dar. Welche Rolle konnte es in diesem neuen, unabhängigen Moldawien spielen? Während Moldawien sich nach Westen orientierte, schielte Transnistrien in Richtung Osten: zurück auf Mütterchen Russland. Ein kulturelles Tauziehen folgte. Die weiße Magie der Diplomatie versuchte, den Konflikt zu lösen. Es gelang ihr nicht. Also nahm sich die schwarze Magie der Sache an – ein Krieg brach aus. Angesichts der Tatsache, dass Transnistrien nur eine halbe Million Einwohner hat und an einigen Stellen gerade mal ein paar Kilometer breit ist, hätte dieser Krieg eigentlich schon am ersten Tag gegen Mittag wieder vorbei sein müssen. Weil Transnistrien die weiße Fahne schwenkte und sich wortreich dafür entschuldigte, Vorstellungen gehabt zu haben, die ihm bei weitem nicht zustanden.

Doch weil die fünfhunderttausend tapferen Leninisten lieber zu Hause in Moskau anriefen, kam es anders. Die Russen fühlten sich wahrscheinlich geschmeichelt. Niemand sonst wollte noch mit ihrer Ideologie spielen. All ihre früheren Territorien hissten jetzt eigene Flaggen und griffen nach dem glitzernden Tand des Kapitalismus – nicht so Transnistrien.

Und natürlich schickte Moskau Waffen. Jede Menge Waffen.

Ab November 1990 kam es hin und wieder zu kleineren Scharmützeln (die Republik Moldawien hatte zu dieser Zeit noch keine nennenswerte Armee), die ab März 1992 an Intensität zunahmen (zu dieser Zeit hatte Moldawien eine Armee von rund fünfundzwanzigtausend Soldaten zusammengestellt und mit Material ausgerüstet, das man weitgehend im benachbarten Rumänien gekauft hatte). Bis in den Juli hinein wurde erbittert gekämpft. Das kostete rund siebenhundert Menschenleben. Dann gelang es Russland, ein Friedensabkommen auszuhandeln – es vergaß vermutlich zu erwähnen, dass es die eine Seite die ganze Zeit über mit Waffen versorgt hatte. Teil des Deals war, dass Moldawien keine »Niederlage« eingestand und auch nicht akzeptierte, dass Transnistrien ein echtes Land ist. Es hatte jedoch begriffen, dass der Preis, Transnistrien das Gegenteil zu beweisen, zu hoch war. Also stimmte man dem Waffenstillstand zu. Einem Waffenstillstand, der bis heute hält. Transnistrien glaubt, dass es sein eigenes Land hat, was sonst keiner tut. Doch gleichzeitig traut sich auch niemand, ihnen das ins Gesicht zu sagen, weil: Russland.

Nach Transnistrien zu kommen ist nicht besonders schwierig. Das dort Gesehene einzuordnen und jemanden zu finden, der mit einem darüber spricht, dagegen schon. Ich entschloss mich zu einer Gruppenreise. Wir waren zwölf Personen, von denen bedauerlicherweise sieben wie ich Briten waren. Wir hatten zwei Reiseführer: Chris und Jack. Der Reiseveranstalter, für den sie arbeiteten, war auf ungewöhnliche Reiseziele spezialisiert, und ich hatte bereits einige Tage mit den beiden in der Ukraine verbracht. Solange sie nüchtern waren, waren sie sehr angenehme Zeitgenossen, aber betrunken waren sie furchtbar. Leider waren sie ständig betrunken. Nüchtern zu sein empfanden sie als eine Zumutung, die sofortige Gegenmaßnahmen erforderte. Ungefähr so wie ein Leistenbruch. Als der Zug aus Odessa im Hauptbahnhof von Tiraspol einlief, waren sie ganz besonders betrunken. Tiraspol ist Transnistriens Hauptstadt. Gleichzeitig ist es auch die einzige Großstadt. Abhängig davon, wie man *Hauptstadt* und *Großstadt* definiert.

Ich war neugierig zu erfahren, wie sich Transnistrien, dieser Emporkömmling unter den souveränen Staaten in den zwanzig Jahren seiner Unabhängigkeit geschlagen hatte. Wie weit er gekommen war. Schließlich wurde auch Rom nicht an einem Tag erbaut. Länder schießen nicht einfach wie Pilze über Nacht aus dem Boden – als funktionierende Staaten mit Gesetzen, Kultur und Spielautomaten. Auch dann nicht, wenn sie mächtige Freunde in Moskau haben. Liberland würde das bald begreifen – vorausgesetzt, es bekäme die Chance dazu.

Erfreut stellte ich fest, dass zumindest der Bahnhof von Tiraspol fertiggestellt worden war. Es war ein hübsches Gebäude, orange gestrichen und mit weißem Stuck verziert. Die rot-grüne Fahne auf dem Dach sah auf den ersten Blick aus wie die moldawische. Doch es gab einen bedeutenden Unterschied: Auf ihr prangten, in auffälligem Gelb, Hammer und Sichel. Transnistrien ist übrigens das einzige Land der Welt, das noch eine Flagge mit diesem politisch aufgeladenen Symbol hat.

Wie wenige Touristen Transnistrien besuchen, wurde uns bewusst, als wir unseren Zug verließen und direkt am Bahnsteig von einem Beamten der Einwanderungsbehörde empfangen wurden. Es war ein Mann mittleren Alters, aufgedunsen und mit breitem Gesicht. Seine Hände waren tief in den wärmenden Taschen seiner transnistrischen Immigrationsbeamten-Jacke vergraben. Die Art, wie er sein Kinn in die Höhe reckte, ließ ihn beinahe adelig aussehen. Neben ihm stand der Student, den das Reiseunternehmen als einheimischen Führer angeheuert hatte: Sergej, jung und milchgesichtig, war geboren und aufgewachsen in Transnistrien. Die Art, wie er sein Kinn gesenkt hielt, wirkte eher untertänig.

»Willkommen in Transnistrien«, sagte der Beamte. Dann zeigte er auf Mike, einen Amerikaner aus unserer Gruppe. Er versuchte gerade, unauffällig ein Foto von der Rückseite des Bahnhofs zu schießen.

»Löschen Sie das Foto! Das ist offizielles Gebäude. Keine Fotos. Haben alle Alkohol getrunken?«, fragte er, als er eine gewisse joviale Wärme innerhalb der Gruppe bemerkte.

Abgesehen von mir hatten alle getrunken. Eine Menge, wie üblich.

Unser Reiseleiter Jack stolperte nach vorn und schüttelte dem Beamten die Hand.

»Wie geht's, Chef? Das ist aber schön, dich hier zu sehn.«

Jack war Ire. Offiziell war er einer unserer beiden Reiseleiter. Inoffiziell war er höchstens qualifiziert, durch Bars und Schnapsschenken zu führen. Der Immigrationsbeamte musterte Jack. Er schien nicht zu wissen, was er mit ihm anfangen sollte.

»Ich habe gehört, ihr wart laut in Zug«, sagte er. »Ich höre von Whiskey und Bier.« Ein schiefes Lächeln stahl sich in seine Mundwinkel. »Genossen, ihr werdet gut nach Transnistrien passen!«

Er eskortierte uns zu einem Schalterfenster im Bahnhofsgebäude, hinter dem eine gelangweilt aussehende Frau auf einem Bürostuhl saß, dem eine Rolle fehlte.

»Hi, Darling. Schön, dich zu sehen. Alles okay?«, fragte Jack, der sich mit ausgestrecktem Arm am Fensterrahmen abstützte. Sie wusste offenbar genauso wenig, was sie mit ihm anfangen sollte. Sie sagte nichts.

Der Immigrationsbeamte genoss es sichtlich, seinen offiziellen Status vor Publikum zur Schau zu stellen. Wir umringten ihn, während wir Anträge von einem zum anderen reichten.

»Ist jemand hier aus Frankreich?«, fragte er. Drei Tage zuvor war in Paris der Anschlag auf das Bataclan verübt worden. Anne-Sophie aus Paris hob die Hand.

Er küsste die Fingerknöchel seiner rechten Hand, ballte sie zur Faust und salutierte. »Frankreich. *Sehr* schönes Land ...«

»Vielen Dank«, antwortete sie.

»Ich höre, Sie hatten dort einige ... *Probleme*?«

»Sie meinen die Anschläge?«, fragte Anne-Sophie. Dass die Nachricht von hundertdreißig Toten ähnlich aufgenommen wurde wie ein Fahrrad-Platten, schien sie doch zu überraschen.

»Jah. Probleme. In Ihrem Paris. Schrecklich. Schrecklich.« Der Mann legte die geballte Faust auf sein Herz. »Transnistrien steht zu Ihnen!«

Das war ebenso nett wie unerwartet – und zweifellos eine große Beruhigung für Frankreich. Seine Stimme wurde ernst. »Sind Sie Flüchtling?«, fragte er nun.

Ihre Augen sprangen von einem Mitglied der Reisegruppe zum nächsten. Sie wollte sich vermutlich vergewissern, dass ihre Ohren wirklich hörten, was sie zu hören glaubten. Sie hörten es. »Ein ... Flüchtling?«

»Ja, wollen Sie Asyl beantragen?«

»*In Transnistrien?*«

Der Offizielle richtete sich zu seiner vollen Größe auf. »Ja, in Transnistrien. Transnistrien ist bedeutendes Land!«

Was wohl ein wenig davon abhängig war, wie man *bedeutend* definierte. Und *Land*.

»Äh... also ...« Anne-Sophie unterdrückte ein Lächeln und versuchte, diplomatisch zu bleiben. »Nein. Ich bin nur Tourist.«

Der Mann konnte seine Enttäuschung nicht verbergen. »Tourist, ich verstehe. Nun, Sie sind willkommen.«

Sergej, unser einheimischer Führer, flüsterte uns zu, dass der Beamte Transnistrien vermutlich noch nie verlassen hatte, was sein Urteil über den Rest der Welt sicher beeinflusste. Wir sollten einfach mitspielen, sonst würden unsere Formulare nicht abgestempelt. Das Ausfüllen zog sich etwas in die Länge: Die Einwanderungsbehörde besaß nur drei Kugelschreiber und unsere Reisegruppe hatte, um mehr Platz für Alkohol zu haben, darauf verzichtet, irgendwas Nützliches – zum Beispiel Kugelschreiber – einzupacken.

Jacks nicht minder berauschter Kollege Chris hatte sich beim Ausfüllen verlesen und als Vornamen seines Vaters »Mr« angegeben. Also reichte ihm die Frau auf dem defekten Bürostuhl das Formular zurück. Sie nahm es wirklich ganz genau. Doch anstatt zuzugeben, dass er einen Fehler gemacht hatte, wollte Chris ihr nun weismachen, dass Mr ein ganz normaler irischer Name war und sein Vater tatsächlich Mr Mr hieß. Es war absurd: Zwölf Menschen aus existierenden Ländern standen betrunken, krakeelend und ohne jeglichen

Respekt vor einem Mann in übergroßem Mantel und Mütze sowie einer Frau auf einem defekten Bürostuhl – und baten diese um Visa für ein Land, das nicht existierte.

»Ist hier jemand aus Amerika?«, fragte der Grenzposten als Nächstes.

Wir hatten einen Amerikaner in unserer Gruppe: Mike. Er trat in die Mitte unseres Kreises.

»Ich habe über Ihr Amerika gelesen«, fing der Beamte an.

Mike nickte und versuchte, sich zu konzentrieren.

»Ich habe von *Detroit* gelesen.« Er sagte das Wort Detroit, als sei es etwas extrem Exotisches wie *Atlantis*. »Viele Wölfe!«, sagte er aufgeregt.

»In Detroit???«, fragte Mike.

»Ja. In Detroit. Viele *Wölfe*.«

»O...kay«, sagte Mike zögernd.

»Außerdem«, fuhr der Mann fort, »viel Kriminalität. In Ihrem Detroit.« Das klang schon wahrscheinlicher. Das Gespräch war wieder auf Kurs.

»Ja, viel Kriminalität«, bestätigte Mike feierlich. Detroit. Kriminalität. Das war wirklich sehr wahrscheinlich.

»Vielleicht...«, der Beamte strich sich nachdenklich über den Bart – er war wahrscheinlich nicht weit gereist, aber er kannte sich aus in der Welt –, »vielleicht ist es wegen der ganzen Nigger?«

Oje...

Nach und nach wurden unsere Visa bewilligt. Wir hatten nun die Erlaubnis, volle vierundzwanzig Stunden in diesem Nicht-Land zu verweilen.

»Früher waren es nur zwölf«, erklärte Sergej. Jetzt brauchten wir nur noch ein bisschen Geld zum Ausgeben. Transnistrien hat seine eigene Währung – die natürlich transnistrischer Rubel heißt. Übrigens die einzige Währung der Welt mit Plastikmünzen. Sie sehen aus wie Brettspiel-Chips.

»Kein Problem«, sagte Sergej. »Wir haben zwei Bankautomaten.«

»Zwei Bankautomaten in der Nähe?« Ich war beeindruckt.

»Nein, zwei im ganzen Land.«

»Oh.«

»Aber ganz in der Nähe«, fügte er beruhigend hinzu.

»Und dort bekommen wir transnistrische Rubel?«

»Nein, die geben russische Rubel aus.«

Ich schaute ihn schief an. »Ist der hier offizielles Zahlungsmittel?«

»Nein«, sagte er nonchalant. Als wäre das alles total normal.

»Oh.«

Am Taxistand gegenüber dem Bahnhof fanden wir nur ein einsames Taxi vor.

»Keine Ahnung, wo die anderen sind«, sagte Sergej und diskutierte unser Problem mit dem Fahrer des einsamen Taxis. Der blickte seinerseits ebenso verunsichert wie Sergej. Vielleicht war er auch gerade erst eingereist und fand das alles ebenso lächerlich wie wir. Mein eigener Gesichtsausdruck dürfte sich nicht wesentlich von ihren unterschieden haben. Meine Mitreisenden hatten ihre Gehirne in Alkohol eingelegt und waren infolgedessen zu solch feinen emotionalen Nuancen nicht in der Lage.

Nach fünf Minuten voller Unsicherheit bogen zwei Autos deutlich schneller als nötig auf den ansonsten leeren Parkplatz des Bahnhofs ein. Als kämen sie direkt von einem Stockcar-Rennen, bei dem es für sie nicht zum Sieg gereicht hatte. Es waren die inoffiziellen Taxis, die der leicht überforderte offizielle Taxifahrer als Verstärkung angefordert hatte. Sergej setzte die Fahrer davon in Kenntnis, dass wir alle ins Hotel *Aist* wollten.

»Das hat dichtgemacht«, sagte der offizielle Taxifahrer tonlos.

»Oh«, sagte Sergej.

Da niemand einen besseren Plan hatte, fuhren wir dennoch dorthin. Ich landete in einem der inoffiziellen Taxis, das von einem schlaksigen Mann mit glattrasiertem Haar gesteuert wurde. Auch er war mittleren Alters. Falls es hier außer Sergej noch andere junge Menschen gab, hatten wir sie jedenfalls noch nicht zu Gesicht bekommen. Unter eingefallenen, traurigen Augen stachen seine Wangenknochen hervor und weckten in mir das Bedürfnis, ihm eine warme Mahlzeit zu spendieren.

Er öffnete den Kofferraum seines kleinen Autos, damit wir unser Gepäck hineinlegen konnten. Dachte ich. Denn als ich dankend zwei Schritte Richtung Kofferraum machte, um meine Sporttasche hineinzulegen, sah ich, dass er komplett von einem riesigen Lautsprecher eingenommen wurde. Für unser Gepäck gab es keinerlei Platz. Der Fahrer nickte stolz in Richtung Lautsprecher, sah mich triumphieren an und schloss den Kofferraum wieder. Das Thema war also geklärt.

Zu viert quetschten wir uns in den kleinen Wagen, unsere Taschen an die Brust gepresst. Ich bekam dank meiner abartig langen Beine den Ehrenplatz auf der Beifahrerseite. Dann klemmte sich der Fahrer hinters Steuer, machte es sich bequem, zwinkerte mir zu und drehte den Lautstärkeregler seines Autoradios bis zum Anschlag: Aus den Boxen dröhnte dermaßen laute House Music, dass es uns fast aus den Sitzen schleuderte. Der Bass beutelte das kleine Auto wie einen

Heißluftballon im Tornado, und das Lachen, in das unser Fahrer daraufhin ausbrach, weckte ernsthafte Zweifel an seiner geistigen Gesundheit. Dann ließ er seine Reifen tun, was Reifen am besten können und wir rasten vom Parkplatz und rein in die Nacht von Tiraspol.

Die erdrückende Lautstärke im Auto verursachte mir geradezu körperliche Schmerzen. Doch ich tröstete mich mit der Vorstellung, wie phantastisch mein Aufenthalt in Transnistrien würde, wenn der Unterhaltungswert auch nur annähernd so hoch blieb wie während der ersten fünfundvierzig Minuten am Bahnhof. Dieses Land meinte es gut mit uns. Ich beschloss, es nie wieder zu verlassen.

Die Stadt, durch die wir fuhren, war überraschend modern, schachbrettartig angeordnet und voller imposanter Sowjet-Bauten, die ganz offensichtlich erst kürzlich gestrichen und schön zurechtgemacht worden waren. Die Straßen selbst waren leer. Wir sahen kaum Menschen – und keinen einzigen Wolf.

Benommen wie nach einem Kampf mit Russlands besten Boxern, kletterten wir schließlich aus dem Wagen und fanden uns vor einem großen Betonbau wieder. Alle Lichter waren aus. Das sah nicht aus wie ein Hotel. War es je ein Hotel gewesen? Was hatte sich der Architekt dabei gedacht? Und die wahrscheinlich wichtigere Frage: War er für diese Gedanken angemessen bestraft worden? Vor dem Gebäude hatten sich fünf imposante Männergestalten aufgereiht, deren Silhouetten sich im Mondlicht abzeichneten. Sie betrachteten die springflutartig anströmenden Ausländer mit dem Blick von Patienten, die mit einer niederschmetternden Diagnose konfrontiert wurden.

»Was glaubt ihr, was die für eine Aufgabe haben?«, fragte

Pierre, ein Frankokanadier mit der nutzlosen Begabung, immer so auszusehen, als wäre er gerade erst aufgewacht.

»Gefährlich auszusehen?«, schlug jemand vor.

»Seid ihr okay, Jungs?«, rief Jack ihnen zu. Er kletterte unsicher die drei, vier Stufen der Eingangstreppe hinauf. »Wie zum Teufel geht's euch? Bisschen einsam heut Nacht, oder?«

Die Männer antworteten nicht.

Einer drehte sich um und schloss vorsichtig die Eingangstür des Gebäudes auf. Also war es tatsächlich ein Hotel. Wir betraten die Lobby, die sich als Friedhof ausrangierter Gegenstände entpuppte: Ein zerbrochener Getränkeautomat, der mit einem schmutzigen Tuch abgedeckt war, stand in der einen Ecke, eine eklektische Sammlung leerer Blumentöpfe bedeckte den Boden und überall moderten und rosteten bunt zusammengewürfelte Möbelstücke vor sich hin.

Sergej sprach mit einem der Männer. Er bestätigte, was wir uns ohnehin schon gedacht hatten, als er trocken sagte: »Offenbar seid ihr die einzigen Gäste.«

An der Rezeption saß eine unglaublich alte Frau, mit ziemlicher Sicherheit der älteste Mensch, der je gelebt hat. Vielleicht saß sie hier, seit der letzte Gast ausgecheckt hatte – damals im Jahr 1967.

»Wo kommt die denn her?«, fragte Anne-Sophie.

»Hallo, Schätzchen«, sagte Jack. *Rülps.* »Schön, dich zu sehen.«

Die Frau blieb stumm.

Ein Aufzug war, wie die Topfpflanze, die vor seiner Tür postiert worden war, nahelegte, außer Betrieb. Doch die alte Dame stellte sich langsam auf ihre schmerzenden Füße und kam mühsam aus ihrer Rezeption herausgeschlurft, wie ein

Gefängniswärter bewaffnet mit einem großen Schlüsselbund. Sie nickte forsch in Richtung des zweiten Aufzugs.

»Ich hab kein gutes Gefühl«, sagte Mads, als wir in den Aufzug traten. Mads war ein leutseliger Däne, er studierte Jura und würde heut Nacht mein Zimmergenosse sein.

Stöhnend und ächzend schob sich der Aufzug bis ins neunte und oberste Stockwerk.

Erleichtert darüber, dass wir nicht in den Tod gestürzt waren, traten wir beschwingten Schrittes in den dunklen Korridor. Dort lagen stapelweise Planen, Rohre und andere Dinge, die einmal an einem Gebäude befestigt gewesen waren. Wahrscheinlich an diesem Gebäude. Wahrscheinlich im Jahr 1967.

»Ich glaub, ich spinn'«, sagte Jack und ließ seinen Blick schweifen. »Das is ja wie 'ne Mischung aus *Psycho* und *Shining*!«

Die alte Dame schlurfte wortlos zum ersten Zimmer. Wie ein großer Teil des Hotels hatte es seine Blütezeit lange hinter sich, dachte aber gar nicht daran aufzugeben. Hier sollten Mads und ich übernachten. Die Betten waren nicht bezogen, und die alte Dame deutete auf eine Kommode. Darin fanden wir Decken und Kissen.

»Ich glaub nicht, dass wir die Ersten sind, die die benutzen«, sagte Mads.

Ich verzog das Gesicht. »Ich wär schon zufrieden, wenn die Zahl der Vorbenutzer nicht mehr als dreistellig ist.«

Ich hatte mich auf das Bett neben der Badezimmertür fallen lassen und festgestellt, dass es da, wo ich Nachgiebigkeit erwartete, Widerstand leistete. Wer in diesen Betten Schlaf finden wollte, musste kreativ sein, denn Komfort hatte bei ihrem Bau ganz sicher nicht im Mittelpunkt gestanden. Die

Kissen wiederum waren offensichtlich eine gezielte Provokation – sie fühlten sich an, als wären sie aus Glas.

Die alte Frau nickte. Wir nickten zurück. Wie waren hier fertig. Sie schlurfte zurück in den Flur, weiter zur Tür des nächsten Zimmers, das Jen und Anne-Sophie beherbergen sollte. Die beiden waren die einzigen Frauen in unserer ansonsten testosterongeladenen Gruppe. Im Flur war Gelächter zu hören. Mads und ich gingen hinaus, um nachzusehen, was los war. Dort stand die alte Frau mit der Türklinke in der Hand. Sie war nicht mehr an der Tür befestigt.

»Verdammte Scheiße«, sagte Jack.

Ich ging zurück in unser Zimmer und machte mich mit dem Bad vertraut. Die Armaturen waren aus blauem Kunststoff und verliehen dem Raum eine gewisse Barbie-Ästhetik. Ich hängte mein Handtuch an den dafür vorgesehenen Haken, der sich umgehend von der Wand löste. Ich stellte meine elektrische Zahnbürste auf die Ablage, die prompt abfiel und meine Zahnbürste mit sich in die Tiefe riss. Ab sofort würde ich alles neben meinem Bett aufbewahren. Ich nahm eine kurze Dusche und legte mich auf meinen Felsblock. Da hörte ich aus dem Bad einen dumpfen Schlag. »Verdammt noch mal!« Das war Mads. Ich hatte vergessen ihm zu sagen, dass unser Badezimmer-Inventar selbstmörderische Tendenzen zeigte. Wenn ich länger im *Aist* wohnen müsste, würde ich das wohl auch.

Wir hatten uns mit den anderen in der Lobby verabredet, um noch mal rauszugehen und das Nachtleben von Tiraspol zu erkunden. Doch als wir ins Freie traten, war es still. Sehr still. Eine herunterfallende Stecknadel wäre wegen Ruhestörung verwarnt worden – wenn jemand in der Nähe gewesen wäre, um die Verwarnung auszusprechen. Zwei Straßen weiter sahen wir eine Bewegung: Ein blaues Polizeiauto kroch langsam an uns vorbei. Der Fahrer schaute neugierig zu uns herüber – als wären wir exotische Früchte, und er müsste nur noch herausfinden, wie man sie isst.

Das Polizeiauto war ein Lada. Das fand ich sehr amüsant. Wie Äffchen in Feuerwehruniformen sind Ladas schön anzuschauen, strahlen aber keine Autorität aus. Ladas gehören zu der Sorte Autos, aus denen im Zirkus acht Clowns herausstolpern. Schwer vorstellbar, wie die transnistrische Polizei die Einheimischen mit einem solchen Vehikel zu Respekt, Ehrfurcht und Kooperation animieren will. Offenbar gab es hier keine Verbrechen. Oder zumindest keine Verbrechen, die von Menschen von mehr als 1,60 Metern Körpergröße begangen wurden. Ein größerer Mensch hätte niemals auf den Rücksitz eines solchen Autos gepasst. Nun ja, außer vielleicht, wenn er Clown war.

Ich beschleunigte meine Schritte, um näher an unseren Führer Sergej heranzukommen. Ich hoffte, dass er Antworten hatte. Denn ich hatte Fragen, so viele Fragen.

»Gibt es viel Kriminalität hier?«, fragte ich zuerst.

Er lachte vielsagend. »Meinst du das ernst? Dieses Land ist eine einzige Schmugglerhöhle. Es gibt hier ganze Ortschaften, in die ich euch nicht führen kann, weil sie einfach nur große sowjetische Waffenlager sind.«

»Ist es immer so still?«, fragte Chris.

»Nein«, antwortete Sergej nonchalant. »Früher war es hier stiller.«

»Aber es ist schön«, sagte Anne-Sophie.

»Ja. Der neue Premierminister hat eine Fassadenoffensive gestartet, für die Wahl. Farbe ist billig. Und man muss nichts im Inneren der Gebäude machen.«

»Ist er ein Guter?«

»Nein, eigentlich nicht. Er ist wie alle anderen auch.«

Auf dem fünfzehn Minuten langen Weg zum Restaurant kamen wir an zehn Fußgängern, etwa einem Dutzend Autos und zwei Polizei-Ladas vorbei. Und wir sahen überall das gleiche Wort: *Sheriff*. Sheriff Supermarkt. Sheriff Hotel. Sheriff Bäckerei. Der »Sheriff« war überall.

»Was ist das für ein *Sheriff*?«, fragte ich Sergej später zwischen zwei Bissen meiner scharfen Peperonipizza. Falls es eine interessante einheimische Küche zu entdecken gab, würden wir sie wohl nicht dank Sergej finden.

»Der Sheriff ist der reichste Mann in Transnistrien.« Er nahm einen Schluck Bier. »In den Neunzigerjahren war er Polizeichef. Jetzt gehört ihm fast alles. Seit er seine Konkurrenten losgeworden ist.«

Ich stellte mir vor, wie Dissidenten mit gefesselten Händen und Füßen in entlegene Wälder verschleppt wurden, die Gesichter gegen Lada-Scheiben gepresst.

»Es überrascht mich, dass eine Person so viel kontrollieren kann«, sagte Mads.

Sergej schaute ihn verwundert an: »Warum denn? Das hier ist ein Land, von dem noch nicht mal jemand weiß, dass es existiert. Hier kann man machen, was man will.«

»Wie schlimm ist denn dann die Korruption?«, fragte ich.

Sergej lachte laut auf. »Korruption ist hier Alltag. Zum Beispiel werde ich nächste Woche meine Führerscheinprüfung machen.« Er nahm noch einen Schluck von seinem Bier. »Ich werde bestehen.«

»Woher weißt du das?«

»Das hat mir der Typ gesagt, als ich mich angemeldet habe. Wer bestehen will, muss fünfzig Dollar zahlen.«

Jetzt lachten wir alle laut auf. »Darum bin ich nicht zur Uni. Man kann nur bestehen, wenn man vor jedem Test das Schmiergeld bezahlt. Ich hab kein Geld. Also studiere ich nun zu Hause an der Google-Universität.«

So traurig das alles war, Sergej schien gänzlich unbeeindruckt. Seine Stimme zeigte keinen Anflug von Emotionen oder gar Verbitterung, als er von all diesen Dingen erzählte. Es klang, als würde er die Wettervorhersage für ein Land verlesen, von dem er wusste, dass er es nie besuchen würde.

»Im Krankenhaus ist das so«, fuhr er fort, als er sah, dass sein Publikum gebannt an seinen Lippen hing. »Wenn du behandelt werden willst, bestichst du den Arzt. Mit Bestechung wirst du heute behandelt, ohne in achtzehn Monaten.«

»Glaubst du, dass die transnistrische Kultur sich im Lauf der Zeit ändern wird?«, fragte ich.

»Es gibt keine transnistrische Kultur«, sagte er mit Nachdruck. »Wir sind russisch, das ist alles.«

Durch die Glasfassade des Restaurants betrachtet, sah die Straße modern aus.

»Ich dachte irgendwie, es würde sich russischer anfühlen«, sagte ich.

»Vor fünf oder sechs Jahren war es hier auch noch anders. Aber das Russische, das du meinst, ist sogar in Russland verschwunden.« Er warf einen Blick nach draußen. »Russland verändert sich sehr schnell, viel schneller als Transnistrien.«

Nach dem Essen wollten meine Mitreisenden »etwas trinken« gehen. Eine völlig neue Idee und eine nette Abwechslung nach der ganzen Trinkerei, mit der sie bisher diesen Tag – und die Tage davor – verbracht hatten.

»Ich kenne da einen Ort«, versicherte Sergej.

»Ist es da noch voller als hier?«, fragte Chris sarkastisch.

Das Restaurant war zu etwa fünf Prozent gefüllt – gemessen an dem, was wir bis dato von der Stadt gesehen hatten, brummte das Geschäft.

Als wir auf Tiraspols Schachbrett drei Straßen weiter Richtung Norden gezogen waren und eine Karaokebar betraten, konnten wir uns die Antwort selbst geben: nein. Wir traten ein, und wie von Fäden gezogen, erschienen zwei Angestellte hinter dem Tresen. Vielleicht hatte sie das Öffnen der Tür aktiviert. Wir waren die einzigen Gäste.

»Das is ja wie 'ne Mischung aus *Truman Show* und *Twilight Zone*«, konstatierte Jack. Transnistrien machte es mir fast zu leicht. Es schrieb sich praktisch allein.

»n'Abend, Chefs, schön, euch zu sehen«, sagte Jack und stolperte Richtung Bar. Neben einer untersetzten Frau Mitte dreißig stand ein jüngerer Mann. Er war weiß wie ein Gespenst und strahlte eine extreme Demut aus – als würde er sich die ganze Zeit für seine eigene Existenz entschuldigen.

Ich war nicht gerade begeistert, in einer Karaokebar gelandet zu sein. Für mich ist das ein Ort an dem sich Menschen betrinken, um sich gegenseitig mit Dingen zu quälen, in denen sie schlecht sind. Ich würde niemals auf die Idee kommen, mich zu betrinken und anschließend Leute zu zwingen, mir beim Reparieren eines Autos oder beim Aufbau eines IKEA-Regals zuzuschauen. Warum also sollte ich andere meinem schrecklichen und unmelodischen Gesang aussetzen? Ein paar aus unserer Truppe waren mir sogar sympathisch, wenn sie einmal nüchtern waren.

Zurzeit allerdings war keiner von ihnen nüchtern.

Neben mir saß Sergej. Ich gab ihm ein Bier aus. Er sollte sich schließlich nicht ausgeschlossen fühlen. Die Gruppe trällerte sich durch ein paar schreckliche Oasis-Songs, gefolgt von schrecklichen Beatles-Interpretationen und schrecklichen Achtziger-Hommagen. Als ich schon dachte, es könnte nicht mehr schlimmer werden, kam *It's Raining Men*.

Zwischendurch floss der Alkohol. Ich gähnte. Am Mikro wechselten sich die immergleichen zwei oder drei Exhibitionisten ab. Nach einer Stunde entbrannte plötzlich ein Streit zwischen der Barkeeperin und Chris.

»Was ist denn das für eine Abzocke?«, fragte er, als er seine Rechnung eingehender betrachtete.

Die Frau baute sich vor ihm auf und stemmte beide Hände in die Hüften. »Sie haben gesagt, Sie wollen Großen.«

»Wann hab ich das gesagt? Was ist ein ›Großer‹?«

Sie musterte ihn von oben bis unten. »Sie sehen aus, als ob Sie Großen wollen.«

»Was soll der Quatsch?« Chris wedelte ungehalten mit seiner Rechnung. »Ich hab einen Doppelten bestellt und Sie haben mir einen Vierfachen berechnet!«

»Sie haben Vierfachen bestellt.«

»Wer bestellt denn einen vierfachen Cola-Rum? So was gibt's doch gar nicht.«

»In Transnistrien gibt es.«

Chris deutete auf die leere Bar und auf den Gastraum hinter uns: »Wenn Sie aufhören würden, Ihre Kunden über den Tisch zu ziehen, hätten Sie vielleicht ein paar mehr.«

Ihre Augen wurden schmal. »Was fällt Ihnen ein, so mit mir zu reden?«

Ihr Kollege hatte sich – offenbar in einem Versuch, sich unsichtbar zu machen – die ganze Zeit still gegen die Wand gedrückt. Nun schickte sie ihn hinaus, um den Rausschmeißer zu wecken. Wir waren bei unserer Ankunft an ihm vorbeigekommen. Er schlief auf einem Stuhl im Eingangsbereich, den Kopf an die Wand gelehnt. Es war ja auch nicht allzu viel los an diesem Abend. Wahrscheinlich war hier nie viel los.

Der Rausschmeißer kam rein und rieb sich die Augen. Die Thekendame redete auf Russisch auf ihn ein. Er zwinkerte langsam, scheinbar unsicher, was das alles mit ihm zu tun haben sollte. Er gähnte. Die Frau nahm eine Hand von der Hüfte und deutete auf Chris, der vor lauter Protest ganz rot geworden war. Der Rausschmeißer kratzte sich am Kopf. Die männliche Thekenkraft ging zögernd dazu über, andere Gäste zu bedienen.

»Ich weiß, Sie mögen groß, deshalb habe ich Ihnen noch größeren gegeben«, wiederholte sie.

Chris schimpfte. »Sie können mich nicht für was bezahlen lassen, das ich überhaupt nicht bestellt hab. So funktioniert das nicht.«

Ich war ziemlich sicher, dass es exakt so funktionierte. Zumindest so lange der Sheriff es sagte. Schließlich gab die Barkeeperin nach, aber erst, nachdem Sergej eingeschritten war. Chris bekam sein Geld zurück, und die Bardame verbrachte den Rest des Abends damit, Chris – und jeden anderen, der so unklug war, ihr Blickfeld zu betreten – böse anzufunkeln.

Um 3 Uhr nachts ging schließlich das Licht aus.

»Sch****, ich liebe euch alle«, lallte Jack und hielt sich an der Theke fest. Ich wäre schon Stunden zuvor liebend gern ins Hotel zurückgekehrt, hatte aber die Zähne zusammengebissen. Ich wollte schließlich kein Spielverderber sein. Wir holten unsere Mäntel und fingen langsam an, an Schlaf zu denken. Zwei von uns waren schon draußen, sie hatten anderes im Sinn. Es gab eine Menge Umarmungen, Gesang und ein paar wacklige Knie.

Die Vierfach-Frau schob Jack einen Zettel über die Theke. Es war eine Rechnung. Das hatten wir nicht erwartet. Schließlich hatten wir unsere Drinks immer gleich bei der Bestellung bezahlt – manchmal auch mehr Drinks, als wir bestellt hatten.

»Ich liebe euch überhaupt nicht, Ihr besch*****en Scharlatane«, rief Jack, nachdem er sie gelesen hatte. »Die versuchen, uns besch****ne zwei Dollar pro Lied aus der Tasche zu ziehen. Die wollen uns wohl vera****en, wollen die wohl.«

Es folgte eine ganz erstaunliche Menge Schimpfwörter, die meisten davon aus Jacks Mund, die ich mit Rücksicht auf meine zartbesaiteten Leser zensiere. Jacks Zorn war nachvollziehbar: Zwei Dollar waren eine ganze Menge Geld in einem Land, wo der durchschnittliche Lohn etwa bei zweihundert Dollar liegt. Unsere Rechnung belief sich auf einhundertzehn Dollar.

»Zwei Dollar pro besch*****es Lied? Wollt ihr uns für dumm verkaufen? Für die Hälfte kann ich mir die Rechte an dem Song kaufen und so viel dazu singen, wie ich will.«

Chris schob die Rechnung wieder über die Bar. »Wo steht denn, dass das so viel kostet?«, fragte er und schaute sich in der Bar nach einer Preisliste oder Karte um.

Das Gesicht der Frau zeigte keinerlei Emotionen. Sie stemmte ihre Hände wieder in die Hüften. »Sie haben nicht gefragt. Ich hätte Ihnen gesagt.«

Chris trat näher an die Bar heran. »Ich will Ihnen mal einen Tipp geben, Schätzchen. Die Sache mit der Karaoke sollte eigentlich kostenlos sein. Das macht man, um Leute anzulocken, die dann hier was trinken.«

Der lebensuntüchtige Barkeeper hatte entdeckt, dass es

am anderen Ende der Bar dringend etwas zu tun gab: Er wischte Staub und stellte ein paar Flaschen um. Doch er wurde zurückgepfiffen und bekam erneut den Auftrag, den Rausschmeißer zu wecken. Diesmal dauerte es noch länger, bis er uns mit seiner benebelten Anwesenheit beehrte, die sich mit lautem Gähnen und dem Schlurfen schwerer Füße ankündigte. Er sah aus wie jemand, der als Schiedsrichter eines Spiels fungieren muss, dessen Regeln er selbst noch nicht kannte. Die Barfrau baute sich hinter der Theke vor Chris auf, ihr Zeigefinger schwebte wenige Zentimeter vor seiner Nase.

»Was fällt Ihnen ein, mir zu sagen, wie ich Unternehmen führen soll?«

»Ich bin der Kunde. Sch**** auf dieses Drecksloch. Ich bezahl das nicht. Gehen wir.«

Sie warf die Arme in die Luft. »Ich mache die Preise nicht. Das hat nichts mit mir zu tun.«

Jack schoss giftig zurück: »Sie machen die Preise nicht – und Sie reden auch nicht darüber. Oder, Schätzchen?«

Da ich nicht gesungen hatte, war ich weder finanziell noch emotional in diesen Disput involviert, abgesehen von der Tatsache, dass er mich ärgerlicherweise noch länger von meinem Backstein-Bett fernhielt. Zwischendurch dachte ich, dass man die nachtblauen Ladas holen würde. Doch dann mischte sich Sergej noch einmal taktvoll ein und überzeugte die drei Leute, die den ganzen Abend lang das Mikrofon nicht aus der Hand gegeben hatten, zusammenzulegen und die Rechnung zu bezahlen. Das sei stark zu empfehlen, sagte er, ohne es näher auszuführen. Gruppenreisen können sehr schön sein, das Ganze hängt aber immer sehr stark von der Zusammensetzung der Gruppe ab. In diesem Fall war ich das fünfte Rad am Party-Lada. Obwohl ich gerade erst eingestiegen war, hätte ich ihn am liebsten gleich wieder verlassen.

Noch ein wenig angeschlagen von den Exzessen der Nacht stand ich am nächsten Morgen in der Dusche und drehte am Wasserhahn. Nichts passierte. Ich probierte den Wasserhahn am Waschbecken. Dort passierte ebenso wenig. Als ich die Zimmertür öffnete, sah ich Jack, der mit einem Handtuch um die Hüften und eingeseiftem Oberkörper durch den Flur lief. Er sah aus, als hätter er beim Duschen die Orientierung verloren und wäre dann auf dem Korridor gelandet.

»Geht bei euch das Wasser?«, fragte er.

»Nö.«

»*Scheibenkleister*. Unseres hat mittendrin aufgehört. Habt ihr noch Wasserflaschen?«

Ich gab ihm den Rest aus meiner Flasche, damit er sich den Schaum abspülen konnte, auch wenn das, was er am dringendsten waschen musste, sicherlich sein Mund war.

Es war ein sonnenklarer Tag bei vielleicht 15 Grad. Auf der Hauptstraße herrschte so etwas wie leichte Geschäftigkeit. Man sah tatsächlich ein paar Menschen. Sie waren fast alle vierzig und älter und liefen auf schneeweißen Bürgersteigen vornübergebeugt gegen den starken Wind an. Klapprig aussehende Oberleitungsbusse aus Sowjetzeiten ratterten an ihnen vorbei die Einkaufsstraße entlang. Während sich die Pendler gegen die schmutzigen Scheiben pressten, kündete die Propagandakunst, mit der sie verziert waren, von einer Zeit des Wohlstands, die eindeutig schon lang vorüber war und wahrscheinlich ohnehin nur in der verqueren Wahrnehmung einer weit entfernten zentralen Planungsstelle existiert hatte.

Beim Frühstück wurde mir enthusiastisch von den Ereignissen der vergangenen Nacht berichtet, genauer gesagt, davon, was sich nach 3 Uhr nachts zugetragen hatte, als ich bereits im Bett lag: Mike war auf dem Zimmer von Jen und Anne-Sophie, als sie plötzlich draußen auf dem Balkon einen Arm bemerkten. Am Ende dieses Armes befand sich eine Hand, und in dieser Hand befand sich eine Flasche Wodka. Der Arm bewegte sich auf und ab und schüttelte die Flasche. Er gehörte ganz offensichtlich zu einer Person, die sich auf dem Balkon des Nachbarzimmers befand. Da die drei den Eigentümer des Arms nicht kannten und es schon spät war, unternahmen sie nichts. Doch eine Minute später klopfte es an der Tür. Als Mike sie öffnete, standen vor ihm vier Männer – drei von ihnen Mitte vierzig und einer jünger, etwa in Sergejs Alter, also Anfang zwanzig. Die Männer waren aufgeregt, um nicht zu sagen: ein bisschen überdreht. Sie redeten Mike in Hochgeschwindigkeitsrussisch an.

»Njet russki«, gab Mike zur Antwort. »Njet russki!«

Das enttäuschte sie. Einer der Männer reichte Mike sein Handy. Auf dem Display stand:

Ist OK. Wir nutzen Übersetzung App. Aus welches Land her?

Mike tippte ein, dass er Amerikaner sei. Das freute die Männer. Sie klopften sich gegenseitig auf die Schultern. Einer führte einen kleinen Tanz auf. Sie waren jetzt so aufgeregt, dass sie vergaßen, das Telefon zu benutzen, und mit Worten und Zeichensprache um sich warfen. »*Willkommen, Wodka, Obama, ja.*«

Dann erinnerte sich einer an das Handy:

Wie sehen nie Ausländer. Wir treffen kein Amerikaner. Trinken uns?

Mike tippte, dass es eine lange Nacht gewesen sei. Es täte ihm leid, aber er müsste jetzt schlafen. Den Männern war seine Antwort egal. Sie formten immer wieder mit ihren Händen ein Dach über ihrem Kopf und waren verärgert darüber, dass Mike die Bedeutung ihrer Geste nicht verstand:

Wir wollen besuchen dich, wie besuchen?

Mike tippte seine E-Mail-Adresse ein. Er machte eine Geste des Schlafens und schaffte es, die Männer so weit von der Tür wegzuschieben, dass er sie schließen konnte. Sie waren nicht direkt bedrohlich aufgetreten, dennoch hatte die Unterhaltung etwas Beunruhigendes. Zehn Minuten später erschien der magische Arm erneut vor dem Fenster. Diesmal schwenkte er statt einer Wodkaflasche ein Telefon. Wieder versuchten sie, ihn zu ignorieren, doch eine Minute später war das gleiche leichte Klopfen an der Tür zu vernehmen. Widerwillig erhob sich Mike und machte auf. Diesmal waren die Männer weniger freundlich und formten mit ihren Händen Pistolen:

Wir Special Forces. Mein Freund Polizei, trinken Freundschaft in Zimmer oder zahlen $ 50 Strafe.

Der Älteste der vier entrollte ein offiziell aussehendes Dokument, auf dem sein Foto abgebildet war. Allerdings war der gesamte Text in Russisch.

»Njet russki«, sagte Mike. »Njet russki.«

Es wirkte nicht. Sie gingen einfach nicht weg. Wieder das Haus-Zeichen. Das Pistolen-Zeichen. Die Wodkaflasche wurde geschwenkt und herumgereicht, sie tranken und boten Mike etwas an. Mike griff nach dem Telefon, diesmal etwas resoluter.

Das ist keine Freundschaft. Ich bin nicht glücklich. Ihr solltet Menschen, die euer Land besuchen, nicht so behandeln. Tut mir leid, dass es heute Nacht nichts wird, ich wünsche euch alles Gute.

Er gab ihnen das Telefon. Während sie die übersetzte

Nachricht lasen, trat Mike rasch einen Schritt zurück und schloss die Tür. Es gibt eine Menge Gerüchte darüber, dass der KGB Transnistrien kontrolliert und Agenten regelmäßig Touristen ausspionieren, wenn sie welche finden können. Waren diese Männer hier, um uns zu überwachen? Transnistrien war so seltsam und so wenig an Besucher gewöhnt, dass man nicht paranoid sein musste, um auf diese Idee zu kommen.

Nach dem Frühstück führte uns Sergej durch die Stadt, die hielt, was mein positiver erster Eindruck versprochen hatte: Tiraspol war eine ruhige, verfallende Schönheit, unverhohlen sowjetisch und mit einem Hang zu brutalistischer Architektur. Dabei war sie Fremden gegenüber weder unfreundlich noch feindselig. Es war erfrischend, einen Ort zu besuchen, an dem man nicht die immer gleichen westlichen Gastronomie- und Shoppingketten sah. Die Stadt vermittelte den Eindruck, ihr eigenes Ding zu sein – wobei ich, da ich noch nie in Russland war, keinen wirklichen Vergleich hatte. Sergej erklärte, dass der derzeitige Präsident dank seines Anti-Sheriff-Programms gewählt worden war. Tiraspol hatte lange Zeit nur einen einzigen Supermarkt, mit dem einfallsreichen Namen: Sheriff-Supermarkt. Jewgeni Wassiljewitsch Schewtschuk hatte versprochen, im Fall seiner Wahl einen zweiten Supermarkt zu eröffnen. Verglichen mit Slogans wie *»Make America great again«*, *»No Taxation without Representation«* oder *»Lieber tot als rot«* war das nicht gerade weltbewegend – aber es funktionierte. Er hat die Wahl gewonnen. Der neue Supermarkt war gerade erst eröffnet worden.

»Ihr solltet mal einen Blick hineinwerfen«, sagte Sergej. Das war meine erste Stadtführung, bei der ein Supermarkt mit auf dem Programm stand. Wir warfen einen Blick ins Innere: Er sah aus wie jeder Supermarkt überall auf der Welt.

»Ist er denn billiger als der vom Sheriff?«, fragte Mads.

»Nein, ich glaube, die Preise sind mehr oder weniger gleich.«

Nun, dann hatte sich die Stimmabgabe ja gelohnt.

»Wahrscheinlich gehört er in Wirklichkeit sowieso dem Sheriff«, setzte Sergej mit seinem gewohnten Gleichmut hinzu. »Ihm oder einem seiner Freunde.«

Ein Taxi fuhr an uns vorbei. Auf dem Beifahrersitz saß ein farbiger Mann. Nach dem Empfang, den der Beamte der Einreisebehörde uns bereitet hatte, traf mich dieser Anblick so überraschend wie die Begegnung mit einem Wolf in der Innenstadt von Detroit.

»Leben hier auch dunkelhäutige Menschen?«, fragte ich.

»Natürlich«, erwiderte Sergej, als sei das vollkommen offensichtlich. »Wir haben zwei Stück.«

»Was soll das heißen: *zwei*? Soll das heißen, ihr habt zwei Farbige im ganzen Land?«

»Ja. Sie spielen in unserer Basketballmannschaft.«

»*Es gibt eine Basketballmannschaft*?« Dieser Ort wurde immer verrückter.

»Ja.« Sergej nickte. »Sie heißt Sheriff.«

Andererseits änderten sich manche Dinge einfach nie.

Anschließend besuchten wir noch einen Flohmarkt. Auf dem Weg dorthin fuhren wir an mehreren Lenin-Denkmälern vorbei, eins davon stand direkt vor dem Regierungsgebäude. Während in der Ukraine aus Gründen der Geschichtsglättung zur gleichen Zeit Lenin-Denkmäler zerstört wurden, schien Transnistrien dem Fortschritt deutlich reservierter gegenüberzustehen. Sergej zeigte mir ein Wahlplakat für den Sohn des Sheriffs.

»Glaubst du, dass die Dinge sich ändern werden, wenn

der Sohn des Sheriffs gewählt wird? Wird Transnistrien dann zu einem richtigen Land?«

Sergej lachte. »Nein. Jeden Tag steht in der Zeitung, dass sie *daran arbeiten, anerkannt zu werden*. Das ist Schwachsinn. Es passiert gar nichts. Sie wollen nichts, das ihr Monopol gefährden könnte.«

Nach dem Mittagessen fuhren wir raus aus der Stadt und besichtigten eine verlassene Ziegelfabrik. Ich erzählte Sergej ein wenig von Tschernobyl.

»Warum fährt man denn da hin?«, fragte er. »Transnistrien ist voll von verlassenen Gebäuden! Wenn ich ins Ausland reise, will ich Starbucks, McDonald's oder Einkaufszentren besuchen. Dinge, die wir hier nicht haben.«

Unterwegs hielten wir in einem kleinen Städtchen bei einem Supermarkt. Vielleicht gehörte er dem Sheriff, vielleicht nicht. Sergej ging kurz rein. Als er wieder rauskam, trug er eine Plastiktüte, in der sich eine Flasche Wodka, eine Zwiebel, ein Laib Brot und etwas Käse befanden. Am Tor der verlassenen Fabrik bat er uns zu warten und verschwand mit seiner Tüte im Inneren. Er kam mit leeren Händen wieder raus.

»Wir können jetzt rein«, sagte er. »Ich hab den Wachmann bestochen.«

Auf dem Weg zum Fabrikgebäude kamen wir am Wärterhäuschen vorbei. Der Wärter selbst lebte in einem heruntergekommenen Gebäude neben der verrosteten Toreinfahrt, vor dessen Tür eine Badewanne stand, die mit Müll und Alteisen gefüllt war. Er trat kurz vor die Tür, um uns zu mustern.

»Hallo, Käpt'n. Wie geht's denn so?«, fragte Jack.

Der Mann gab keine Antwort. Er hatte eine Strickmütze und einen ungepflegten, dichten schwarzen Bart und roch nicht gerade nach Rosen. Sergej erzählte uns, dass er früher wahrscheinlich im Gefängnis gesessen hatte. Aus Mangel an Perspektiven hatte die Regierung ihn nun hier postiert: Er sollte das bewachen, was von der Anlage übrig war.

Wir waren seit zehn oder fünfzehn Minuten auf dem Gelände, als ein teurer Geländewagen vorfuhr. Ein dicker Mann stieg aus und steuerte geradewegs auf Sergej zu. Die beiden führten ein intensives Gespräch. Es klang, als würde ein Krieg bevorstehen. Doch Sergejs Gesichtsausdruck nach zu urteilen, waren sie alte Freunde, die sich nach dem Gesundheitszustand ihrer Eltern erkundigten. Hier war alles ein Verhandeln, jeder wollte bestochen werden. Doch Sergej schienen Chaos und Unsicherheit niemals aus der Ruhe zu bringen oder gar zu verunsichern. Ich fand ihn extrem beeindruckend. Er hatte sich perfekt an seine Umgebung angepasst, wie ein Chamäleon – allerdings ein Chamäleon, dem jederzeit bewusst war, dass seine Umgebung total bescheuert war und man nicht wirklich von ihm verlangen durfte, sich anzupassen. Der Fremde setzte sich zurück in sein Auto und fuhr in einer Staubwolke davon.

»Wer war das?«, fragten wir.

»Irgend so ein Kerl«, erklärte Sergej gleichmütig. »Er sagt, dass wir gehen müssen und dass der andere Kerl, den ich bestochen habe, hier nichts zu sagen hat und dass ich deshalb *ihn* hätte bestechen müssen und nicht den anderen.«

In diesem Moment kam der Wachmann mit dem wilden Bart durch einen anderen Eingang zu uns in die Halle. Er und Sergej führten eine ähnlich bedrohliche Unterhaltung.

»Es ist okay. Wir können bleiben«, sagte Sergej hinterher. »Der Boss hat mit dem Kerl geredet und ihm meine Nummer gegeben. Jetzt ist alles okay.«

»Also musst du in Zukunft beide bestechen?«, fragte ich.

»Ja. Das hab ich ihm zumindest gesagt. Ich werde aber einfach den normalen Kerl anrufen und fragen, ob der andere in der Nähe ist. Und wenn er nicht da ist, kann ich kommen.«

»Ich versteh nicht, wie du dabei so ruhig bleiben kannst.«

»Warum sollte ich unruhig werden?«

»Keine Ahnung. Hast du es nicht manchmal satt, dass jeder versucht, die anderen auszunutzen?«

»Natürlich hab ich das satt«, sagte er wie eine Schildkröte, die über ihren Panzer spricht. »Aber was kann ich schon tun?«

Ich hätte es vermutlich damit versucht, richtig wütend zu werden, zu heulen begonnen oder wäre nach Moskau gezogen.

Obwohl ich anfangs noch erklärt hatte, dass ich für immer hierbleiben wollte, war ich nach vierundzwanzig Stunden in Transnistrien regelrecht froh, die Heimreise anzutreten. Sergej war ein wunderbarer, witziger und ironischer Gastgeber gewesen. Ich hoffte, dass er bald eine Möglichkeit fand, das Land zu verlassen. Transnistrien selbst war ohne Zweifel verrückt, wenn auch anders verrückt als erwartet. Ich hatte angenommen, die Menschen dort würden den westlichen, kapitalistischen Lebensstil ablehnen und sich der Sowjetnostalgie ergeben. Es gab zwar hier und da Plakate mit politischen Parolen, auf denen davon die Rede war, dass man fest an der Seite Russlands stand. Es gab ein paar Lenin-Denkmäler, ein paar Oberleitungsbusse aus der Sowjet-Ära – doch das war auch alles. Ich hatte nicht den Eindruck, dass dieser Ort politisiert war, er war einfach nur korrupt.

Transnistrien ist nicht, wie manche behaupten, ein »sowjetisches Freilichtmuseum«, sondern eher eine Ausstellung der besten und der schlechtesten Seiten der Menschheit. Einige mächtige Männer haben sich – unter dem Deckmäntelchen des Nationalismus – ein Stück Land unter den Nagel gerissen, Zäune aufgestellt, eine Flagge entworfen und sich einen Raum geschaffen, in dem sie tun und lassen können, was sie wollen. Und gegen alle Wahrscheinlichkeit sind sie, mit ein wenig Hilfe aus Moskau, sogar damit durchgekommen. Leider haben sie Sergej und eine weitere halbe Million Menschen mit auf die Reise genommen. Vielleicht hatten sie am Anfang tatsächlich hehre Ziele. Vielleicht würde Liberland genauso enden. So wie es mit Macht, die keiner Kontrolle unterliegt, immer endet.

»Glaubst du, dass es hier irgendeine Ideologie gibt?«, hatte ich Sergej gefragt, als wir im Minibus zurück nach Tiraspol fuhren. »Dass die Leute zurück in den Kommunismus wollen?«

Er kratzte sich am Kinn. »Nein, das ist nur, was die Regierung erzählt. Das hier ist ein Cowboy-Staat. Er steht für überhaupt nichts, außer für Geld.«

Ich war in Chişinău ... und alles, was ich bekam, war dieser lausige Ballerbus

Chişinău (Moldawien): eine Milliarde Löwen, Windsäcke, reiche Ernte, DIE INKARNATION DES TEUFELS

Die kurze Zugfahrt vom transnistrischen Tiraspol in die moldawische Hauptstadt Chişinău verlief für unsere kleine Gruppe problemlos. Kein Wunder, wenn man bedenkt, wie dauergeschmiert unsere furchtlosen Alkoholiker vom transnistrischen Cognac waren. Die übrigen Passagiere schienen die Fahrt weniger zu genießen: Nach und nach verließen sie alle unseren Waggon. Ich fühlte mit ihnen, konnte mich aber selbst nicht dazu durchringen, meine Gefährten im Stich zu lassen. War ihnen denn gar nicht mehr zu helfen? Wahrscheinlich nicht. In einer halbherzigen Mischung aus Kompromiss und Rebellion setzte ich mich schließlich ein paar Reihen weiter nach hinten und verbrachte die restliche Fahrt damit, still vor mich hin zu brodeln.

Als die Einheimischen ihre Sachen zusammenpackten und sich auf den Weg in zivilisiertere Waggons ohne Geschrei und laute Musik machten, versuchte ich, mich bei jedem Einzelnen zu entschuldigen, der an meinem Platz vorbeikam, indem ich mein Gesicht zu einem – wie ich hoffte – glaubwürdigen Ausdruck der Reue und Entschuldigung verzog. *Wir sind nicht alle so*, vermeldeten meine gehobenen Brauen und die runtergezogenen Mundwinkel. Ein paar von ihnen gaben der Gruppe im Vorübergehen noch ein paar Worte mit auf den Weg – dem Ton nach zu urteilen wahrscheinlich ein paar Beleidigungen. Das war meinen Freunden natürlich vollkommen egal. Jacks typische Reaktion war: »Danke für deinen Besuch. Und viel Spaß im nächsten Wagen, du Depp.«

Offenbar verfügte jeder Waggon über seinen eigenen Zugbegleiter. Ein Überbleibsel des sozialistischen Strebens nach Vollbeschäftigung? Unser Zugbegleiter schien jedenfalls keine andere Aufgabe zu haben, als eine offiziell aussehende Uniform mit Leben zu füllen. Dabei gab meine Reisegruppe alles, um ihn zu beschäftigen: Sie verschüttete Dinge, beschädigte Dinge und rief Dinge. Es war das mindeste, was sie tun konnten. Ihr Plan funktionierte ausnehmend gut. Es dauerte nicht lange, bis der Mann seine gesamte Zeit damit verbrachte, in regelmäßigen Abständen vorbeizuschauen und sie zur Ordnung zu rufen. Die Gruppe reagierte darauf so, wie sie immer reagierte, wenn jemand sie zur Ordnung rief: mit sanftem Spott, energischem Fluchen und ausgeprägter Gleichgültigkeit.

Unser Reiseziel Moldawien gehört zu den am wenigsten besuchten Ländern der Welt und hat insofern kaum Erfahrung mit Tourismus. Unsere Truppe war der lebende Beweis für die Gefahren von offenen Grenzen, Kapitalismus und transnistrischem Cognac. Immerhin hatten mittlerweile alle anderen Fahrgäste unseren Waggon verlassen, so musste wenigstens niemand mehr das betrunkene Geschwätz mit anhören.

David, ein englischer Geschichtsstudent, der jeglicher Form von Stille feindselig gegenüberstand, stellte aus heiterem Himmel eine erstaunliche Denkaufgabe: »Also was glaubt ihr: Wer würde gewinnen in einem Kampf zwischen einer Milliarde Löwen und der Sonne?«

Das verschlug der Menge erst mal die Sprache.

»Eine Milliarde Löwen?«, fragte Mike.

»Eine Milliarde!«, bestätigte David.

Mike wiegte auf seinem Sitz hin und her. »Es ist ziemlich schwer, sich eine Milliarde Löwen vorzustellen.«

»Ich weiß, nicht wahr?«, stimmte David zu, »jetzt stellt euch die Sonne vor und dann, dass sie gegeneinander kämpfen.«

Man fasste sich ans Kinn. Augenbrauen wurden gerunzelt.

»Wie soll das denn, äh, funktionieren?«, fragte Chris schließlich.

David zuckte mit den Schultern. »Ich weiß nicht. Aber es sind schon ganz schön viele Löwen, oder? Sie könnten doch irgendwie die Sonne beißen.«

Mike nahm einen Schluck Cognac aus der Flasche, die gerade herumgereicht wurde. »Ja ... Ich wette auf die Löwen.«

Nachdem diese interessante Debatte ihren Abschluss gefunden hatte, begann die Gruppe eine mitreißende Darbietung von *Sweet Home Alabama*. Wir waren von beidem weit entfernt.

Ich war erleichtert, als wir im Bahnhof von Chişinău einfuhren: Das bedeutete, dass das Ende unserer gemeinsamen Reise näher rückte. Die nächste Station wäre Bukarest, und dort würden sich unsere Wege endgültig trennen.

Auf dem Bahnsteig erwartete uns schon ein großgewachsener Mann. Unser Reiseführer Marius. Seine Haare waren an den Seiten abrasiert, aber mitten auf dem Kopf war ein großer Klumpen verblieben, was seiner Frisur Aussehen und Funktion eines Windsacks verlieh. Gemäß des Sparsamkeitscredos unseres Reiseveranstalters war auch Marius kein richtiger Reiseführer, sondern nur ein einheimischer Student, der sich zwischen den Vorlesungen etwas dazuverdiente. Leider verfügte er weder über Sergejs Wissen noch über seinen Charme.

»Das ist ein hübscher Bahnhof, wann wurde er denn erbaut?«, fragte Paul, ein IT-Berater, der momentan allerdings nicht in der Verfassung war, zu irgendetwas Ratschläge zu erteilen.

Marius' Augen wanderten nervös von links nach rechts und schließlich tief in sein Gedächtnis.

»Äh«, sagte er, als sie auch dort nichts gefunden hatten, »ja, er ist wirklich recht alt.«

Er wandte sich rasch ab, um weiteren Fragen aus dem Weg zu gehen, und begann, aus der Gruppe eine geordnete Herde zu machen, die man führen konnte. Momentan war sie mehr eine Art Anti-Herde, deren Mitglieder überall im Bahnhof herumstreunten: Einige sangen, andere tanzten, und David und Anne-Sophie hatten sich engumschlungen in eine dunkle Ecke zurückgezogen.

»Leute«, rief Marius. Niemand reagierte. Er ging zu den Leuten an der Peripherie und versuchte, sie zurück ins Zentrum zu drängen.

»Hallo. *Hallo!*«

Sobald Marius von einem eingefangenen Ausreißer abließ, wanderte dieser, angelockt von etwas Glänzendem oder Alkoholischem, wieder davon. Es würden drei sehr lange Tage für Marius werden. Er versuchte es mit pfeifen. Niemand reagierte. Er war seit gerade einmal zehn Minuten unser Führer und sah jetzt schon entnervt aus. Er massierte den Staubfänger auf seinem Kopf.

»Wer will in einen Club gehen?«, rief er.

Sofort stand die Gruppe bereit. Sie kamen plötzlich aus allen Richtungen raus ins Freie, waren plötzlich aufmerksam und sogar ansprechbar. Es bildete sich ein lockerer Kreis. Hatte jemand etwas von einem Club gesagt? Ja, die Gruppe wollte in einen Club gehen. Wieso hatte er das nicht schon früher gesagt? Wo war dieser Club und warum waren wir noch nicht da?

Dieser Lügner ...

Marius brachte uns gar nicht in einen Club, sondern marschierte mit uns stattdessen zehn Minuten lang bis zu einem riesigen Hotel-Turm. Es war eins dieser Hotels, die sich vor allem über ihre Größe vermarkten – mit cleveren Werbeslogans wie »Die *Größe* zählt« oder »Chișinăus *größte* Party«.

Verglichen mit unserem Aufenthalt im Hotel *Aist* in Tiraspol, herrschte hier der absolute Luxus. Es fiel nichts aus der Wand. Legte man sich aufs Bett, bekam man keine blauen Flecken. Und es gab Lampen. Es war beinahe zu viel des Guten. Nach einer schnellen heißen Dusche, bei der nicht einmal das Wasser wegblieb, setzte ich mich unten in die Lobby und wartete auf die anderen. Ich war müde: ein weiterer Tag unter zwölf Menschen, für die Zurückhaltung bedeutete, ein Bier ohne Schnaps zu bestellen, und deren Vorstellung von interkultureller Kompetenz sich darin erschöpfte, in sechs Sprachen fluchen zu können. Dem vor mir liegenden Abend sah ich – vorsichtig ausgedrückt – mit gemischten Gefühlen entgegen. Wahrscheinlich würde ich allerhöchstens eine Stunde durchhalten. Ich war müde. Ich vermisste es, Zeit für mich allein zu haben. Ich vermisste meine Couch. Und ich vermisste Annett.

Ich setzte mich an die Bar und versuchte, meine Laune zu verbessern. Vielleicht konnte ich noch die Kurve kriegen. Ich bestellte mein erstes Bier des Tages. Ich freute mich darauf, mehr über Moldawien zu erfahren. Das sollte auf jeden Fall klappen. Schließlich wusste ich nichts über Moldawien – außer, dass es einmal einen Krieg gegen Transnistrien geführt und diesen möglicherweise verloren hat. Was Moldawien aber nicht zugeben wollte.

Die Barkeeperin holte mir ein Bier aus dem Kühlschrank und überreichte mir als Wechselgeld ein Bündel Leu-Scheine. Es war ungefähr so dick wie das, was der Bankautomat am Bahnhof ausgespuckt hatte. Als ich mir das Geld in die Tasche steckte, sah ich aus, als hätte ich an einem erfolgreichen Banküberfall teilgenommen. Außer einem älteren Herrn, der zwei Barhocker von mir entfernt saß, war die Bar menschenleer. Er trank das gleiche Bier wie ich und saß tief über seine Flasche gebeugt. Die beiden obersten Knöpfe seines fliederfarbenen Leinenhemds standen offen und gaben den Blick frei auf büschelweise weiße Haare. Sein Gesicht war zerfurcht und faltig, aber es war nicht zu übersehen, dass er einmal ein attraktiver Mann gewesen war. Er strahlte immer noch eine gewisse Würde aus.

»Kennen Sie den Euro-Wechselkurs?«, fragte ich ihn.

Er drehte sich auf seinem Hocker zu mir um. »Ich bin nicht sicher, mein Junge. Aber ich denke, Sie haben noch genug, um ordentlich einen zu heben.«

Ich war schon lange nicht mehr »mein Junge« genannt worden – wenn ich es recht bedachte, wahrscheinlich noch nie. Ich bemerkte einen gewissen Akzent in seiner Aussprache.

»Ire?«

»Waliser.« Er lächelte. »Aber das war in einem anderen Leben.«

Ich nahm einen Schluck von meinem kalten Bier. »Wie lang ist es denn her, dass Sie da gelebt haben?«

Er kratzte sich am Hals. »Nun, also ... Das war damals im Jahr ...« Er machte eine Pause und betrachtete etwas auf der Bar. »Ich hatte meine *erste* Firma. Das war, oh ...«

Seine Stimme verlor sich. Nicht dass er unsicher war oder etwas vergessen hatte, nein: Es wirkte vielmehr, als verfügte er über ein solches Übermaß an Vergangenheit, dass jeder Zugriff darauf ein Versuch wäre, nur mit einem Strohhalm bewaffnet einen Ozean auszutrinken.

»... und dann habe ich sie verkauft und dann war es – nun, das ist bestimmt wenigstens zwanzig Jahre her, Junge.«

»Was hat Ihre Firma gemacht?«

»Oh, das ist auch eine lange Geschichte, nicht wahr.« Sein Tonfall war zum Ende des Satzes gestiegen. Es schien, als würde er darüber nachdenken, ihn zu einer Frage zu machen. Im letzten Moment überlegte er es sich dann aber doch anders. Wahrscheinlich, weil er ohnehin der Einzige war, der darauf hätte antworten können.

»Ich hab mein Geld mit Logistik verdient: Schiffe, LKWs und so weiter. Ja, das hat einen Mann aus mir gemacht. Dann hab ich alles verkauft und bin auf Wanderschaft gegangen. Das hat mich noch mehr zum Mann gemacht. Was machst du in Chişinău, mein Junge?«

Ich deutete mit dem Daumen über meine Schulter: Meine frisch geduschten Mitreisenden hatten sich auf den Sitzgruppen drapiert und starrten rotäugig in ihre Handys. Wir hatten hier ausnahmsweise mal WLAN – und sie waren offenbar fest entschlossen, den Moment zu nutzen.

»Ich bin auf einer Gruppenreise«, sagte ich.

Er verdrehte die Augen. »Oh, eine Gruppenreise, verstehe.«

Es folgte eine Pause, in der ich vermutlich die Vorzüge von Gruppenreisen herausstellen sollte, was ich jedoch unterließ. Er nahm noch einen Schluck. »Ich gebe dir jetzt einen Rat, mein Junge: Sieh zu, dass du nach Afrika kommst. Vergiss diesen Gruppenreisen-Unfug.« Er warf einen Blick auf die anderen. »Kauf dir ein Ticket nach Afrika, ganz egal, wohin. Ohne Rückflug natürlich. Und dann einfach l-o-s.«

Dann fügte er hinzu: »Afrika wird dich auf Zack bringen. Einen Mann aus dir machen.«

Er war ziemlich schnell zu dem Schluss gekommen, dass ich kein Mann war. Ich würde besser darin werden müssen, diesen Umstand zu verbergen. Was den Rest der Unterhaltung anging: wow. Ich spürte, wie mein Griff um meine Bierflasche fester wurde. »Sie haben viel Zeit dort verbracht, oder?«

»Ja, bevor ich meine, welche war das noch ... zweite Firma gegründet habe. Afrika hat, wie soll ich es sagen, einen gewissen Geist. Da, wo wir herkommen, gibt es den einfach nicht. Dort kannst du alles sein. Kannst alles verwirklichen. Das ist viel besser, als hier stockbesoffen mit seinen Kumpels rumzuhängen.«

»Ich war schon in Afrika«, sagte ich trotzig.

»Oh tatsächlich?«, erwiderte er mit unbewegter Miene. »Gruppenreise, nehme ich an?«

Ich schaute hinüber zu meinen Gefährten: Sie waren chaotisch und respektlos, höchstwahrscheinlich waren einige nicht ganz zurechnungsfähige Alkoholiker darunter. Jegliche Selbstreflexion war ihnen fremd – und doch kamen sie mir ehrlicher vor als dieser Mann. Sie wussten, wer sie waren. Sie machten sich und den anderen nichts vor. Sie wollten sich einfach nur amüsieren. Sie hielten nicht irgendwelchen Fremden in Bars Vorträge darüber, wie sie leben sollten. Der Mann sah, dass ich seinem Griff entschlüpfte.

»Du glaubst, dass du es brauchst, ich weiß. Aber vertrau mir, ich hab ein bisschen was gesehen im Leben. Ziemlich viel sogar. *Du brauchst die nicht, du schaffst es auch allein.* Trau dich einfach, es wird schon. Du wirst schon sehen. Auf deinen Schultern sitzt ein kluger Kopf, du musst ihn nur nutzen.«

Ich stand auf. »Sie wissen gar nichts über mich.«

»Tja, wenn man so lange gelebt hat wie ich, bekommt man ein Gefühl für diese Dinge.«

Ich hatte nicht zeigen wollen, dass ich mich ärgerte. Ich ärgerte mich. »Vielen Dank für den Rat«, sagte ich und ging an ihm vorbei zu meiner Reisegruppe.

Ich machte es mir auf einer Couch bequem. Der Alte trank allein weiter. Ich fühlte mich unwillkürlich an Jim, den Rassisten erinnert – den selbsternannten Dichter, den ich in Berlin getroffen hatte. Dieser Mann hier wusste nichts über mich, und ich wusste nichts über ihn. Dennoch hatte er kein Problem damit, mir allein aufgrund der Tatsache, dass ich auf einer Gruppenreise war, herablassende Ratschläge zu erteilen, in denen er Afrika – einen Kontinent mit vierundfünfzig Ländern und über einer Milliarde Einwohnern – auf einen gigantischen Königsweg zu einem reineren, edleren Leben reduzierte.

Für mich war es ziemlich offensichtlich, dass man sich in Afrika genauso selbst finden kann wie in Bolivien, beim *Schockeln* vor der Klagemauer in Jerusalem oder während man in seiner Heimatstadt den Hund Gassi führt. Es ist keine

Frage des Ortes. Wer in seinem Alltag nicht fähig zur Selbstreflexion ist, wird nicht durch Zauberhand neue Denkweisen oder eine bislang verborgene Gedankentiefe entdecken, weil er sein Zuhause für ein verlängertes Wochenende mit Rom tauscht. Reisen bildet nur den Geist, der gebildet werden will. Genau wie Religion nur die Menschen bewegt, die sich so leicht machen, dass sie von ihr bewegt werden können.

Den Typus des weisen alten Weltenbummlers trifft man häufig. Meist sind es Männer: Sie sitzen still in einer Ecke, gegenüber einer hübschen Ehefrau, die nur halb so alt ist wie sie und mit der sie keine Sprache gemeinsam haben. Es sind Menschen, die tolle Geschichten erzählen könnten – hätten sie jemanden, der ihnen zuhört. Ich fände es schrecklich, auf eine Reise zu gehen, die mit Mitte siebzig in Chişinăus größtem Hotel endet – und dort von meinem Barhocker aus Menschen, die ich gerade erst getroffen habe, zu sagen, wie sie ihr Leben gestalten sollten, nur, weil besagte Menschen mit einer Reisegruppe unterwegs sind.

Unser Führer Marius erschien fünfundvierzig Minuten später als verabredet. Sein Haar kündete von einer leichten Brise aus Südost. Nun brachte er uns wirklich in einen Club. Wie sich herausstellte, befand sich dieser im obersten Stock der Shopping Mall gleich nebenan. Und genau wie unser Hotel damit warb, das größte in Chişinău zu sein, verdiente dieser Club das Etikett Chişinăus lautester zu sein. Ich hatte erwartet, dort auf Menschen im Alter zwischen achtzehn und fünfunddreißig zu treffen – das Alter, das gewissermaßen synonym ist mit nächtlichem Hedonismus –, doch es waren lediglich Menschen im Alter zwischen dreizehn und allenfalls siebzehn anwesend. Um das Risiko einer Verhaftung zu minimieren, hielt ich meinen Blick fest auf den Boden gerichtet. Wir setzten uns um einen großen Tisch im hinteren Teil des Clubs. Marius lehnte sich zu meinem Ohr herüber.

»KSJHDKAJSHDBAD, oder?«, schrie er.

»*Was?*«

Er kam noch näher an mein Ohr. »JDSFHKS, nicht?«

»*Was? Licht?*«

Er nickte. Sein Haar folgte der Bewegung zustimmend.

Eine Unterhaltung kam nur schleppend in Gang, was zu einem Teil an der Musik lag, aber vermutlich auch der Tatsache geschuldet war, dass wir immer noch darüber grübelten, wer den Kampf zwischen einer Milliarde Löwen und der Sonne gewinnen würde.

»HALLO SDASD, JGSJGF DICH GUT HEUTE ABEND?«, schrie Jack in Richtung der Kellnerin. Die Worte verloren sich im wabernden Europop. Sie lächelte spröde, während sie Weinflaschen in die Tischmitte stellte. Ich hielt die angepeilte Stunde gerade so durch, dachte an den weisen alten Weltenbummler und wie es dazu gekommen war, dass ich hier in diesem Club saß, den ich hasste, zusammen mit ein paar Menschen, die ich überhaupt nicht leiden konnte.

Ich war woanders, und es war neu – aber war es auch besser? Wie viel Unbequemlichkeit ist der Reiz des Neuen wert? Mit einem Mal war ich mir nicht mehr sicher. Ich war der Erste, der an diesem Abend nach Hause ging. Ich fühlte mich sehr alt, und das nicht nur, weil das Durchschnittsalter der Gäste bei jugendlichen 15,2 Jahren lag. Für die anderen endete der Abend um etwa 4 Uhr morgens im Hotel, mit einem Hüpfwettbewerb auf den Betten von Chris und Jack. Dabei ging neben zwei Lampen auch ein Bett zu Bruch. Mehrere Mitglieder der Gruppe kamen sich näher. Und an der Rezeption gingen zahlreiche Beschwerden ein. Glücklicherweise verschlief ich die ganze Sache.

Am nächsten Morgen saß der alte Mann allein im Frühstücksraum. Als ich eintrat, lächelte er mich an und wies auf den freien Patz ihm gegenüber. Ich lächelte zurück und setzte mich dann allein auf die andere Seite des Raums. Es war viel zu früh für gute Ratschläge. Nur eine Stunde später als vereinbart erschien Marius, um uns die Stadt zu zeigen. Chişinău erwies sich als interessanter Ort – vorausgesetzt, man mochte Baustellen. Alles hier war offenbar entweder total neu oder noch nicht ganz fertiggestellt. Oder es war einfach alt und würde demnächst abgerissen werden, um etwas Neuem Platz zu machen, wahrscheinlich einem Einkaufszentrum. Marius führte uns zu einer Kirche und ein paar Regierungsgebäuden.

»Ist das die Măzărache-Kirche?«, fragte Paul, aus seinem Reiseführer aufblickend.

Marius' Augen wanderten unstet umher. Der Gesichtsausdruck wurde gerade zu seinem Markenzeichen.

»Und was ist das da hinten für ein Gebäude?«

Das lief nicht gut. Marius zog wieder an seinem Haarbüschel.

»Vielleicht die Oper?«, vermutete Mike.

Marius' Schultern entspannten sich. »Jaa, genau. Das ist die Oper.« Er sprach das Wort »Oper« aus, als hätte er es nie zuvor gehört.

Zum Essen führte er uns ins Einkaufszentrum. Ich dachte an Sergej und seine Sehnsucht nach ausländischen Shopping Malls. War das ihre Vorstellung von Westeuropa? Malls, Luxusmarken und McDonald's? *War das alles?* Vielleicht lagen sie damit gar nicht so falsch. Aber das hieß noch lange nicht, dass sie daran festhalten und alle Fehler unserer Konsumgesellschaft wiederholen mussten.

Am Nachmittag hatte ich keine Lust mehr auf Marius und beschloss, allein durch die Stadt zu wandern. Ich mochte die netten Parks und die breiten Straßen, die ich immer mit der Sowjetunion in Verbindung bringe. Ich schlenderte durch den Stadtpark mit seinem Triumphbogen, der Kathedrale der Geburt des Herrn und der Statue von Moldawiens Nationalheld Ștefan cel Mare, der im 15. Jahrhundert die türkischen Invasoren zurückschlug.

Heute nennen etwa achthunderttausend Menschen Chișinău ihr Zuhause. Schaute man ihnen ins Gesicht, schienen sie allerdings nicht sehr froh darüber. Viele hatten das Pokerface aufgesetzt, das ich noch aus der Ukraine kannte. Ein Großteil Chișinăus wurde im Zweiten Weltkrieg zerstört und anschließend im einst so populären pompösen Sowjetstil wieder aufgebaut. Außerhalb des Stadtkerns überwogen jene der Schwerkraft trotzenden Riesenwohnblocks, bei deren Konzeption sich die Ästhetik utilitaristischen Motiven geschlagen geben musste. Diese Monstren werden heute nach und nach durch etwas bescheidenere und ansprechendere Bauten ersetzt.

Obwohl Moldawien seit 1991 unabhängig ist, hatte ich das Gefühl, als würde Chișinău noch immer nach seiner Identität suchen. Vor dem Parlament standen, gerade mal hundert Meter voneinander entfernt, zwei verschiedene Protestgruppen. Eine demonstrierte für Westorientierung und EU-Beitritt, die andere war pro-russisch und wollte wie Transnistrien nach Osten rücken. Das Auffallendste aber war, dass genau wie in Tiraspol ein ganzes demographisches Segment zu fehlen schien: die Achtzehn- bis Dreißigjährigen.

Bislang war ich immer ein leidenschaftlicher Pro-Europäer gewesen. Eine Welt mit weniger Grenzen musste einfach eine bessere sein, oder? Eine Welt, in der Menschen die Beschränkungen ihres Heimatlandes hinter sich lassen und visafrei an einen Ort ziehen können, der größeren Wohlstand verspricht. Allerdings hatte ich bislang auch nur in zwei wohlhabenden europäischen Ländern gelebt. Es waren Länder, in die Menschen einwanderten. Keins von denen, die man verließ. In Moldawien und Transnistrien wurde mir zum ersten Mal bewusst, dass das europäische Experiment auch Verlierer haben könnte. Diese beiden Länder waren noch nicht mal aufgenommen, und doch war schon ein so großer Teil ihrer Jugend gegangen. Was würde passieren, wenn diese Menschen plötzlich die Chance bekamen, einfach so in zwanzig Länder zu ziehen, die wirtschaftlich so viel besser dastanden? Natürlich war es denkbar, dass sie Geld nach Hause schicken würden zu ihren Familien hier. Es war ebenso denkbar, dass sie eines Tages zurückkehren würden, wenn sie bereit waren, selbst eine Familie zu gründen. Doch jetzt waren sie nicht hier – und wie diese beiden Protestgruppen zeigten, brauchte man sie. Hier war ein Land, das aufgebaut, eine nationale Identität, die begründet werden musste – und ein wichtiges Bevölkerungssegment, das voller Ideen und Energie steckt, hatte bereits mit den Füßen abgestimmt. Moldawien hatte seine Freiheit, aber es schien noch nicht zu wissen, was es damit tun sollte.

Nachdem ich zwei weitere Tage lang die Einkaufszentren von Chişinău erkundet hatte, war es Zeit für die Weiterreise nach Rumänien. Dort wäre die Tour – zumindest für mich – zu Ende. Ich zählte schon die Stunden. Allerdings stand davor noch eine heikle Mission im Raum: die Nachtzugfahrt von Chișinău nach Bukarest. Ich wusste, was das bedeutete. Schließlich hatte ich bereits zwei Zugfahrten mit dieser Truppe absolviert.

Bei meinen Mitreisenden hingegen sorgte diese Aussicht für freudige Erregung. Schon den ganzen Tag lang rief, sobald eine Gesprächspause eintrat, sofort irgendjemand: »Schampus-Express!« Woraufhin die anderen im Chor »Husch, husch, husch« und ähnlich kindische Eisenbahn-Geräusche machten, begleitet von der Imitation eines ploppenden Sektkorkens.

Die harmlose Ausgelassenheit fand ein jähes Ende, als Chris vom Bahnhof zurückkam und uns mitteilte, dass der Nachtzug ausfiel. Stattdessen würden wir mit einem Nachtbus nach Bukarest fahren. Zwölf Stunden, kein Bett. Ich musste sofort an den Nachtbus nach Wuhan denken. Die Gruppe reagierte auf die Nachricht wie auf den Tod eines entfernten, aber netten Verwandten, den sie ein einziges Mal auf einem Grillfest getroffen hatten.

»Ballerbus?«, versuchte jemand nach einer Minute der stillen Trauer. Es gab etwas Gemurmel, ein halbherziges Hup-Geräusch. Es war okay, aber sicherlich nicht das Gleiche wie ein Schampus-Express.

Für den Nachmittag war ein Ausflug mit Weinprobe in den Weinkeller von Mileștii Mici knapp zwanzig Kilometer außerhalb der Stadt geplant. Mileștii Mici beherbergt laut *Guinness Buch der Rekorde* die größte Weinsammlung der Welt: Unglaubliche 1,5 Millionen Flaschen werden bei ihm gelagert. Ich beschloss, diesen Trip auszulassen, weil ich die Gruppe schon so oft in Verbindung mit Alkohol erlebt hatte, dass ich wusste, was diese beiden Zutaten ergaben: einen vierfachen Gin Trottel. Mileștii Mici konnte seinen Weltrekord vergessen, wenn er die Gruppe seine Katakomben plündern ließ.

Tatsächlich kehrten meine Mitreisenden von ihrer Weinprobe in einem Zustand zurück, den man im wahrsten Sinne des Wortes abgefüllt nennen musste. Als ich sie fand, lagen sie mit rosigen Wangen kreuz und quer über die Sitzmöbel der Hotellobby verteilt.

»Ballerbus!«, schrie Jen.

»Ballerbus!«, antworteten die anderen unisono. Der moldawische Wein hatte offenbar die Stimmung gehoben.

Ich schaute mich um und stellte fest, dass zwei von ihnen fehlten. »Wo sind Ann-Sophie und David?«

»Wir haben noch eine Stunde, bis der Bus fährt«, sagte Pierre.

»Ballerbus«, korrigierte Jack.

»Ballerbus, danke, Jack.«

Jack rülpste. »War mir ein Vergnügen.«

Pierre versuchte, sich zu erinnern, wovon er gesprochen hatte. Nach einer kurzen Pause fiel es ihm wieder ein: »Sie haben ein Zimmer genommen, um zu …« Er zwinkerte und formte aus Zeigefinger und Daumen der linken Hand einen Ring. Mit dem gestreckten Zeigefinger der rechten Hand vollendete er die Geste, die wirklich nicht schwer zu interpretieren war.

Ich setzte mich zu ihm. »Wie war die Weinprobe?«

Pierre blinzelte langsam. Es sah aus, als wäre er vor nicht allzu langer Zeit in seinen Körper gebeamt worden und wüsste noch nicht so genau, wie dieser zu bedienen war. »Es war. Gut. Der Typ.« Er machte eine Pause, um zu blinzeln. »Hat. Aber gesagt. Dass man das Zeug ausspucken soll.«

»Idiot«, setzte Mike hinzu.

»Ich nehme an, dass ihr das nicht gemacht habt?«

Jack kicherte. »Kannst deinen Hintern drauf verwetten, dass wir das nicht gemacht haben.«

Wir waren ein paar Minuten zu früh am Bus. Zeit genug, um den nächstgelegenen Spirituosenladen zu suchen, zu finden und sich mit dem Nötigsten einzudecken: Bier, Wein und Wodka. Anne-Sophie und David, beide noch leicht erhitzt, kamen gerade noch rechtzeitig dazu. Ihr junges Glück motivierte alle anderen Anwesenden, die allein unterwegs waren, zu ein paar Trostgetränken. *Nur noch die eine Busfahrt*, sagte ich mir, *dann hab ich's überstanden*. Ich konnte es nicht erwarten, all diese Leute niemals wiederzusehen.

Der Busfahrer war ein breitgesichtiger, feindselig dreinblickender Mann mit leicht pockennarbigen Wangen. Er sprach kein Englisch, daher musste er der Gruppe, die ihre Alkoholvorräte mit an Bord nehmen wollte, wortlos und mit entschiedenen Gesten deutlich machen, dass die Toilette außer Betrieb und Alkohol nicht gestattet war. Kurz gesagt: Dieser Bus war in keinerlei Hinsicht ein *Ballerbus*. Jack ging forsch an ihm vorbei, die Flasche Rotwein in seinem weiten Mantel verborgen.

»Ganz wie Sie sagen, Chef, kein Problem.«

Der Fahrer kehrte auf seinen Platz zurück, offensichtlich zufrieden, dass man auf ihn gehört hatte. Weiter hinten offenbarte das Innenleben diverser Mäntel und Taschen indes noch mehr Schmuggelware.

»Hat jemand ein paar Becher?«, fragte Jack und erleichterte seine Flasche um ihren Schraubverschluss, den er achtlos auf den Boden warf. Natürlich hatte niemand Becher. »Ach, scheiß drauf«, sagte er und hob die Flasche, »auf den Ballerbus!«

Dann stimmte er ein irisches Trinklied an – *The Wild Rover*. Darin heißt es: »Ich werde heimgehen zu meinen Eltern und beichten, was ich getan habe.« Ich hoffte im Interesse aller Beteiligten, dass keiner von ihnen diese Drohung wahr machen würde und alles, was in Moldawien geschehen war, in Moldawien bleiben würde.

Wir saßen im hinteren Teil des Busses, rechts und links vom Mittelgang. Der Bus füllte sich. Der Gesang wurde lauter. Weitere alkoholische Geheimvorräte wurden geplündert, während der Fahrer mehrmals erfolglos versuchte, sie zu konfiszieren. Und dann war es Zeit für die Abfahrt. Inzwischen war der Bus voller Einheimischer, die meisten von ihnen einige Jahrzehnte älter als wir. Ich wusste, was geschehen würde. Was im Grunde genommen schon längst begonnen hatte. Sollte einer dieser Menschen gedacht haben, er würde hier etwas Schlaf bekommen, blieben ihm nun eine Menge endlos langer wacher Stunden, während der er erkennen konnte, wie sehr er sich geirrt hatte.

Nach dreißig Minuten Reisezeit – mitten während einer Gruppendarbietung von Rick Astleys »Never Gonna Give You Up« – verlor ein Moldawier die Nerven: Er stand auf, drehte sich zu uns um und setzte zu einem leidenschaftlichen und lauten Refrain aus »Schhhhh« und »Nein!« an.

Was die Gruppe mit lauten Jubelrufen und Jack mit einem »Setz dich hin, du Trottel« quittierte.

Der Fahrer stoppte den Bus, kam nach hinten und sammelte die Flaschen ein. Als klarwurde, dass die Gruppe den Rick-Astley-Song auch auf ihre Getränke bezog, schien er mit einem Mal ratlos. Er erinnerte ein wenig an einen Vertretungslehrer, der eine aufmüpfige Klasse unter Kontrolle halten soll, dafür aber nicht die nötige Autorität und Erfahrung hat – was die Klasse schon begriffen hatte, als er noch mit der Anwesenheitsliste beschäftigt war.

Um den Busfahrer friedlich zu stimmen, übergaben sie ihm ein paar der leeren Flaschen. Er schlurfte zurück nach vorn. Als Rache drehte er die Heizung auf die höchste Stufe. Es war wie in einem Hochofen. Ich legte meine Hand auf die Heizdüse über meinem Kopf. Die Hitze, die mir entgegenströmte, hätte ausgereicht, um Nudeln zu kochen. Ich versuchte, die Öffnung mit ein paar Papiertaschentüchern zu verschließen.

Die Gruppe rächte sich zurück (wenn es diesen Ausdruck gibt), indem sie ein noch lauteres Trinklied über einen Straßenräuber anstimmte und die letzte Flasche transnistrischen Cognac herumgehen ließ.

»Ballerbus, Ballerbus«, schallte es durch den Bus.

Die Einheimischen sahen alle ziemlich entsetzt aus – außer einem elegant gekleideten Rumänen, der mit mir in der vorletzten Reihe saß, am gegenüberliegenden Fensterplatz. Er sprach ausgezeichnet Englisch und trank in tiefen Zügen aus einer Metallflasche, die er in der Innentasche seines Jacketts trug. Ohne irgendeine Vorwarnung erhob er sich plötzlich von seinem Sitz und rief: »ICH BIN DIE INKARNATION DES TEUFELS!«

Im Bus herrschte plötzlich Stille. Die Mitglieder meiner Reisegruppe drehten die Köpfe, um einen Blick auf diesen seltsamen Mann zu erhaschen, der anhob, auf Rumänisch zu singen.

Ein kollektiver Ruf brandete ihm entgegen: »Ballerbus, Ballerbus!«

»Ballerbus, Ballerbus«, skandierte er zurück. Die Gruppe hatte ihn akzeptiert…

Nach einer weiteren Stunde hielten wir in einer ländlichen Gegend, wo vier Männer am Straßenrand warteten. Sie nahmen die letzten verbliebenen Sitze ganz hinten im Bus ein. Sie sahen aus, als hätten sie gerade einen harten Tag voller körperlicher Arbeit hinter sich. Und nun waren sie in der letzten Sitzreihe eines Ballerbusses gelandet, der heiß genug war, um Eier zu braten, direkt hinter einem Mann, der behauptete, die INKARNATION DES TEUFELS zu sein, umringt von elf betrunkenen, pöbelnden Ausländern, die irische Trinklieder grölten und einem, der mit Ohrenstöpseln still vor sich hin brodelte.

»ICH BIN LUZIFER, HÖRT MEIN BRÜLLEN!«, schrie die Inkarnation des Teufels.

Ich stöhnte. Jetzt wusste ich, dass es solche Augenblicke waren, für deren Vergessen ghanaischer Schwarzgebrannter gemacht war.

»Hast du irgendwelche Medikamente?«, fragte ich Paul, der neben mir saß. »Ich könnte einen Mord begehen für ein paar Schlaftabletten.«

»Ich hab Valium. Das entspannt die Muskeln. Vielleicht hilft das.«

In diesem Moment hätte ich alles ausprobiert. Meine Muskeln fühlten sich extrem verspannt an. Ebenso wie mein Gehirn. Vielleicht weil es von dem Grillofen über mir geröstet wurde.

»ICH WERDE EUCH TÖTEN, ICH WERDE EUCH ALLE TÖTEN!«, schrie die Inkarnation des Teufels.

Chris hob seine Bierdose: »Darauf trink' ich einen.«

Eine neue Runde »Ballerbus, Ballerbus, Ballerbus« folgte. Jack stand auf, um die außer Betrieb befindliche Toilette zu benutzen. Als er wieder auf seinen Sitz plumpste und nach dem Rest seines Rotweins griff, sagte er: »Tja, Jungs, wenn sie vorher nicht außer Betrieb war, dann ist sie es jetzt!«

Zwei Reihen vor mir wurde Davids Kopf sichtbar. Ich hatte ihn seit etwa einer Stunde nicht mehr gesehen, weil er an verschiedenen Körperteilen Anne-Sophies angedockt gewesen war. »Jungs, ich habe noch einen: Wer würde in einem Kampf zwischen einer Mongolenhorde und vierhundert Bären gewinnen?«

Der Moldawier aus der Mitte des Busses war mittlerweile eine Art Wortführer der einheimischen Bevölkerung geworden. Obwohl er die Sprache der Menschen, mit denen er verhandeln wollte, nicht beherrschte, stand er erneut auf und versuchte sich in Diplomatie.

»Schhh. Nein!«, rief er laut und hielt einen Finger vor seinen Mund. »Schhhhhhhhhhhhhhhhhhhhhhhh!«

Die Gruppe jubelte und machte sich so lange über ihn lustig, bis er sich wieder setzte. Vor mir lagen nur noch acht Stunden Leidenszeit. Es war gut, dass der weise alte Weltenbummler nicht hier war, um das zu erleben. Wiederholt schlug ich meinen Kopf gegen die Scheibe, in der Hoffnung, irgendwie das Bewusstsein zu verlieren.

Und dann hielt der Bus plötzlich. Ich hatte es gewusst: Nun würde man uns rauswerfen. Darauf wartete ich, seit wir eingestiegen waren. Allerdings konnte ich durch das Fenster keinerlei Gebäude erkennen. Aber der Busfahrer blieb auf seinem Platz sitzen. Stattdessen erhoben sich die vier Bauern vom Rücksitz, sammelten ihre Habseligkeiten ein und begaben sich zum hinteren Ausgang. Ich freute mich für sie – nun waren sie endlich erlöst –, und es tat mir leid, dass sie das alles hatten durchmachen müssen. Doch dann gaben sie auf ihrem Weg nach draußen jeder Sitzreihe einige Worte auf

Rumänisch mit auf den Weg – und das mit einem Lächeln im Gesicht.

Die Inkarnation des Teufels übersetzte: »Der Mann wünscht Ihnen ein gutes Leben«, als der erste der Bauern an unserer Reihe vorbeikam.

Die Reihe vor mir bekam ein »Er hofft, dass Ihre Reise unbeschwert und ertragreich ist«. Eher unwahrscheinlich.

Und die vordere Reihe erhielt: »Möge Eure Ernte reichlich sein.«

Das war einfach zu viel für mich. Ich lachte hysterisch – gefesselt und gleichzeitig abgestoßen von dem, was ich sah, und immer noch darauf wartend, dass die Wirkung des Valiums endlich einsetzte. Der letzte der vier Bauern trat vom Bus auf die leere Straße hinaus. Durch das Fenster sah ich, wie sie uns zuwinkten, während der Bus sich entfernte. Offensichtlich handelte es sich um Engel, die zu gut und zu rein waren für diese Welt.

»Nette Burschen«, sagte Jack, »waren mir gleich sympathisch.«

»UND DAS FEUER DER HÖLLE BRENNT HEISS HEUTE NACHT«, skandierte die Inkarnation des Teufels. Er meinte vermutlich den Bus. Der war definitiv heiß und höllisch. Ich hätte mich bestimmt köstlich über diese Szene amüsiert, wenn ich sie in einem Buch gelesen hätte. Doch ich steckte mittendrin, während mir der Schweiß den Rücken hinunterlief, Ohrenstöpsel in meinen Gehörgängen steckten und ich mich darauf konzentrierte, nicht reisekrank zu werden. Ich hasste meine Mitreisenden und ihre Oberflächlichkeit, ihre Art zu reisen, die nur darin bestand, all die Dinge, die sie sonst zu Hause taten, im Ausland zu tun. Ich hasste es, dass ich in diesem schrecklichen Bus festsaß und auch noch weitere acht Stunden lang hier festsitzen würde. Ich dachte an den alten Weltenbummler. Sah so meine Zukunft aus? Und wichtiger noch: Warum war dieser Bus meine Gegenwart?

Reisen – das klingt doch eigentlich romantisch, aufregend und abenteuerlich. Doch größtenteils ist es einfach nur ermüdend und ebenso sehr Routine, wie daheim zu sein. Eine neue Stadt, ein neues Hotel, du kommst an, versuchst dich zu orientieren, versuchst ein Lokal zu finden, in dem du zu Mittag essen kannst, versuchst Kontakte zu knüpfen – und dann das Gleiche noch einmal fürs Abendessen. Du erklimmst die Treppen eines hohen Gebäudes und schießt ein paar Fotos. Dann packst du wieder ein, fährst an den nächsten Ort und machst das Gleiche noch mal. Du hast das Gefühl, dass du eine Liste von Erfahrungen abarbeitest, weil du physisch präsent bist an einem Ort, an den du nicht gehörst. Aber es geht nie um diesen Ort, es geht immer um die Menschen, die du dort triffst. Wenn jemand sagt: »Ich hatte eine gute Zeit in X« oder »Ich liebe Y«, meint er eigentlich »Ich habe nette Leute getroffen in X und Y«.

Mein Leben war bereits voller großartiger Menschen. Zu Hause, in Berlin. Dort hatte ich auch eine Freundin, die mich liebte und die auf mich wartete, manchmal sogar geduldig, während ich mich auf einer Art Suche befand nach – ehrlich gesagt, ich wusste selbst nicht mehr recht, nach was. Ich glaube, es war in erster Linie der Versuch, meinem Schicksal davonzulaufen. Nicht zuzugeben, dass ich älter wurde, dass meine Freunde Häuser kauften, Familien gründeten, Karriere machten und in ihrem Leben vorankamen, während ich mit Valium bedröhnt zusammen mit DER INKARNATION

DES TEUFELS in einem Nachtbus nach Bukarest saß, wo ich etwas über einen weiteren Diktator (Ceaușescu) erfahren wollte.

Ich war jahrelang gereist, hatte ein Fünftel der Welt »besucht« – und war ich dadurch irgendwie weiser geworden? Ich machte Erfahrungen, aber ich fühlte sie nicht. Sie waren bloß Material, das ich irgendwann in der Zukunft benutzen würde. Reisen war nicht mehr als eine Ablenkung. Mein Leben hatte sich festgefahren, und meine wiederentdeckte Reiselust hatte mir geholfen, ihm zu entfliehen. Um den Preis, dass das Pendel zu weit in die andere Richtung ausgeschlagen war. Die Lösung war ein Problem geworden.

Ich legte meinen Kopf in einen Flecken Kondenswasser an der Fensterscheibe. Ich musste etwas ändern. Doch davor würde ich noch ein weiteres Mal aufbrechen müssen. Auf eine Reise, die ich seit einem Jahrzehnt vor mir herschob.

Und ich öffnete eine Kiste, auf der geschrieben stand: »Kindheitstrauma – nicht öffnen!«

Thetford (England): Sushi-Joghurt-Calzone, Legal Highs, Beerdigungen, Heimkehr

Ich bin im englischen Provinzstädtchen Thetford in Norfolk aufgewachsen. Norfolk liegt in East Anglia – es ist der geschwulstartige Klumpen, der aus Englands knochiger rechter Hüfte herausragt. Wenn Ihnen ein Engländer einen Witz erzählt, der damit endet, dass jemand mit seinen Nutztieren Sex hat, geht der Witz ziemlich sicher auf Kosten von Norfolk. Thetford ist von dichtem Wald umgeben, als hätte jemand versucht, es zu verstecken. Nachdem ich die ersten achtzehn Jahre meines Lebens dort verbracht habe, kann ich diese Möglichkeit durchaus nicht ausschließen.

Man sagt über Thetford, dass es »ein bisschen rough« ist und das ist ungefähr so, als würde man ein Känguru »ein bisschen sprunghaft« nennen. Ließe man einen Joghurtbecher drei Tage lang in der Sonne stehen, würde dieser ähnlich viel Kultur hervorbringen wie Thetford in seiner tausendjährigen Geschichte.

Wenn Sie mit dem Auto durch Thetford fahren, vielleicht auf dem Weg zu einem hübscheren und wohlhabenderen

Ort, könnten Sie bei einem Blick aus dem Fenster auf die Idee kommen, dass ich übertreibe. Tatsächlich wirkt Thetford wie eine vollkommen normale Kleinstadt, mit all den vollkommen normalen Dingen, die eine solche benötigt: Menschen, Backsteinhäuser, Parks, Kreisel und eine Domino's-Filiale. Doch in Thetford ist aus diesen für sich genommen gut bekömmlichen Zutaten etwas Ungenießbares geworden – wie eine Sushi-Joghurt-Calzone. Und spätestens, wenn etwas laut krachend auf Ihrer Windschutzscheibe landet und Sie sich zu Tode erschrecken, werden Sie wissen, dass ich recht habe. Es dürfte sich dabei um ein Wurfgeschoss handeln, das die Kinder auf dem angrenzenden Feld auf die Reise geschickt haben: einen Stein vielleicht oder eine gebrauchte Windel – oder eine Sushi-Joghurt-Calzone. Gerade noch dachten sie, dass die Kinder schön miteinander spielen, doch bei näherer Betrachtung erkennen Sie, dass sie in Wirklichkeit eine Katze quälen.

Soweit ich weiß, hat es Thetford nur dreimal in die landesweiten Nachrichten geschafft. Das erste Mal war, als die *Sun* auf ihrer Titelseite Thetford als Englands »*Dogging*«-Hauptstadt outete. So nennt man es, wenn sich fremde Menschen auf Parkplätzen treffen, um anonym Sex zu haben. Gegenstand nationaler Berichterstattung zu sein war für unsere kleine Stadt ein aufregendes Ereignis. Hier war es schon etwas Besonderes, wenn der Wind die Richtung wechselte und den Dung von den umliegenden Feldern in die Nasen der Anwohner blies. Doch nun waren wir plötzlich bekannt. Nicht nur das – es gab etwas, bei dem wir die Besten waren! Und das war nicht die Kleinkriminalität!

Es war *das* Gesprächsthema, ob im *Red Lion*-Pub oder bei *Fry's Fish and Chips*. Ja, wir hatten einen Fish-and-Chips-

Laden. Ich aß mindestens zweimal die Woche dort. Es war köstlich. Man traf sich sogar zum ersten Date im *Fry's*. Dann bestellte man ein *Chip Butty* (das sind Pommes frites im Brötchen, Pommes allein haben schließlich nicht genug Kohlenhydrate) und teilte es sich draußen im Auto. Richtige Restaurants, wo man sich an einen Tisch setzte und von einem Kellner bedient wurde, fanden wir unglaublich dekadent. Das war höchstens was für Geburtstage, Jubiläen und unerwartete Lottogewinne. Wir waren auf geradezu arrogante Weise proletarisch – was eigentlich Etikettenschwindel war, denn es waren nur wenige Thetforder im traditionellen, anstrengend-körperlichen Sinn »Arbeiter«. Viele widmeten sich einfach nur ihrem Alkoholismus, dem Essen von Fish and Chips und dem Quälen von Katzen. Die restlichen Einwohner schienen sich mit einer Mischung aus Diebstahl, Sozialleistungen und dem Ignorieren ihrer finanziellen Notlage über Wasser zu halten.

Thetford bekam ein zweites Mal nationale Aufmerksamkeit, als es im Buch *Crap Towns* als einer von Englands schlimmsten Orte aufgeführt wurde. Das war nun wirklich ein Fest und fast noch besser, als zu erfahren, dass wir die Dogging-Kapitale waren – wenn auch weniger segensreich für die städtischen Einnahmen aus Parkgebühren. Natürlich wussten wir längst, dass wir in einer der beschissensten Städte des Landes lebten, dafür brauchten wir kein dämliches Buch. Was sich bei uns übrigens auch nicht besonders gut verkauft hat, denn dafür gab es hier – von der Lektüre zerknüllter Wettscheine mal abgesehen – einfach zu wenige eifrige Leser. Wir hatten zwar eine Bücherei, die wurde jedoch in erster Linie als ein warmer Ort genutzt, an dem man die ohnehin schon beeindruckende Rate der Teenager-

Schwangerschaften noch ein bisschen weiter anheben konnte (den Rekord würden wir auch noch knacken).

Zum dritten Mal schaffte es Thetford in die Nachrichten, als England bei der Fußball-EM 2004 gegen Portugal spielte und im Elfmeterschießen verlor. Anschließend kam es im Stadtzentrum zu Unruhen, bei denen Hooligans einen von Portugiesen betriebenen Pub angriffen. Zu diesem Zeitpunkt hatte das Schengener Abkommen zehntausend Immigranten vor allem aus Polen und Portugal zum Arbeiten in die Fabriken der Stadt gelockt, mit der Folge, dass Thetfords Einwohnerzahl um fünfzig Prozent und die Fremdenfeindlichkeit um tausend Prozent gestiegen war.

Ich tat es der Mehrzahl unserer neuen Mitbürger gleich und begann mit sechzehn Jahren für den fürstlichen Lohn von 2,80 Pfund pro Stunde in der örtlichen Fabrik für türkischen Honig zu arbeiten. Anderswo ein Hungerlohn, doch für Thetford absolut stattlich – schließlich kosteten Chip Butties hier gerade mal 80 Pence. Es war ein guter Job, und er machte mir Spaß. Unter meinen Kollegen war ein früherer Zuhälter, der in mir sofort den unschuldigen, leicht zu beeindruckenden Jüngling erkannte, und er begann umgehend, mich mit seinen schmutzigen Geschichten zu verderben. Er hatte einen besonderen Fetisch dafür, unter gläsernen Beistelltischen zu liegen und zuzuschauen, wie ... aber lassen wir das. Leider gehen, wie das Sprichwort sagt, alle guten Dinge irgendwann einmal zu Ende, und auch meine Karriere am Fabrikfließband fand ihr Ende, als eines Nachts das Streichholz eines Zündlers unsere Fabrik in Schutt und Asche legte.

Wir waren nicht nur im Dogging spitze – auch in Sachen Brandstiftung konnte uns keiner was vormachen. Ein paar

Jahre zuvor hatte es sogar jemand geschafft, das städtische Hallendbad niederzubrennen. Nein, auch ich hab das nie so ganz kapiert. Nicht alles in Thetford ist erklärbar, brennbar jedoch ist wirklich alles.

Als Jugendlicher hatte ich nur ein Ziel: Ich wollte alt genug werden, um Thetford endlich verlassen zu können. Mein Schulweg glich jeden Tag einem öffentlichen Spießrutenlauf voller Spott und Prügel. Ich sah neidvoll zu den Erwachsenen auf und konnte es nicht erwarten, endlich einer von ihnen zu sein. Sie konnten sich einfach in ein Auto oder einen Zug setzen und Thetford hinter sich lassen. Wie von Zauberhand.

Mit neunzehn ging mein Wunsch in Erfüllung: Ich verließ die Stadt, um zu studieren. Seit diesem Tag habe ich alles darangesetzt, Thetford zu vergessen. Ich packte all meine Erinnerungen in eine Kiste und schob sie ganz weit nach hinten, in das hinterste Regal meiner Erinnerungen, das hinter einem dicken Vorhang in der dunkelsten Ecke meines Gedächtnisses verstaubte. Die Kiste trug die Aufschrift »Kindheitstrauma – nicht öffnen!«.

Was natürlich die Frage aufwirft, warum ich an einem regnerischen Frühlingstag, ziemlich genau ein Jahrzehnt nach meinem letzten richtigen Besuch in dieser Stadt, in einem Zug Richtung Thetford saß. Ich weiß, dass die Rückkehr des Reisenden in seine Heimatstadt ein ziemliches Klischee ist. Doch ich hatte mich nicht aufgemacht, weil ich mir dort ein hübsches, kleines Wohlfühl-Ende erhoffte. Ich war einfach das nagende Gefühl nicht losgeworden, dass, wenn es ein Ende gab, der Weg dorthin ziemlich sicher über Thetford führte. Immerhin hatte ich alle meine Bewältigungsstrategien hier erlernt: keine Emotionen zeigen, sich hinter Witzen verstecken, weglaufen, sobald es ernst wird, die Vergangenheit behandeln wie einen Knochen, der vergraben werden muss. Alles Verhaltensmuster, die dafür gesorgt hatten, dass Dinge wie Freundschaften, Jobs und das Übernehmen von Verantwortung bei mir nie von großer Dauer waren. Thetford war der Ground Zero all meiner Charakterfehler.

Im Zug aus Cambridge bildete das Geräusch des Regens, der gegen die Scheiben prasselte, den perfekten Hintergrund für meine brütende und düstere Stimmung. Ich sah diesem Trip mit mehr Besorgnis entgegen als jeder meiner anderen Reisen. Hier war es nicht das Unbekannte, das mich beunruhigte, es war das Bekannte, aber Ungeliebte.

Der Zug fuhr in den sogenannten Bahnhof von Thetford ein. Er sah in jeder Hinsicht aus, wie ich ihn in Erinnerung hatte. Der Pub nebenan – *The Railway* – stand da wie und eh je und hatte immer noch den gleichen Namen, genau wie der Kiosk etwas weiter die Straße hinunter, in dem ich als Kind oft war, und das Hotel, das direkt hinter dem unverändert gebliebenen Fußgängerüberweg lag. Wenn schon diese Dinge waren wie eh und je, dann hatte sich alles andere sicher auch nicht geändert, oder? Der Regen nahm an Stärke zu. Meine Befürchtungen ebenfalls.

Ich näherte mich dem hintersten Regal – dem mit den verdrängten Kisten. Schweren Schrittes stapfte ich in Richtung Fußgängerzone, wo mein Hotel lag. Es war wie ein Schock, als meine Augen auf das *Star OK Kebab* fielen, eine Institution in Thetford. Wann immer der schlaksige, picklige Fünfzehnjährige mit den bunten Ben-Sherman-T-Shirts, der ich in meiner Jugend gewesen war, ausging, hatte der Abend bei *Star OK* geendet. Einem Tempel der Gastronomie, dessen Name ungefähr so viel Sinn ergab wie unsere Entscheidung, dorthin zu gehen. Also keinen. Es war ein Ort, dessen Existenz ich völlig vergessen hatte – doch dann, in der Sekunde, als meine Augen darauf fielen, öffneten sich die Kisten und Dutzende lang verdrängter Erinnerungen strömten heraus: das Kotzen vor der Tür, die regelmäßigen Schlägereien, ein Mann, der mir Pommes an den Kopf warf, als ich mit Schulfreunden auf der Kirchenmauer gegenüber saß. Der Laden schien exakt die gleiche Neonschrift, Raumaufteilung, Innenausstattung und Speisekarte zu haben wie früher – eingefroren in der Zeit.

Mein Hotel war ein altes englisches Gasthaus namens *The Bell*, einen Pommeswurf vom *Star OK* entfernt. In meiner Jugend hieß es, dass es in dem Haus spukte. Die junge Frau an der Rezeption behauptete, nichts davon zu wissen. Vielleicht waren Geister nicht gut fürs Geschäft. Sie sollten stattdessen mit der Nähe zum *Star OK* werben. Als ich mir im Bad die Hände wusch, entdeckte ich sofort eine weitere englische Eigenheit neu – getrennte Kalt- und Warmwasserhähne, aus denen je kochend heißes und eiskaltes Wasser läuft. Am Ende formte ich mit den Händen eine Schale und schwenkte zwischen den Hähnen hin und her. Als ob ich ein sinkendes Rettungsboot ausschöpfen wollte. Verrückt.

Von meinem Zimmer aus blickte ich auf eine Baustelle, auf der, wie die Rezeptionistin mit kaum verhohlenem Stolz verkündet hatte, ein neuer Shoppingkomplex mit »Drei-Leinwand-Kino« entstand. *Star OK* mochte in einer Zeitschleife gefangen sein, doch andere Dinge in Thetford entwickelten sich. Eine weitere Erinnerung blubberte an die Oberfläche: Anfang der Neunzigerjahre gab es eine Zeitlang ein Kino in der Stadt. Einen Monat nachdem es mit großem Trara eröffnet hatte, ging ich mit meinem Freund Kevin Mleczek hin, um mir *Die Beverly Hillbillies sind los!* anzuschauen. Inzwischen fast so was wie ein Kultfilm. Als wir ankamen, fanden wir Türen und Fenster mit Brettern vernagelt vor. Wie ein Unternehmen so viel Geld verlieren kann, dass es innerhalb weniger Wochen nach seiner Eröffnung die Pforten schließen muss, ist mir bis heute ein Rätsel. Vielleicht hatte jemand gedroht, das Kino niederzubrennen – oder der Bürgermeister hatte Angst, dass wir mit einem Kino unseren Status als »*Crap Town*« verlieren könnten.

Nach dem Mittagessen machte ich einen langen Spaziergang am Ufer der Little Ouse, die direkt hinter dem Hotel vorbeifloss. Ich folgte ihr aus der Stadt heraus und stellte mich gedanklich auf toxischen Klärschlamm, verrostete Einkaufswagen, mutierte Fische und Heroinsüchtige ein. Was ich fand, waren Enten, Schwäne und die dichten Vorhänge von Trauerweiden. Es war, ich wage kaum, es niederzuschreiben, *hübsch*. In meinem Kopf war Thetford immer nur Prollhausen: ein Ort, an dem man jede Andeutung von Fortschritt in den Hinterhof zerrte und so lange mit Fußtritten malträtierte, bis er versprach, sich an den gescheiterten Status quo zu halten.

Vor dem Ein-Pfund-Laden umarmten sich zwei Betrunkene und bedachten sich mit herzhaften Flüchen. *Na also,* dachte ich. *Jetzt geht gleich die Schlägerei los. So kennen wir Thetford.* Aber die beiden schlugen nicht aufeinander ein, sondern ließen sich mit einer Dose Billigbier auf einer Bank nieder, wo sie still beieinandersaßen. Als eine Gruppe Teenager an mir vorbeiging, zuckte ich unwillkürlich zusammen – ich hatte einen Moment lang völlig vergessen, dass in meinem Alter die Zeiten armseliger Cliquenkriege und Mobbing endgültig vorbei waren. Für diese Kids war ich jetzt ein stinknormaler, langweiliger Erwachsener.

Überall sah ich die Spuren schleichender Gentrifizierung: Den Busbahnhof hatte man abgerissen, ein paar hundert Meter weiter neu erbaut und ihm das vornehme Etikett »Bus Interchange« verpasst. Auch die Highschool war umbenannt worden und firmierte nun unter der prestigeträchtigeren Bezeichnung »Academy«. Ich sah die Stadt neu. Ein attraktiver Ort, mit Reetdächern, unberührten Wäldern und einer Geschichte.

Also war das Thetford, das ich jahrelang verleumdet und gemieden hatte, gar nicht so schlimm? Ich hatte mir immer was darauf eingebildet, meine Meinung ändern zu können, wenn man nur den zwingenden Beweis für meinen Irrtum erbrachte. Hier war nun der Beweis. Das musste ja nicht bedeuten, dass mir Thetford auch gefiel.

Ich ging weiter auf die Suche nach Dingen, die ich kritisieren konnte. Plan- und ziellos streifte ich durch Neubaugebiete, die aussahen, wie aus einem Katalog zusammengestellt. Ich besuchte den Tesco-Supermarkt, in dem ich auch mal an der Kasse gejobbt hatte. Ich hatte erwartet, bekannte Gesichter zu sehen, konnte aber nur eines entdecken. Als ich es anlächelte, war klar, dass man mich nicht wiedererkannte. Ich weiß nicht, warum ich das erwartet hatte. Schließlich war ich sehr alt geworden. Und kahl.

Mein Spaziergang war wie eine Art Meditation: Sobald ich spürte, dass meine Gedanken in die Zukunft schweiften, packte ich sie sanft am Kragen und lenkte sie zurück in die Vergangenheit. Ich ging zu dem Kiosk, für den ich ein paar Jahre lang sieben Tage die Woche um 6.30 Uhr aufgestanden bin, um mit dem Austragen von Zeitungen 32 Pfund im Monat zu verdienen. Rückblickend betrachtet: ein klarer Fall von ausbeuterischer Kinderarbeit. Doch wo einst der Kiosk gestanden hatte, war nun ein indisches Restaurant.

Ich starrte auf das Restaurant und musste an das beißende, billige Aftershave von Malcolm denken, den launischen Kiosk-Betreiber, als hinter mir plötzlich ein Auto hupte. Ich drehte mich um und sah meine Tante hinterm Steuer, die auf dem Rückweg von ihrer Arbeit war. Zwar sind meine Eltern und Geschwister schon vor langer Zeit aus Thetford weggezogen, doch ich habe immer noch Verwandte in der Stadt, Familienmitglieder, die ich aus den genannten Gründen nicht oft sehe.

»Dachte ich doch, dass du das bist«, sagte sie durch die offene Beifahrertür. »Wie ich darauf bloß gekommen bin. Was machst du denn hier?«

Darauf hatte ich keine sonderlich überzeugende Antwort.

Wir fuhren zu ihrem Haus, das nur ein paar Straßen entfernt lag, und sie berichtete mir in Schnellfeuergeschwindigkeit von den entfernteren Zweigen unseres Familienstammbaums – von Geburten, Hochzeiten und Todesfällen. Familien sind wie Eisberge – das meiste spielt sich unter der Oberfläche ab: Es wird viel geredet, aber nicht alles ausgesprochen. Ich erfuhr, dass mein Onkel Graham, den ich zwanzig Jahre lang nicht gesehen hatte, inzwischen extrem fett und UKIP-Mitglied war. Genau wie Jim, der Rassist.

»Er hat manchmal furchtbare Ansichten, ich schalte immer ab, wenn er zu reden anfängt.« Meine Tante arbeitet als Beraterin für Sozialleistungen bei der Stadtverwaltung. Sie hatte einen harten Arbeitstag am Bürgertelefon hinter sich. »Wenn du wüsstest, was da draußen vor sich geht, Ad. Das System bevorzugt immer die Falschen.«

Onkel Paul döste auf dem Sofa. Er ist seit siebzehn Jahren durch Fibromyalgie, das sind chronische Muskelschmerzen, praktisch ans Haus gefesselt. Er verbringt seine Zeit mit der

Lektüre von Geschichtsbüchern und Kriegsspielen am Computer.

»Du musst geistig aktiv bleiben. Das ist das Schwere«, sagte er, als ich in fragte, wie er trotz seines Hausarrests immer positiv blieb. »Die Einsamkeit, nun ja, daran gewöhnt man sich.«

Ähnlich positiv war er in seinem Urteil über Thetfords Entwicklung. »Das *Premier Inn* wird noch mal erweitert. Deine alte Highschool, na, die würdest du nicht wiedererkennen. Thetford ist wirklich auf dem Weg nach oben.« Das sagte er mit einer Befriedigung, die man eher bei einem Menschen erwartet hätte, der ein wenig aktiver an dieser Entwicklung mitgewirkt hat – einem Manager vielleicht oder einem Berater ... oder einem Managementberater. »Von dem neuen Kino hast du gehört, oder?«

Ich hatte. Jeder war aufgeregt wegen des neuen Kinos, was bedeutete, dass es fast unweigerlich eine Riesenenttäuschung werden würde.

Meine Tante besuchte jeden Tag meine Oma, die zwei Häuser weiter wohnte. Als ich sie dorthin begleitete, erfuhr ich, dass meine Oma am folgenden Tag ihren fünfundneunzigsten Geburtstag feiern würde. Wir trafen sie im Wohnzimmer ihres kleinen Bungalows, wo sie in eine dicke grüne Wolldecke gehüllt einen Thriller las. Da sie mich nicht erwartet hatte, machte sie übertrieben »oooh«. Vermutlich wollte sie von der Tatsache ablenken, dass sie Schwierigkeiten hatte, sich an meinen Namen zu erinnern. Es ist immer ein komisches Gefühl festzustellen, dass man die eigene Oma so selten sieht und sie nun nicht mehr genau weiß, ob du jetzt Adam oder Anthony bist. Während für dich selbst ihr Geburtstag total überraschend kommt.

»Was machst *du* denn hier?«, begrüßte sie mich.

Wie die meisten älteren Menschen hat meine Oma keine Schwierigkeiten damit, Zeit mit ihrer Vergangenheit zu verbringen. Sie fing sofort an, mir von Menschen zu erzählen, die ich nie getroffen hatte und die möglicherweise gar nicht existierten oder tot waren. Vielleicht auch beides. Ihre Anekdoten liefen wild durcheinander und kollabierten schließlich ohne erkennbares Ende in einem wilden Chaos.

»Hat Opa dir mal erzählt, wie sie sein Herz auf dem Operationstisch neu starten mussten?«

Ich stöhnte. »Ja, Oma. Jedes Mal, wenn ich ihn gesehen hab.«

Außerdem erzählte er seine Geschichte dem Mann, der die kostenlosen Zeitungen austrägt, und, wenn es sich ergab, auch wildfremden Passanten.

Mit Hilfe ihres Gehbocks stand sie auf und machte sich auf den Weg ins Schlafzimmer – ausgesprochen munter für eine Person ihres Alters, wie ich nun, da ich ihr Alter kannte, sagen konnte. Sie kramte in ihrem Nachttisch herum.

»Das letzte Mal, als ich dich gesehen habe, hast du nach Opas Beerdigungsdings gefragt.«

»Hab ich das?« Ich konnte mich nicht erinnern. Wie konnte sich eine Fünfundneunzigjährige an Dinge erinnern, die ein Jahr zuvor passiert waren, während ich, der ich nur ein Drittel so alt war, es nicht konnte? Oder erfand sie das alles?

»Eigentlich müsste es hier drin sein, wenn ich es nicht verloren habe. Ah, hier ist es.« Sie reichte mir ein ledergebundenes Buch. Es war das Beerdigungsprogramm meines Opas. Wir setzten uns auf die Couch und schauten es gemeinsam durch. »Nicht schlecht für neunundachtzig, was?«, fragte sie und starrte auf das grobkörnige Schwarzweißfoto auf der ersten Seite.

»Nein, Oma. Er war sehr gutaussehend.«

Ich war nicht auf seiner Beerdigung, weil ich zu der Zeit auf Reisen war, in Laos oder Kambodscha, glaube ich, und ich wollte nicht heimkommen.

Mir fiel auf, dass auf der Trauerfeier eine Menge Kirchenlieder gesungen worden waren.

»War Opa gläubig?«, fragte ich.

Sie holte Luft. »Ja. *Ich* glaube, dass er es war.«

Meine Tante, die hinter ihr stand, schüttelte vehement den Kopf.

»Ich habe nie einen Christen gesehen, der so fluchen konnte wie dein Opa«, sagte sie, als wir später zurück zu ihrem Haus gingen. »Sie ist gläubig, deshalb redet sie sich ein, dass er es auch war. Sie schreibt einfach die Geschichte in ihrem Sinne um. Opa war am Ende genauso. Wenn ich's recht bedenke: Er war eigentlich immer so.«

Damit sind die beiden nicht allein. Wir alle erzählen die Geschichte unseres Lebens so, wie es uns passt, geben uns die Hauptrolle bei unseren Erfolgen und die eines Statisten im Hintergrund, wenn es um unsere Misserfolge geht. Unter meiner Regie hatte die Geschichte meiner Provinzjugend das Genre gewechselt und war zu einem Horrorfilm mutiert, in dem ich auf der Flucht vor einer Armee Zombie-Proleten war.

Am nächsten Tag ging ich zu meiner alten Schule. Die meisten schlechten Erinnerungen an Thetford kreisten um die traumatische Zeit, die ich dort verbracht hatte. An einer Schule, in der Mobbing und unfähige Lehrer an der Tagesordnung waren, wenn wir denn einmal richtige Lehrer hatten. Wo man alles tat, um dazuzugehören. Denn der Preis dafür, anders zu sein, war hoch. Man zahlte mit Schlägen, Tritten und einem bizarren Ritual, das »*Bushing*« genannt wurde und darin bestand, in dornige Büsche gestoßen zu werden. Der beste Tag meines Lebens war mit ziemlicher Sicherheit der, an dem ich zum letzten Mal durch die Pforten dieser Institution ins Freie trat.

Mein Onkel hatte recht, ich erkannte die Schule nicht wieder. Rechter Hand stand eine vertraute Backsteinstruktur, die zu meiner Zeit das Kunstgebäude gewesen war und nun von einem riesigen neuen, holzverkleideten Todesstern umgeben war, der mindestens fünfzehnmal so groß war. Diese neue »Akademie« sah regelrecht wohlhabend aus. Ich ging weiter, bevor zu viele weitere Erinnerungen in mir hochkamen. Und weil nur eine Minute weiter die Straße runter *Fry's Chip Shop* war.

Einmal drinnen, musste ich ungläubig feststellen, dass die Chip Butties ihren Preis auf straßenräuberische 1,60 Pfund verdoppelt hatten. Ich bestellte dennoch einen, mehr aus Nostalgie denn aus Hunger. Der Mann hinter der Theke nahm ein gebuttertes helles Brötchen aus einer Tupperdose und stopfte es mit Pommes voll.

Das schaff ich nie, dachte ich.

Er schaufelte eine weitere großzügige Portion obendrauf.

Das werde ich definitiv nicht schaffen.

Dann folgte eine dritte Ladung.

»Genug?«, fragte er.

»Ja. Mehr als genug.«

Er reichte mir das Ergebnis über die Theke – und weil ich nicht erwartet hatte, dass es das Gewicht eines Kleinkindes haben würde, ließ ich es beinahe fallen. Die Aufräumarbeiten hätten Wochen in Anspruch genommen. Zum Glück konnte ich es gerade noch auffangen. Ich schaffte es, sechs der lauwarmen, matschigen Pommes zu essen, bevor ich den Rest wegwarf. Es war mir ein Rätsel, wie irgendjemand das für eine ordentliche, nahrhafte Mahlzeit halten konnte. Und vor allem, wie ich es einmal gekonnt hatte.

Ich wanderte zurück ins Stadtzentrum, wo ich mit meinem früheren besten Freund Dan verabredet war, dessen Hochzeit vor ungefähr drei Jahren ich zu Annetts großem Verdruss geschwänzt hatte. Ich hatte ein wenig Bedenken davor, eine Tür wieder zu öffnen, die ich mit einer meiner schroffen Entfreundungs-E-Mails so krachend zugeschlagen hatte. Wir hatten seitdem keinen Kontakt mehr gehabt. Treffpunkt war der Pub, der nach Englands Elfmeterdebakel attackiert worden war. Wie alles andere in England gehörte auch er inzwischen einer Kette an und war renoviert, vergrößert und fade. Dan kam mit zehnminütiger Verspätung durch die Tür geschlendert. Wir erkannten uns sofort, auch wenn er seit unserem letzten Treffen vor etwa acht Jahren in Leipzig ziemlich zugelegt hatte. Ein förmlicher Händedruck erschien zu wenig und endete in einer unbeholfenen Umarmung.

»Gut, dich zu sehen, Fletch«, sagte er, als er sich auf einen der hohen Barhocker gesetzt hatte, »aber warum jetzt?«

Darauf hatte ich keine sonderlich überzeugende Antwort.

Ich erzählte ihm von meinen Reisen und meinem letzten Trip in die Vergangenheit. Ich konnte sehen, dass er noch nicht überzeugt war, darum lenkte ich das Gespräch in das sichere Fahrwasser seines Jobs. Dan war seit zwölf Jahren Gefängniswärter. Die letzten drei waren wegen einer Gesetzeslücke im Hinblick auf die sogenannten *Legal Highs* besonders schrecklich gewesen. Wenn jemand *illegale* Rauschmittel über die Gefängnismauern warf, war das eine sehr effektive Methode, umgehend selbst hinter Gitter zu wandern, doch für legale Rauschmittel galt das nicht. Und Legal Highs waren eben Rauschmittel, bei denen im Unterschied zu illegalen Substanzen ein oder zwei Moleküle verändert waren und daher, bis das Gesetz auch sie als illegal klassifiziert hatte, verkauft werden durften. Wie Dan berichtete, hatte es im Gefängnishof regelrecht Legal Highs geregnet. Die Gefangenen wussten nicht, was sie einwarfen, trotzdem verschuldeten sich viele bei ihren Dealern, um das Zeug zu bekommen. Einige reagierten harmlos auf die unbekannten Drogen, andere wurden gewalttätig oder nahmen Überdosen und starben einfach. Dan drehte den Kopf zur Seite und zeigte mir die Seite seiner Nase, die kürzlich gerichtet werden musste: Ein Gefangener war auf ihn losgegangen und hatte sie dreifach gebrochen.

»Er war von irgendwas total zugedröhnt.«

»War das das erste Mal, dass jemand dich angegriffen hat?«

Dan gluckste. »Nein, das passiert dauernd. Es war allerdings das erste Mal, dass jemand so gut getroffen hat. Nein, Kumpel, die machen alles Mögliche, um dich zu provozieren. Pinkeln in einen Becher und werfen ihn durch den Türschlitz. Werfen Scheiße nach dir. Kürzlich kam ein Gefangener zu einem meiner Kollegen und sagte: ›Ich bin dafür bezahlt worden, dich anzugreifen‹, zog ein Rasiermesser aus der Tasche und schnitt dem armen Teufel diagonal übers Gesicht.«

Während der ersten anderthalb Stunden war unsere Unterhaltung ein wenig kühl. Dan war reserviert, doch nach dem dritten Bier wurde er langsam locker und fläzte sich nachlässig auf seinen Barhocker. Er war wohl inzwischen zu der Überzeugung gelangt, dass ich keine unlauteren Absichten hatte und wir uns trotz der jahrelangen Trennung immer noch gut verstanden. Wir scherzten, zogen uns gegenseitig auf – in dieser typisch englischen Art, die gleichzeitig beleidigend und liebevoll ist. So hangelten wir uns von Thema zu Thema.

Auf einmal wurde Dans Gesicht ernst: »Fletch, tut mir leid, aber ich muss das mal ansprechen. Was war eigentlich los bei meiner Hochzeit?«

Ich wand mich auf meinem Hocker, der plötzlich Dornen zu haben schien. »Ich ... ich weiß nicht«, stammelte ich und schaute auf die Theke. »Ich dachte einfach, es wäre so am besten. Eine Freundschaft kann doch nicht nur auf der Vergangenheit aufbauen, oder?«

Er setzte sich auf. »Warum sollte unsere Freundschaft das tun? Ich weiß, ich bin immer noch hier und hab immer noch den gleichen Job, aber ich hab mich doch auch verändert.«

Ich hatte mich noch nie mit einem Empfänger meiner Entfreundungs-E-Mails getroffen. Mehr noch, dank meines Talents, ausschließlich in der Zukunft zu leben, hatte ich den Menschen, die ich derart chirurgisch aus meinem Leben entfernt hatte, nie einen weiteren Gedanken gewidmet. Und nun saß einer davon auf dem Barhocker neben mir und nahm mir diese Erfahrung offenkundig immer noch übel.

»Ich weiß. Es tut mir leid. Ich bin sicher, die Nachricht kam viel schroffer rüber als beabsichtigt.«

Dan zögerte. »Tja ... Ich kenn dich, du warst schon immer sehr direkt, wahrscheinlich ist das auch der Grund, warum du Deutschland so magst. Ich glaub, andere fanden es schon sehr schroff.«

Ich wand mich noch ein wenig, es war das mindeste, was

ich tun konnte. Dan nippte am Rest seines Bieres. »Wir hatten eine gute Verbindung und ich fand es traurig, dass du sie einfach so gekappt hast.«

Ich nickte, trank schneller, um Schritt zu halten, und murmelte etwas, das Fehlverhalten und Schuld andeutete, ohne ein direktes Eingeständnis zu sein. Dan hatte recht, er hatte sich verändert. Ebenso wie Thetford. Ich hatte das ausgeblendet. Weil ich an dem Tag, als ich gegangen war, *Pause* gedrückt hatte, war für mich alles so geblieben. Doch natürlich war die Zeit hier auch ohne mich weitergelaufen.

»Komm«, sagte Dan und stand von seinem Hocker auf. »Ich will dir ein paar Leute vorstellen.«

Dan hatte mittlerweile einen kleinen Sohn, Noah. Er hatte ein Haus gekauft, nur wenige Grundstücke von unseren Elternhäusern entfernt. Als wir ankamen, saß Noah im Wohnzimmer und schaute einen Zeichentrickfilm an. Er war gerade mal elf Monate alt. Mit seinen sympathischen Falten sah Noah ein bisschen aus wie ein alter Mann, und so wirkten die unsicheren Schritte, die er stolz in unsere Richtung unternahm, als wäre Laufen eine Fähigkeit, die er so langsam vergaß – und nicht gerade erst entdeckte.

Wir aßen zusammen zu Abend, saßen im Garten, tranken zu viel Wodka-Cranberry (unser alter Drink – noch etwas, das ich lange vergessen hatte –, für den Dan extra eingekauft hatte). Seine Frau Amy arbeitete ebenfalls im Gefängnis. Die beiden erzählten Geschichten, die kein bisschen weniger verrückt und unterhaltsam waren als jene, für die ich Tausende Kilometer gereist war. Dabei berichteten sie nicht nur aus dem Gefängnis, sondern auch von Leuten, die Dan und ich kannten: von One-Night-Stands und daraus resultierenden Schwangerschaften, von Ehen, die durch Untreue beendet wurden, von Spielsucht und Alkohol. Von Menschen, die erwachsen wurden und solchen, die stur die gleichen blieben, von Soziopathen, Fußballmamis und von Kindern, so vielen Kindern. Dan und Amy erwähnten ihre Hochzeit noch mindestens sechs Mal und ärgerten mich damit so lange, wie ich es vertragen konnte. Ich entschuldigte mich noch einmal aufrichtig bei ihnen und wurde vor Verlegenheit ganz rot. Jetzt bereute ich es. Ich hätte dabei sein sollen. Gegen elf standen wir auf und umarmten uns erneut, diesmal mit echter Herzlichkeit.

»Es war schön«, sagte Dan. »Das nächste Mal wartest du nicht so lange, okay?«

»Das werde ich nicht«, versprach ich. Ich meinte es ernst.

Am nächsten Morgen stand ich am »Bus Interchange«, um ins etwa fünfzig Kilometer entfernte Newmarket zu fahren, wo meine Eltern und meine Schwester jetzt leben, nur ein paar Straßen voneinander entfernt. Die zwei Tage in Thetford waren wirklich erfreulich, und anders als befürchtet war es kein bisschen deprimierend. Ich war nicht mehr der picklige und verwirrte Teenager von damals. Ebenso wenig war Thetford so grässlich und verkommen, wie ich es gern behauptete. Vermutlich hatte ich einfach ein schlechtes Gewissen gehabt, weil ich nie hingefahren war. Dabei war Thetford eine in jeder Hinsicht gewöhnliche Kleinstadt: nicht das Beste, was England zu bieten hat, aber sicher auch nicht das Schlechteste.

Ist Thetford es wert, in ein Buch über Reisen an seltsame Orte aufgenommen zu werden? Unbedingt. Es ist seltsam, weil der Mensch ein sehr seltsames Wesen ist. Ein eigenartiges Gebräu, gemacht aus Verwirrungen und Wahnvorstellungen, Hoffnungen, Träumen und Neurosen, unerwiderter Liebe und verdrängten Traumata, Aberglauben, Verdrängung, Ehrlichkeit, Humor, Ernsthaftigkeit und Freundlichkeit. Aus unerfindlichen Gründen war ich davon ausgegangen, dass die Menschen hier keine interessante Geschichte hatten. Schließlich lebten sie freiwillig an dem Ort, wo sie geboren worden waren, sie hatten dem Drang widerstanden, in eine anonyme und verschmutzte Großstadt zu fliehen. Das war dumm von mir. Und letzten Endes war das Einzige, das mich an meiner Rückkehr gehindert hatte, ich selbst.

Und nicht nur das: Ich war wieder mal allein unterwegs, während Annett daheim in Berlin war. Das letzte Jahr unserer Beziehung war das bisher schwerste gewesen. Als die Zeit gekommen war, dafür zu kämpfen hatte ich mich aus der Affäre gezogen. Es hatte Schwierigkeiten gegeben, und ich hatte reagiert, wie ich es immer tat – indem ich wegrannte. So hatte sich eine Spirale in Gang gesetzt: Mein kontraproduktives Verhalten verschärfte das eigentliche Problem nur, mein Drang zu fliehen und mich in etwas Anderem, etwas Neuem zu verlieren, wurde stärker. Wie lange würde es dauern, bis Annett in einem meiner Kartons verschwand?

In der letzten Zeit war ich immer wieder lange im Ausland. War ich in Berlin, war ich Gefangener eines nagenden Gefühls, das ich nie wirklich benennen konnte. Es war wie eine stärkere und hartnäckigere Form von *FOMO, Fear Of Missing Out:* die Angst, etwas zu verpassen. Eine laute und nervige Trommel, die unablässig in meinem Kopf schlug und mich an all die Frauen erinnerte, mit denen ich nicht ausgegangen bin, all die Städte, in denen ich nicht gewohnt habe, all die Stempel, die in meinem Pass noch fehlen, all die Erfahrungen, die ich nicht gemacht habe, die Menschen, die ich nicht getroffen und die Geschichten, die ich noch nicht gehört habe. Je mehr ich mich davon ablenken ließ, desto lauter wurde das Geräusch.

BUMM, BUMM: Du wirst älter.

BUMM, BUMM: Es gibt noch etwas Besseres irgendwo da draußen.

BUMM, BUMM: Lauf, such das Weite, bring dich in Sicherheit.

BUMM, BUMM: Die Zeit wird knapp.

BUMM, BUMM, BUMM.

»Der Lockruf des Neuen«, so würde ich es nennen.

Doch dieses Gefühl ist eine Täuschung. Es ist nur meine Einbildung, die mich in ein imaginäres, idealisiertes Eldorado lockt, wo die Sonne niemals untergeht, das Leben wenig kostet und Kultur im Überfluss vorhanden ist. Die mich Forschungspraktika in Eritrea machen und die Möglichkeiten für Öko-Hotels in Bolivien ausloten lässt. Die dazu führte, dass ich in einem Boot auf der Donau von der Gischt durchnässt wurde, gemeinsam mit anderen Menschen, die an den gleichen Symptomen litten und versuchten, ein neues Land zu gründen, wo, allen Erfahrungswerten zum Trotz, alles anders wäre.

Das wäre es nicht.

Ein Leben ohne Verpflichtungen *ist* ein egoistisches Leben. Die religiösen Menschen, die ich auf meinen Reisen getroffen hatte – Christen, Moslems, Mormonen, Hare-Krishna-Jünger, Juden, Buddhisten, rassistische Dichter –, wussten das. Die Verpflichtungen, die Einschränkungen, die Abstinenz und Rituale, die ihr Glauben ihnen abverlangte, verliehen ihrem Leben Sinn. Erst wenn man bereit ist, für eine Sache Opfer zu bringen, erkennt man ihren Wert. Das ist es, was dein Leben emporhebt, was dir hilft, das Signal deines Lebens von dem Hintergrundrauschen zu unterscheiden. So wie Monogamie eine Beziehung mit einem besonderen, heiligen Akt erfüllt, den man nur miteinander und mit niemandem sonst vollzieht. Der Lockruf war Hintergrundrauschen.

Ich war bereit, meine Prioritäten zu setzen: mich für Berlin, für Annett, für meinen Job als Schriftsteller und für mehr Zeit mit meiner Familie zu entscheiden, statt einem überromantisierten und illusorischen *Neuen* nachzulaufen. All das wollte ich nun Annett beweisen. Und darum kaufte ich ihr auf dem Rückweg nach Berlin etwas, von dem ich nie gedacht hatte, dass ich es einmal kaufen würde.

> **»Lasst uns unsere Politik,
> alle Menschen zu bewaffnen und
> das ganze Land in eine Festung zu
> verwandeln, vollständig umsetzen!«**[*]

Pjöngjang (Nordkorea): nordkoreanischer Döner, Massentänze, zwo Brüda

Ich setzte mich an den Küchentisch und wartete mit Blick auf die Tür auf Annetts Rückkehr. Sie war noch arbeiten. Vor mir auf dem Tisch stand eine kleine rechteckige Schachtel. Mit zwei Fingern trommelte ich ungeduldig auf die Tischplatte.

Annett hätte längst zu Hause sein müssen.

Ich hörte den Schlüssel im Schloss und eine sich schließende Wohnungstür. Dann der Ruf aus dem Flur. Zwei Schritte später stand sie in der Tür unserer Wohnküche, den Blick auf die Post in ihrer Hand. Sie sah mich aus den Augenwinkeln und schrie auf.

»Hast du mich vielleicht erschreckt! Was sitzt du denn hier wie eine Statue?«

Ihr Blick fiel auf die Tischplatte. Ein erschrockener Ausdruck breitete sich auf ihrem Gesicht aus.

---

[*] Das ist ein echter Partei-Slogan. Er erklärt eine Menge von dem, was im Folgenden berichtet wird.

»Was ist das?«, fragte sie und zeigte auf die eingepackte Schachtel vor mir.

Ich schlug einen ernsten Ton an. »Setz dich hin, Annett.«

»Oh Gott. Jetzt nennst du mich sogar beim Namen? Warum? Was ist denn los?«

»Wir müssen reden.« Ich zeigte keine Emotionen.

Sie ließ ihren Rucksack auf den Boden fallen. »Jetzt?«

»Jetzt.«

Ihr Atem ging flach und rasch. »Oh Gott. Was ist das? Das ist doch kein ...?«

Annett saß auf ihrem Stuhl. Es hatte ihr die Sprache verschlagen.

»Du Mistkerl«, murmelte sie noch.

Wir behandelten unsere Beziehung eigentlich wie einen Toaster, den man in einem Preisausschreiben gewonnen hat: vielleicht nicht unbedingt das, wovon man immer geträumt hatte, aber da er nun schon mal da war, gar nicht so schlecht. Sicherlich nicht die normale Art und Weise, mit der man an eine Beziehung herangeht, aber für uns funktionierte das. Und es nahm dem Ganzen ein wenig den Druck.

»Ich weiß, die Dinge zwischen uns waren in letzter Zeit nicht immer optimal«, begann ich, »und du hast mich gefragt, wie es weitergeht mit unserer Beziehung ...«

Ich machte eine Pause und holte dramatisch Luft. Ich reizte den Moment bis zum Letzten aus. »Ich glaube, es ist für uns an der Zeit, den nächsten Schritt zu gehen ...«

Annett versuchte, mir in die Augen zu sehen, schaffte es aber nicht. Ihr Gesicht war abgewandt, doch sie warf mir verstohlen kurze Blicke zu. Wie jemand, der zu viel Angst hat, sich einen Horrorfilm anzuschauen, aber gleichzeitig nichts von der Handlung verpassen will.

»Oh Gott, oh Gott, oh Gott. AAAAAAH. Nein. Warum?«

Mit beiden Händen schob ich die Schachtel über den Tisch zu ihr hin.

Sie wand sich auf ihrem Stuhl, als würde mit jedem Wort die Temperatur auf der Sitzfläche um fünf Grad steigen. Ich war sicher. Ich war bereit. »Ich will, dass wir den nächsten Schritt machen. Öffne die Schachtel.«

Zögernd griff sie nach der Schachtel, die in silbernes Geschenkpapier eingeschlagen war. »Ich kann nicht glauben, dass du das tust«, sagte sie, während sie das Papier öffnete und den Inhalt enthüllte. Ein paar Tränen liefen ihr über die Wangen. Sie las die Worte auf der Schachtel, langsam, als seien sie in einer fremden Sprache geschrieben: »*Pet Rock?*«

Es waren weder das Schmucketui noch der Ring, den sie erwartet hatte.

Ich nickte: »Pet Rock.«

Sie öffnete die Schachtel und fand darin nicht die Sorte Stein, die man sich an den Finger steckt, sondern einen, wie man ihn im Garten findet – einen ganz gewöhnlichen kleinen grauen Stein. Pet Rock war als Spaßweihnachtsgeschenk Mitte der Siebziger Jahre ein großer Hit. Es ist eigentlich nur ein Stein. Dazu gibt es eine Leine (zum Gassi führen) und ein Buch, das erklärt, wie man ihn pflegen muss.

»Unser erstes gemeinsames Haustier!«, schwärmte ich. »Ich glaube, wir sind so weit, dass wir gemeinsam die Verantwortung für ein kleines Wesen übernehmen können.« Jetzt brach ich in Lachen aus und genoss meinen gemeinen Streich. »Damit unsere kleine Familie wächst.«

Als Annett endlich akzeptiert hatte, dass es wirklich nur ein Stein war und es keine weiteren Tricks geben würde, entspannte sie sich.

»Du Arsch. Du riesengroßer Arsch.« Sie nahm den Stein in die Hand und tat so, als würde sie ihn nach mir werfen. »Wie kannst du mir so etwas antun? Ich dachte, du willst mir einen Antrag machen. Oh Gott«, sagte sie und wischte sich mit dem Ärmel über die Augen. »Das wäre schrecklich gewesen. Wow, was für eine Erleichterung.«

»Ich weiß, aber das Ganze hatte auch einen Grund.« Hier zögerte ich, weil ich die drei Worte aussprechen wollte, die mir in jeder Sprache der Welt am unangenehmsten sind: »Du hattest recht. Ich hab in den letzten Jahren Peter Pan gespielt und mich geweigert, erwachsen zu werden. Die Fahrt nach Thetford hat mir gutgetan«, fuhr ich fort. »Ich sage nicht, dass ich mich geändert habe und dass du in *allem* recht hattest. Aber mir ist klargeworden, dass diese Geschichten, denen ich an allen möglichen verrückten Orten hinterherjage … nun, ich hab begriffen, dass es genauso viele tolle Storys hier gibt. Ich hab auch verstanden, dass es gut ist, für die Dinge, die einem wichtig sind, Opfer zu bringen. Der leichte Weg wird schnell langweilig, und er endet in einem einsamen Leben. Ich denke, was meinen Reisedrang angeht, bin ich kuriert, zumindest im Moment.«

Ich erzählte Annett vom Lockruf des Neuen. Sie hörte geduldig und verständnisvoll zu. Nein, sie hörte diesen Lockruf nicht. Zumindest nicht oft. Sie legte Pet Rock wieder in seine Schachtel zurück.

»Mir gefällt es, dass du nach Abwechslung suchst, das macht die Beziehung mit dir interessant. Jedes Mal, wenn du ein Buch liest, hast du plötzlich ein ganz neues Weltbild, auch wenn es nach einer Woche wieder vergessen ist.«

Ich nickte. »Also, du kannst jetzt zusagen für alle Hochzeiten, Familienfeiern und gesellschaftlichen Verpflichtungen, zu denen du mit mir gehen willst. Du brauchst mir nichts davon zu sagen, trag einfach alles in meinen Kalender ein.

»Okay«, sagte sie überrascht.

Ich stand auf, ging zum Kühlschrank, entfernte einen Magneten und kam mit unserer Berliner To-do-Liste zurück. Einer Liste, auf der wir in unseren fünf Jahren in der Stadt gerade einmal einen Punkt abgehakt hatten.

»Für unsere nächsten Trips«, sagte ich und schaute über die Liste, »kannst du aussuchen ...«

Sie zog die Nase kraus. »Nein. Die Sachen auf dieser Liste bringen uns nicht weiter. Ich hab's wirklich vermisst, zusammen mit dir unterwegs zu sein. Ich hab eine viel bessere Idee, wo wir hinfahren könnten. Fahren wir nach Nordkorea.«

Ich hatte gerade einen Schluck getrunken und musste plötzlich heftig husten: »Nordkorea???!!!«

»Ja. Warum nicht?« Ihre Augen funkelten kampfeslustig. »Wir reden doch schon seit Jahren davon. Wir lesen Artikel darüber und schauen uns Dokumentationen an. Wenn du an verrückte Orte fahren willst, dann ist das der verrückteste von allen. Vielleicht ist Nordkorea das letzte fehlende Puzzleteil, das du brauchst für deine Formel der Menschlichkeit oder was auch immer das jetzt war ...«

Ich hatte meine Formel der Menschlichkeit völlig vergessen. Es fehlte ihr nach wie vor ganz entschieden an Größe, an Inhalt ... eigentlich an allem. Annetts Vorschlag lag zwischen uns wie eine Avocado. Ich nahm sie in die Hand, drehte und betrachtete sie aus jedem denkbaren Winkel und suchte nach Mängeln. Flüge nach Nordkorea sind alles andere als ein Schnäppchen. In diesem Fall war die Frage, die sich mir stellte, eher *Warum* als *Warum nicht*.

»Vielleicht ist es da ja langweilig«, sagte ich. »Du weißt, dass sie dich nur sehen lassen, was sie dich sehen lassen wollen, oder?«

»Genau wie überall sonst auch«, konterte sie. »Abgesehen davon ist auch interessant zu erfahren, wie sie sich entscheiden.«

Ich rieb mir übers Kinn, als wäre ein Geist darin verborgen. »Vielleicht«, räumte ich ein, »aber wir müssen mit einer Menge Statuen rechnen. Und einer Menge Verbeugungen.«

»Damit kann ich leben.«

»Okay, dann werde ich mal recherchieren.«

Ich war nicht mehr besonders wild aufs Reisen. Das Gesetz der sinkenden Erträge konnte man auch darauf anwenden, das hatte ich inzwischen erkannt. Jetzt, da ich meinem Lockruf einen Namen gegeben hatte, freute ich mich schon darauf, ihn in einen Karton zu packen und in die hinterste Ecke meines Bewusstseins zu verbannen, wo ich ihn nie wieder hervorholen würde. Ich freute mich auf mein Sofa. Auf den Park und den bevorstehenden Sommer. Auf Freunde. Aufs Schreiben. Aber Annetts Entscheidung stand fest, und ich war ihr etwas schuldig für all ihre Pläne, die ich durchkreuzt hatte (ganz zu schweigen von den Plänen, die ich mich geweigert hatte, auch nur in Betracht zu ziehen) und für all die Gelegenheiten, bei denen ich sie an Orte geschleppt hatte, an die sie eigentlich gar nicht wollte.

Außerdem wäre ein Reisebericht über verrückte Orte, in dem Nordkorea nicht vorkommt, wie ein Kompass ohne Norden. Das Einsiedlerkönigreich ist das letzte wirklich isolierte Land der Welt und deswegen auch einer der am wenigsten besuchten Orte überhaupt. Ein Land ohne Kontrolle der Macht, ohne Demokratie, ohne Rede- und Informationsfreiheit. Eine Diktatur, die dem eisernen Willen einer Familie von legendär bösartigen Größenwahnsinnigen unterworfen ist: den Kims. Nordkorea oder – um die offizielle (und widersprüchliche) Bezeichnung zu gebrauchen – die Demokratische Volksrepublik Korea hatte bisher lediglich drei Herrscher: den *Ewigen Präsidenten* Kim Il-sung (1948–1994), seinen Sohn, den *Großen Führer* Kim Jong-il (1994–2011) und seit 2012 dessen Sohn, den pausbäckigen *Marschall* Kim Jong-un.

Genauso ungewöhnlich wie das Land selbst ist es, sich als Tourist dort aufzuhalten. Man muss jederzeit einen Führer bei sich haben. Den kann man sich persönlich engagieren, das ist allerdings unverschämt-sämtliche-Ersparnisse-vernichtend-teuer. Oder man schließt sich einer Gruppenreise an, was das Bankkonto lediglich stark in Mitleidenschaft zieht. Wir entschieden uns für eine zehntägige Gruppenreise eines chinesischen Reiseveranstalters und überwiesen tausendfünfhundert Euro pro Nase an ein Bankkonto in China. Dieser Teil war einfach. Weitaus schwieriger war es, aufgrund meiner Tätigkeit als irgendwie-Teilzeit-Schriftsteller, das paranoideste Land der Welt davon zu überzeugen, mir ein Visum auszustellen.

Der Reiseveranstalter meldete sich dann auch aus Beijing, um mich darüber zu informieren, dass die Nordkoreaner Bedenken hatten, einen Schriftsteller ins Land zu lassen. Ich versuchte, sie damit zu beruhigen, dass ich kein besonders guter Schriftsteller bin. Aber das schien nicht zu helfen. Wieder musste ich Formulare ausfüllen. Dann teilte mir der Reiseveranstalter mit, dass die Nordkoreaner alle Formulare gelesen, die ISBN-Nummern meiner Bücher überprüft und sich schließlich entspannt hatten. Ich würde ein Visum bekommen.

Wir fuhren nach Nordkorea!
Da wir über China einreisten, ging es, in Beijing angekommen, ohne Umschweife zur Informationsveranstaltung unserer Reiseagentur. Der Raum, den sie dafür gemietet hatte, befand sich über einem Restaurant, hatte keine Klimaanlage und glühte in der Augusthitze. Mit uns waren es gut fünfzig Reisende und sechs westliche Reiseführer. Da wir das Land zum siebzigsten Jahrestag der Befreiung von japanischer Kolonialherrschaft besuchen würden, war die Gruppe außergewöhnlich groß. Es gab Gerüchte über Militärparaden und Massenaufführungen. »Der Wahnsinn wird auf hundertachtzig gedreht sein«, sagte ein hochgewachsener australischer Reiseführer namens Tristan. Die Touristengruppe applaudierte und jubelte begeistert. Wir waren hier für Wahnsinn. Wir waren hier für hundertachtzig.

Dann schnallten wir uns die Rucksäcke auf den Rücken und rollten unsere Koffer zum Beijinger Hauptbahnhof, wo wir den Nachtzug zur chinesisch-koreanischen Grenze bestiegen. Die Fahrt sollte dreiundzwanzig Stunden dauern: vierzehn allein in diesem Zug, der uns bis zur chinesischen Grenze in Dandong bringen würde, wo es mit einem nordkoreanischen Zug nach Pjöngjang weiterging. Es war schön, Annett wieder dabeizuhaben. Ich hatte jemanden, mit dem ich reden konnte, und es war beruhigend zu wissen, dass dieser jemand eine Person war, die immer besser informiert und vorbereitet war als ich. Als würde man mit einem lebendigen Google reisen, das man auch noch umarmen konnte.

Unsere Gruppe verteilte sich auf mehrere Waggons. Keiner von uns konnte wirklich fassen, dass es tatsächlich wahr wurde: Wir reisten nach Nordkorea. Für manche war es eine Laune, ein Spaß, eine gute Story für den Pub, für andere wiederum der Höhepunkt jahrelanger intensiver Recherchen und Studien über ein Land, das zweifellos zu den seltsamsten unseres Planeten gehört. Die Hälfte von uns blieb die vollen zehn Tage, der Rest hatte nur fünf Tage gebucht. Jeder wollte von den anderen wissen, warum sie sich zur Reise nach Nordkorea entschlossen hatten – beziehungsweise in die »DVRK«. Unsere westlichen Reiseleiter legten uns diese Bezeichnung nahe, denn unseren nordkoreanischen Betreuern würde es respektlos erscheinen, wenn wir ihr Land Nordkorea nannten. Immerhin ist es nach ihrer Überzeugung das einzige Korea – also das Zentrum und nicht der Norden von etwas anderem.

Ein Zugbegleiter kam mit einem Karren Snacks und Spirituosen in unseren Waggon, der schon wenig später weder das eine noch das andere enthalten sollte. Angeregt durch den unerwartet erbeuteten Alkohol fingen wir an, Kontakte zu knüpfen. Bald war einer der Reiseleiter, ein Engländer namens Rob, ziemlich beschwipst, und wir scharten uns um ihn wie die Enkel um Großvaters Schaukelstuhl. Nur dass dieser Großvater betrunken war und großen Wert darauf legte, uns über seine hervorragenden Verbindungen in Kenntnis zu setzen:

»Also ich kenne diesen Typ. Kanadier, okay?«, begann er. »Spricht fließend Koreanisch, arbeitet als Übersetzer. Er hat Kim Jong-un viele Male getroffen.«

Ungläubiges Gemurmel. Den Marschall persönlich?

»Wie auch immer. Keine große Sache.«

Ich sah plötzlich Gregor vor mir.

»Auf jeden Fall sagt er, beim letzten Mal, das war auf irgendeiner Sportveranstaltung, okay, hat Kim Jong-un ihn zur Seite genommen. Und dann hat er erzählt, dass er das

Land öffnen will, um die Situation der Menschen zu verbessern.«

»Glaubst du, dass er so schlimm ist, wie er in den Medien dargestellt wird?«, fragte ein Australier namens Simon.

Rob lachte höhnisch: »Mann, den Medien kann man nicht trauen!«

Alle lachten. Die Medien. Ha! Als ob ...

Rob zerdrückte seine leere Bierdose. »Ich denke, er wird ziemlich missverstanden. Ich glaub, er ist eigentlich gar kein schlechter Kerl.«

Zumindest, so lange man seine Entwaldungspolitik nicht in Frage stellt. Artikel in den (nicht vertrauenswürdigen) Medien an diesem Morgen berichteten, dass Kim Jong-un gerade einen seiner ranghöchsten Berater für genau dieses Vergehen von einem Erschießungskommando hatte hinrichten lassen.

»Wespen«, sagte Rob als Nächstes. »Hat einer von euch schon mal Wespen gegessen?«

Das hatte keiner.

»Die sind klasse. Nicht zäh. Die sind knusprig durch und durch. Köstlich. Ich bin chinesischer als die meisten Chinesen, Mann. Ich weiß, wovon ich rede.«

Es mag durchaus sein, dass Rob wusste, wovon er redete, allerdings hatte er mittlerweile Schwierigkeiten, es auszusprechen.

»Hat einer von euch schon mal vom nordkoreanischen Döner gehört?«

Auch davon hatten wir noch nichts gehört. Wir waren solche Armleuchter.

»Ich bin also in Rasŏn, das ist im Nordosten. Besoffen, ich hab zu viel Bier und Soju intus. Wir stehen einfach da, ich und dieser koreanische Reiseleiter, in der Küche dieser Bar.

Toller Kerl, ich kenn ihn wirklich gut ...« *Rülps.* »Wo war ich? Ach so.« *Hicks.* »Äh. Was? Ah. Also ... plötzlich greift der Bursche nach oben und holt sich zwei rohe Eier aus einem Regal. Eins für mich, eins für ihn. Dann sticht er mit einem Stäbchen in sein Ei, hält es an den Mund und macht dieses furchtbar laute Sauggeräusch.«

Wir verliehen unserem Unglauben hörbar Ausdruck.

»Ich denk so: Meint der Typ das ernst? Na, was soll's. Ich steck das Stäbchen rein und versuch's. *Nordkoreanischer Döner.*«

Der hörbare Ausdruck unseres Unglaubens wurde lauter.

»Hey, macht es nicht schlecht, bevor ihr es nicht selbst probiert habt! Immerhin war es gut genug für Rocky.«

Ich hatte Angst, dass die Zugfahrt zum Schampus-Express degenerieren könnte. Immerhin war es wieder eine Gruppenreise – mit dem gleichen Veranstalter wie bei meinem Transnistrien/Moldawien-Debakel. Die Entscheidung, erneut bei ihm zu buchen, hatte in erster Linie damit zu tun gehabt, dass er nur etwa halb so teuer war wie die Konkurrenz. Wobei es ohnehin nur etwa fünf Unternehmen gibt, die Reisen nach Nordkorea organisieren.

Doch zum Glück war das hier eine ganz andere Gruppe als in Osteuropa, reifer und mit mehr Interesse an unserem Reiseziel. Wir legten uns zu einer sehr respektablen Uhrzeit ins Bett, wenn auch nicht viel Schlaf dabei herauskam. Als die ersten Sonnenstrahlen durch die dünnen blauen Vorhänge des Zuges drangen, hatten wir die chinesische Seite der Grenze erreicht.

»Nur damit ihr Bescheid wisst: Die Security hier ist echt chaotisch«, sagte unser irischer Reiseleiter Jack.

Ja, es war genau dieser Jack: wortgewaltig, trinkfest und

fluchend wie ein Seemann. Zuerst war ich nicht besonders erfreut, ihn wiederzusehen, doch bislang war sein Benehmen nicht zu beanstanden. Nordkorea war seine Tour, Transnistrien für ihn dagegen nur eine einmalige Sache, also fast eine Art Urlaub gewesen. Hier war er für mehr Leute verantwortlich und – nun ja, mit Nordkorea sollte man es sich besser nicht verscherzen. Wenn er einen Fehler machte, würde man ihn des Landes verweisen. Oder schlimmer. Er musste also mehr Verantwortung übernehmen. Jack trank weniger, und er fluchte sogar weniger. Okay, ein bisschen weniger.

Mit seiner Warnung hatte er nicht unrecht. In China gingen Umstieg und Grenzübertritt mit jeder Menge Hin-und-her-Gerenne, Drängeln und Schlangestehen einher. Jetzt wusste ich wieder, warum ich nicht gerne in China Urlaub mache. Man fühlt sich wie eine Henne aus Freilandhaltung, die Ferien in einer Legebatterie macht.

Nach einer Stunde hatten wir es geschafft: Wir stiegen in unseren adretten schwarzen Zug aus Nordkorea. Er ruckelte langsam vorwärts, überquerte den schmalen Fluss Yalu, der China von Nordkorea trennt, und das war's: Wir waren drin. Allerdings standen uns noch die Einreiseformalitäten auf nordkoreanischer Seite bevor.

»Vergesst alles, was ihr gehört habt, Jungs. Sie werden die Nordkoreaner wie verrückt kontrollieren. Euch? Nö.«

Die Tür unseres Waggons öffnete sich, und ein Haufen DVRK-Grenzbeamter trat ein. Die Männer und Frauen trugen unpraktische große Mützen, an denen man ihren Rang ablesen konnte, und fingen an, das Gepäck der nordkoreanischen und chinesischen Reisenden zu durchsuchen. Dreißig Minuten später schlurfte einer der Beamten – vorbei an sich drängelnden Menschen und wackligen Gepäcktürmen – zu uns rüber.

In unserem Waggon teilten sich sieben Mitglieder unserer Reisegruppe zwei der unteren Kojen. Der Beamte setzte seine große Mütze ab, legte sie auf die Koje über uns und wischte sich mit dem Unterarm den Schweiß von der Stirn. Er sah aus, als habe er diesen ganzen Grenzschutz-Unsinn gründlich satt. Draußen waren es mindestens fünfunddreißig Grad, im vollgestopften Zug eher noch mehr. In der Tür erschien eine Frau – ihre Mütze war ein Zehntel kleiner als seine – und übergab ihm einen Stapel mit unseren Pässen und Einreiseformularen.

»Flwetcher?«, las er den Namen aus dem obersten Pass ab.

»Ja.«

»Telefwon?« Ich zeigte ihm mein Handy.

»Biebli?« Damit war ich überfordert. Ich schaute zu Jack.

»Bibel«, übersetzte er.

»Ach so. Nein, keine Bibel.«

»Buchi?« Ich zeigte ihm meinen Kindle.

Der Beamte drehte ihn vorsichtig in der Hand hin und her, als sei er etwas, das ich aus Tschernobyl herausgeschmuggelt hatte. Dann gab er ihn vorsichtig zurück. Bis jetzt alles kein Problem.

»Tasche?«

»Ja.« Ich zog meine Tasche unter der Koje hervor, auf der ich saß.

Er tätschelte sie wie einen Hund, von dessen friedfertigem Äußeren er nicht hundertprozentig überzeugt war.

»Was drin? Kleiders?«

Ich war ziemlich sicher, dass das offizielle Procedere nicht vorsah, dass er mir die Antworten vorgab. »Ja, Kleiders.«

Er lächelte. »Ah, Kleiders.« Dann drehte er die Tasche um

und zeigte auf die jetzt obenliegende Seite. »Kleiders?«, fragte er wieder.

»Ja, Kleiders«, bestätigte ich erneut.

Er stellte die Tasche zurück unter den Sitz. Das war absurd. Was ist das Gegenteil von Paranoia? Wie immer man es nennt: Das hier war es. Er seufzte unter dem Gewicht seiner Mütze, drehte sich um und nahm das nächste Einreiseformular vom Stapel.

»Kleiders« war tatsächlich das Sesam-öffne-Dich für die Einreise. Nachdem er unsere Taschen überprüft hatte, ohne sie zu öffnen, lagen als Letztes noch unsere Laptops auf der mittleren Koje. Sie warteten auf die Ankunft eines DVRK-Technik-Experten. Wenn zutraf, was wir online gelesen hatten, würde er umgehend alle Laufwerke löschen und anschließend den ganzen Haufen Laptops verbrennen wie im Mittelalter die Hexen. Als der Experte erschien, war ich neugierig, wie er in einem vollgestopften Zug mit bestimmt hundert weiteren Laptops unsere sieben Exemplare gründlich durchsuchen wollte. Auf die Antwort musste ich nicht lange warten. Er fing damit an, den Laptop eines Filipinos zu öffnen, der mit uns Gruppe reiste.

»Die Philippinen haben gute Beziehungen zu den USA«, sagte Jack. »Deshalb checken sie die gründlicher.«

Ich schaute dem DVRK-Experten über die Schulter. Er öffnete den Ordner »Meine Videos«. Dort fand er ein paar Filme, die er stichprobenartig durchklickte. Ich nahm an, dass er nach Pornographie suchte, die ist in Nordkorea verboten. Anschließend ging er dann auf *Start, Suche* und tippte »Interview«.

Ich fand es erstaunlich, dass es – unter all den Dingen aus der Außenwelt – ausgerechnet *The Interview* war, dass ihnen

Angst machte: eine schlechte amerikanische Komödie mit Seth Rogen und James Franco, in der es um die Ermordung Kim Jong-uns durch die CIA geht. Wenn man den Verschwörungstheorien im Internet glauben durfte, hatte der Film das Regime so erzürnt, dass man sich bei Sony einhackte und als Rache für dieses Machwerk eine ganze Menge peinlicher persönlicher Informationen veröffentlichte. Die nordkoreanische Führung war wahrhaftig nicht berühmt für ihren Sinn für Humor, allerdings galt das auch für *The Interview*.

Der Suchlauf des IT-Experten förderte nicht den Film, dafür aber einige andere, wenig überraschende Dokumente zutage, die mit Job-Interviews zu tun hatten: einen Lebenslauf, ein Anschreiben, eine Excel-Tabelle. Der Experte klickte sich durch und schloss den Laptop wieder. Dann ging er weiter zur nächsten Kojenreihe, wo der nächste Stapel Laptops auf ihn wartete. Die Laptops von uns Restlichen blieben ungeöffnet und ungecheckt. Vor meinem Flug nach Israel war mir mehr Paranoia begegnet. Nach weiteren fünfundvierzig Minuten voller undurchsichtiger bürokratischer Albernheiten verabschiedeten sich unsere raffiniert bemützten Freunde. Unser Zug stöhnte entschuldigend auf, bevor er sich in Bewegung setzte und weiter in das Eremitenkönigreich hineinrumpelte. Wir waren drin im (angeblich) verschlossensten Land der Welt. Der Zug beschleunigte auf beeindruckende fünfunddreißig Stundenkilometer.

»Fährt der Zug so langsam, damit wir alles besser sehen können?«, fragte der Filipino.

Jack lachte. Er schien Spaß an seinem Job zu haben. Vor den Fenstern präsentierte sich eine üppige, beinahe neongrüne Landschaft. Ein Land, scheinbar unbeeinträchtigt von den üblichen menschlichen Schandflecken wie Kraftwerke, Einkaufszentren oder Irish Pubs. Die Aufregung unter den Reisenden war mit Händen zu greifen. Zu diesem Zeitpunkt wurde alles als fotogen empfunden, schon allein, weil es nordkoreanisch war.

Ein Feld. Ein Holzmast. Knips. Klick. Beweis. Wir waren hier!

Annett und ich grinsten uns an, glücklich, dass wir dieses Abenteuer gemeinsam erlebten.

Wir warteten darauf, unseren ersten Blick auf die »Lieben Führer« zu erhaschen, wie man die Kims hier nennt. Im Zug befanden sich viele Nordkoreaner auf dem Weg nach Hause. Annett und ich konnten nicht anders, als auf die roten Anstecker mit den Bildern ihrer Führer zu starren, die sie auf ihren Herzen trugen.

Wir wollten die Lieben Führer. Das hatte man uns doch versprochen.

Und dann erschienen sie uns. In der dritten Stadt, die wir passierten, wir waren vielleicht seit einer Stunde unterwegs, sahen wir auf einem Hügel ein riesiges Wandgemälde, das den Ewigen Präsidenten Kim Il-sung (kurz: K1) und den Großen Führer Kim Jong-il (K2) zeigte: Die beiden standen auf einem Feld und blickten auf das Städtchen zu ihren Füßen.

Jong, ein Mitreisender, der Halbschwede und Halbchinese war, schaffte es nicht rechtzeitig, seine Kamera hervorzuziehen und ärgerte sich, das Motiv verpasst zu haben.

Jack lachte erneut. »Mach dir keine Sorgen, Kumpel. Wenn du hier wieder rauskommst und zu Hause deine Fotos durchsiehst, wirst du merken, dass auf 99 Prozent der Bilder unsere zwo Brüda drauf sind.«

»*Brüder?*«, wunderte ich mich. »Es sind doch keine Brüder.«

»Sehr gut beobachtet, Kumpel. Nein, natürlich nicht. Das ist nur unser kleiner Spitzname.«

Jack erzählte uns, wie es dazu gekommen war. Die Geschichte begann mit den beiden schlimmsten Kunden, die das Reiseunternehmen jemals befördert hatte: Pacman und Pe$o, zwei amerikanische Rapper. Sie hatten das Geld für ihren Besuch mit einer Crowdfunding-Kampagne gesammelt, in der sie versprachen, das erste nordkoreanische Rap-Video zu drehen. Nordkorea und Rap passen ungefähr so gut zusammen wie Stachelschweine und Quantenphysik.

»Die beiden hatten noch nie zuvor die USA verlassen«, sagte Jack, »und sie hatten zum Anziehen nur einen Anzug dabei. Einen dieser billigen Maßanzüge, die man in China bekommt. Sie froren sich also die ganze Zeit den Hintern ab. Sie hatten keine Lust, mal den Bus zu verlassen und wussten auch absolut nichts über das Land. Und als wir an Tag drei an einem Denkmal haltmachen, bestimmt das zwanzigste auf diesem Trip, stellt sich einer der beiden neben mich und fragt – ich schwöre, jedes Wort ist wahr –: ›wer sind'n eigentlich die zwo Brüda‹?«

Die zwo Brüda waren natürlich der Ewige Präsident Kim Il-sung (K1) und der Große Führer Kim Jong-il (K2). Nach Nordkorea zu kommen, ohne zu wissen, wer diese beiden sind, ist ein bisschen so, als würde man nach Ägypten fahren und beim Anblick der Pyramiden fragen: »Ist das eine Sandburg?« Oder Italien zu besuchen in dem Glauben, »Mussolini« sei ein Pasta-Gericht. Pacman und Pe$o drehten übrigens ihren Videoclip. Man kann ihn online anschauen, der Song heißt verwirrenderweise *Escape to North Korea*. Eigentlich erfolgen nordkoreanische Fluchtversuche ja in die entgegengesetzte Richtung.

Nach vier Stunden und einem Dutzend weiterer Wandgemälde und Statuen mit den zwei Brüdern veränderte sich die Landschaft allmählich: Äcker und Reisfelder wichen immer längeren Abschnitten mit gepflasterten Straßen, Häusern und schließlich der glänzenden Glasfassade eines nagelneuen Flughafens. Wir näherten uns der Hauptstadt Pjöngjang.

»Angeblich hat Kim Jong-un den Flughafen besucht und in einer Vor-Ort-Anleitung erklärt, Ankunft- und Abflughalle zu trennen«, sagte Jack. »Sie erzählen dir das, als wäre es superinnovativ. Die Armen.«

Es war das erste Mal, dass wir den Ausdruck Vor-Ort-Anleitung hörten, aber es sollte nicht das letzte Mal bleiben ...

Dank Nordkoreas marodem Eisenbahnnetz wurde der hundertsechzig Kilometer lange Weg zu einer fünfstündigen Sightseeing-Tour, die in Pjöngjangs beeindruckend sowjetischem Hauptbahnhof endete. Alle waren aufgekratzt. Jetzt waren wir tatsächlich hier. Wir hatten es an den geheimnisvollsten Ort der Welt geschafft – wir und all unsere Kleiders. Vor dem Bahnhof wurden wir auf vier neue, klimatisierte Busse verteilt. Jack sagte ein paar Begrüßungsworte, dann übergab er an unsere nordkoreanischen Betreuer.

Da man offenbar befürchtete, dass wir aus der Reihe tanzen und während der kurzen Pausen in unserem dichtgepackten Programm versuchen würden, die Regierung zu stürzen, hatte man uns zwei einheimische Begleiter zugeteilt, die uns und Jack jederzeit im Auge behalten sollten. Nach meinen Erlebnissen in Transnistrien hatte ich das Gefühl, dass Jack diese Aufsicht nötiger hatte als wir. Die beiden hießen – praktisch für alle Zerstreuten – Mr und Mrs Park. Mrs Park stand vorn im Bus, nahm das Mikrofon und hieß uns willkommen.

Der Blick aus dem Busfenster zeigte, dass selbst zur abendlichen Rushhour nur ein geringes Verkehrsaufkommen herrschte. Wir fuhren nach Pjöngjang rein, wo verhärmt aussehende Fußgänger wie Ameisen durch die Straßen eilten. Viele von ihnen trugen militärische Uniformen und marschierten in Formation. Für Zivilisten gibt es, da alle Kleidung von der Regierung ausgegeben wird, nur einen Kleidungsstil, der dadurch ebenfalls wie eine Uniform wirkt: Die Männer tragen Hemden und Anzughosen, die Frauen weit geschnittene Blusen und Röcke. Als wäre auch das vorgeschrieben, waren alle Kleidungsstücke zwei Nummern zu groß.

Pjöngjang schien eine halbwegs attraktive Stadt zu sein, abgesehen von ein bisschen zu viel Beton und sowjetischem Wolkenkratzer-Pomp. Die Atmosphäre war eine Mischung aus Hybris und Kaltem Krieg. Was mich an dieser Vorzeigestadt am meisten beeindruckte, war das vollkommene Fehlen von Graffiti. Pjöngjang war makellos. Alles war sauber. Es gab keinen Abfall. Alles war geordnet, aufgeräumt, unter Kontrolle.

Der Bus fuhr in unser Hotel. Fast jeder Tourist in Pjöngjang steigt im gleichen Hotel ab: dem *Yanggakdo*. Wahrscheinlich weil es auf einer kleinen Insel liegt, was es wiederum sehr schwermacht, sich unbemerkt davonzustehlen und die Regierung zu stürzen. Als wir das geräumige Marmorfoyer betraten und unsere Mitreisenden in Ruhe beschauten, sah es nicht so aus, als wäre ein angehender Revolutionär darunter. Die meisten waren noch ziemlich benommen von der langen Zugfahrt. Das ist ein grundsätzliches Problem aller Revolutionen – sie sind so verdammt anstrengend. Zu anstrengend für uns jedenfalls.

Wir aßen im obersten Stock des Hotels zu Abend. In einem Drehrestaurant, das sich nicht drehte, hatte man ein Buffet aus Reis, Gemüse und Fleisch undefinierbaren Ursprungs aufgebaut. Hier stieß auch noch ein weiteres Mitglied unserer Reisegruppe dazu: ein schlaksiger Kroate namens Kir. Kir war einen Tag früher angereist als der Rest, um eine Sehenswürdigkeit im Norden des Landes zu besuchen.

»Kannst du ein Geheimnis für dich behalten?«, fragte Kir vier Sekunden nachdem er sich vorgestellt hatte.

»Ja«, log ich.

»Gestern Abend war ich in einem anderen Hotel im Zentrum untergebracht, und da hab ich mich rausgeschlichen und einen Spaziergang gemacht. Ich dachte natürlich, dass man mich aufhalten würde. Aber der Türsteher war durch irgendwas abgelenkt und da bin ich einfach weitergelaufen, und plötzlich war ich allein ... auf den Straßen von Pjöngjang.«

Das war strengstens verboten. Wenn hier jemand das Zeug zu einem richtigen Che Guevara hatte, dann war es Kir.

»Wie weit bist du denn gekommen?«

Er zeigte uns ein Video auf seinem Handy. »Es war unglaublich«, sagte er und ließ seine verschlagenen Augen durch den Raum wandern, um sicherzugehen, dass auch keiner der Betreuer mithörte. »Ich bin vielleicht zehn Minuten herumgelaufen.« Das Video zeigte, wie er eine Straße entlanglief. Die Gebäude, an denen er vorbeikam, waren dunkel, nur die Treppenhäuser waren beleuchtet. »Dann hielt ein Auto neben mir und der Fahrer schaute mich komisch an. Da bin ich ins Hotel zurückgerannt.« Irgendwie hatte er der Versuchung widerstanden, die Regierung zu stürzen.

Nach dem Essen gingen Annett und ich in den Keller des Hotels, wo es eine Bar mit ein paar Billardtischen und eine

Karaoke-Lounge gab. Da wir das Hotel nicht verlassen durften, war das die volle Bandbreite der zur Verfügung stehenden Abendunterhaltung. Ich sah Kir in einer Ecke des Billard-Raums stehen, wo er mit dem Smartphone in der Hand die Umstehenden fragte, ob sie ein Geheimnis für sich behalten könnten. Er selbst konnte es offenbar nicht. An der Bar bekam ich anstelle des erwarteten Wechselgeldes vier Streifen Wrigley's-Kaugummi ausgehändigt.

Die Bardame lächelte entschuldigend. »Kein Wechselgeld.«

Ein paar meiner Mitreisenden spielten an einem Tisch in der Nähe Billard. Sie lachten über meine Verwirrung und winkten mir mit ihrem Kaugummigeld zu. Geld ist zuallererst eine Frage des Glaubens, insofern ist Kaugummi genauso plausibel wie ein rechteckiges Stück toter Baum, das mit einem Bild der Queen bedruckt wurde. Ich beschloss zu glauben und steckte die Kaugummis ein. Als ich später an die Bar ging, um noch ein Bier zu holen, versuchte ich, diese offiziellen Währungsstreifen gegen ein wenig Alkohol einzutauschen. Die Frau an der Theke lachte einfach und schob sie über die Bar zurück. Sie hatte den Glauben verloren.

Am nächsten Morgen schlurften Annett und ich zu unchristlicher Zeit in das rotierende Restaurant und nahmen um 6.30 Uhr ein Frühstück aus Reis, Gemüse, Fleisch dubioser Herkunft und Ei zu uns. Mit anderen Worten: das gestrige Abendessen plus Ei. Dabei hatten wir einen perfekten Panoramablick über die Stadt. Wir hätten erwartet, dass sie um diese Zeit langsam die Nacht abschüttelte und gemütlich dem neuen Arbeitstag entgegengähnte, doch sie war bereits voller Aktivität. Überall waren Menschengruppen. Viele von ihnen marschierten mit großer Eile und Zielstrebigkeit irgendwohin. Ich wurde schon vom Zuschauen müde.

»Kannst du glauben, dass wir in Nordkorea sind?«, fragte Annett zwischen zwei Schluck brauner Brühe, die sich nach Kräften mühte, als Kaffee durchzugehen.

Ich hoffte, dass mein Gesichtsausdruck Annett zu verstehen gab, dass ich es nicht konnte.

Es war 7.30 Uhr, als wir in den Bus stiegen, um unseren ersten dicht gepackten Sightseeing-Tag zu beginnen.

»Ein Tag in Nordkorea ist wie ein Monat in der realen Welt«, warnte uns Jack.

»Gestern hat sich wie ein Monat angefühlt«, flüsterte Kir, »droben im Norden. Es war unglaublich.«

Im Geiste änderte ich seinen Namen in Kia: kurz für *Know It All*, der Besserwisser.

Diese ersten paar Tage hatten einen so regelmäßigen und schnell vorhersehbaren Rhythmus, dass sie im Rückblick zu einer Einheit verschwimmen: Wir standen zu einer unzumutbaren Zeit auf. Wir bekamen ein Frühstück aus Reis, Gemüse, Fleisch dubioser Herkunft und Ei. Mittags und abends gab es das Gleiche, nur ohne Ei. Wir kletterten schläfrig in unsere Busse. Wir stellten Fragen, die nur selten beantwortet wurden. Jack schlief vorne. Mr Park schwieg hinten. Mrs Park erklärte uns, wohin wir fuhren. Wir freuten uns auf die Attraktionen: eine Universität, eine Kolchose, ein Zirkus, eine Entbindungsklinik oder ein Regierungsgebäude. Als wir schließlich dort ankamen, stiegen wir aus dem Bus und wurden begrüßt von:

1. einer hübschen Frau in traditioneller Kleidung.
2. einer Statue oder einem Wandgemälde von den zwo Brüdas.

Die Sehenswürdigkeit, die wir besuchten, war ebenfalls anwesend. Sie stand dort, irgendwo im Hintergrund, und versprach uns so viel Wissen, das wir doch nie erwerben würden, weil uns kein Mensch eine der interessanten Fragen beantwortete, die wir dazu stellten.

Das Programm begann damit, dass die schöne Frau im traditionellen, farbenfroh gemusterten Gewand uns begrüßte, gern mit der Anrede »Genossen«. In jedem normalen Land wäre sie anschließend mit uns in die besuchte Attraktion hineingegangen – doch hier, in diesem Land des diktatorischen Wahnsinns, blockierte sie einfach den Eingang. Dann erzählte sie uns, wie oft die zwo Brüdas die Attraktion, die wir besichtigen wollten, schon besucht und was sie darüber gedacht hatten.

Sagen wir mal, die Sehenswürdigkeit war eine Kolchose:

»Einen schönen Nachmittag, Genossen«, sagte dann die Schönheit in perfektem Englisch. »Wir werden jetzt die Kolchose Kim Il-sung besuchen, in der das Volk unter der fachkundigen Anleitung der Lieben Führer daran arbeitet, Nahrung für unsere große Nation zu produzieren.«

Wir scharrten mit den Füßen. *Komm schon, lass uns rein. Das haben wir alles schon gehört. Große Nation. Liebe Führer. Bla, bla, bla ...*

Aber sie war noch nicht fertig: »Die Kolchose wurde vom Ewigen Präsidenten Kim Il-sung erstmals im Jahre 1957 besucht.«

Wir stöhnten. Wir hatten seinen Namen an diesem Tag schon achttausend Mal gehört. Wir wussten, was als Nächstes kam ... *die Lobpreisung.*

»Und er pries ihren revolutionären Geist«, berichtete sie voller Stolz.

Und was geschah als Nächstes, schöne Frau im traditionellen Gewand?

»Das nächste Mal besuchte er die Kolchose im Jahr 1971. Bei diesem Besuch ...«

Pries er sie?

»Gab er den hiesigen Bauern eine Vor-Ort-Anleitung, die die Ernteerträge signifikant steigerte.«

Ah, wieder eine Vor-Ort-Anleitung. Bei unseren anderen Besichtigungen hatten wir bereits erfahren, dass die Lieben Führer zu einer unglaublichen Bandbreite von Themen Vor-Ort-Anleitungen erteilen konnten: von Wirtschaftspolitik über Bauwesen und das Design von Schulmobiliar bis hin zu Erntetechniken. Sie waren wahrhaftige Renaissance-Männer, keine Mitläufer wie ich.

Irgendjemand stöhnte voller Ungeduld auf, weil er jetzt endlich reinwollte.

Doch die nette Dame im traditionellen Gewand war noch immer nicht fertig. »Bei diesem Besuch im Jahr 1971 war es auch, dass wir dem geliebten Führer diese Statue von sich selbst schenkten.«

Was kauft man einem Diktator, der schon alles hat? Eine weitere Riesenstatue von sich selbst, ganz klar. Angeblich gab es in dem Land vierzigtausend Statuen von den zwo Brüdas. Das waren anscheinend viel zu wenig.

Aber Moment mal, haben wir nicht noch jemanden vergessen?

Sie aber glücklicherweise nicht. »Der Große Führer Kim Jong-il besuchte die Kolchose erstmals im Jahr 1984, als er ...«

Als er sie pries, oder?

»... sie pries für seine architektonische Schönheit.«

Bingo. Aus den hinteren Reihen der Gruppe war Gemurmel zu hören.

Sie verlor die Aufmerksamkeit ihrer Zuhörer, die gelangweilt von der immer gleichen alten Leier waren. »Der Große Führer Kim Jong-il besuchte die Farm ein weiteres Mal im Jahr 1997, als ...«

Ich fühle eine Vor-Ort-Anleitung heraufziehen ...

»... wir ihm seine eigene Statue in der gleichen Größe präsentierten!«

Verdammt, knapp vorbei.

»Er pries die Statue für ihre künstlerische Integrität.«

Hurra.

Anschließend ließ man uns in Viererreihen antreten, damit wir unsere Verbeugungen absolvierten, während unsere westlichen Reiseleiter ein Blumenbouquet zu Füßen der Statuen ablegten. Danach durften wir endlich eintreten. Innen wurde alles, was wir sahen, ebenso umständlich wie plump auf das unendliche Genie und die gnadenlose Majestät von K1 und K2 alias den zwo Brüdas zurückgeführt. Und dann war es an der Zeit, wieder in die Busse zu steigen. Wir hatten unseren Spaß gehabt.

So ging es den ganzen Tag, jeden Tag. Es wurde langweilig. Aber es gab hin und wieder kurze Momente, in denen man das Gefühl hatte, dass wir vielleicht ein klein wenig an der Fassade des blanken Unsinns kratzten und etwas Reales erlebten. Es passierte das erste Mal, als wir Pjöngjangs neuen Wasserpark besuchten. Bis dahin hatten wir keinen ernstzunehmenden Kontakt mit den Bewohnern der Stadt gehabt. Wie auch? Unsere koreanischen Betreuer wichen nie von unserer Seite. Doch als wir auf den Vorplatz dieses riesigen neuen Schwimmbadkomplexes einbogen, erklärten Mr und Mrs Park, dass sie draußen warten würden. Wir hatten zwei Stunden für uns allein, in denen wir uns unter die Tausenden von badenden, schwimmenden und planschenden Einheimischen mischen konnten.

Vielleicht waren sie der Meinung, dass niemand sich ernsthaft darauf konzentrieren konnte, die Regierung zu stürzen, solange er in Wellenbecken herumtollte oder mit einem aufblasbaren Gummiboot eine Wasserrutsche hintersauste.

Sie hatten recht. Wir stürmten hinein, geradezu euphorisch vor lauter neugewonnener Freiheit. Diese Freiheit hatte allerdings nicht lange Bestand, denn schon in der Eingangshalle trafen wir auf die Person, der wir niemals entkommen würden: K1. Es erfordert zweifellos einiges an Chuzpe, eine drei Meter hohe Bronzestatue von sich selbst im Eingangsbereich eines Schwimmbads zu postieren.

Nach einer kurzen Verbeugung und den erforderlichen Respektsbezeugungen gingen wir in die Umkleiden. Es war ein ziemlich seltsames Gefühl, in so einer intimen Situation plötzlich unter Einheimischen zu sein – schließlich waren wir alle nackt. Man hatte uns erzählt, dass allen Nordkoreanern erzählt wurde, dass alle Ausländer Feinde sind, Gefangene des kapitalistischen Lebens aus unterlegenen, erbärmlichen Ländern, die sich nichts sehnlicher wünschten als die Zerstörung des *wahren* Korea. Uns dagegen war erzählt worden, dass sie alle nur gehirngewaschene Lemminge sind. Ich wusste nicht, was davon stimmte oder nicht. Aber als wir uns gemeinsam auszogen und einander nackt sahen und feststellten, dass wir alle mit den gleichen menschlichen Unzulänglichkeiten geschlagen waren – wie der Unfähigkeit, beim Ausziehen der Socken nicht umzukippen –, hatte ich den Eindruck, dass wir uns ziemlich ähnlich waren.

Unser Gang von den Umkleideräumen in die eigentlichen

Schwimmanlagen erinnerte mich an die klassische Western-Szene: Der Fremde betritt den Saloon. Wir waren immer noch in Asien, also wurden wir nicht offen angestarrt, doch die anderen Badegäste warfen uns immer wieder verstohlene Blicke zu, bevor sie sofort wieder woanders hinschauten, meistens auf den Boden. Es war nicht verwunderlich, dass wir ihr Interesse weckten, schließlich sahen wir in ihren Augen ziemlich ungewöhnlich aus: groß, schwerfällig, untersetzt, bärtig. Einige von ihnen hatten wahrscheinlich noch nie einen Westler aus Fleisch und Blut gesehen – und ganz sicher nicht in so viel Fleisch. Ein paar von uns, besonders ich, waren ziemlich behaart. Selbst auf dem Rücken. Rückenhaar schien für die Einwohner dieser weitgehend haarlosen Region der Welt ein besonders faszinierendes Phänomen zu sein. Warum sollte jemand Haare auf dem Rücken brauchen? Sie schauten und waren sichtbar verwundert. Zu Recht. Ich hatte auch keine Ahnung.

Allerdings verstand ich jetzt besser, warum Annett und die anderen Frauen der Gruppe sich entschieden hatten, lieber draußen zu warten und nicht mit schwimmen zu gehen. Wenn schon unsere Körper so viel Aufsehen erregten, hätte ein plötzlicher Auflauf westlicher Frauen in Bikinis sicherlich nicht nur die Augenbrauen in die Höhe wandern lassen.

Wir erkundeten das Bad: Es gab mindestens zehn Riesenrutschen auf dem Außengelände, manche konnte man nur mit Gummiringen oder -booten benutzen. Innen waren Wellenbecken und weitere Rutschen, und die ganze Anlage war von einem System von Stromschnellen durchzogen. Es war der heißeste Monat im Jahr, und Tausende von Einheimischen waren gekommen, um sich im Wasser abzukühlen. Es war wirklich aufregend, ihnen so nah zu sein. Allerdings war nicht jeder meiner Mitreisenden überzeugt von dem, was wir sahen.

»Schauspieler«, sagte Kia wegwerfend, als wir über das Außengelände spazierten. »Planschen herum und tun so, als wäre hier alles in Ordnung.«

Ich seufzte. »Als ob sie diesen ganzen Aufwand betreiben würden, nur um ein paar Touristen zu beweisen, dass alles in Ordnung ist in Nordkorea.«

»Ach, komm schon«, protestierte er. »Sei nicht so naiv.«

Die Vorstellung, dass es ein Freizeitbad gab und die hart arbeitenden, loyalen Mitglieder der Parteielite sich am Wochenende dort vergnügten, kam mir alles andere als abwegig vor. Wenn es eine Hölle gab, würde es sogar dort sicher ein paar Feiertage geben.

Leider hatten wir nur zwei Stunden im Wasserpark, denn obwohl jeder Tag nur eine begrenzte Anzahl Stunden hat, gibt es unendlich viele Statuen der Lieben Führer, denen wir unsere Reverenz erweisen mussten. Kia und ich stellten uns in die Schlange vor einer vielversprechend aussehenden Rutsche, auf der immer zwei Leute zusammen mit einem grellgelben aufblasbaren Floß fuhren. Die Schlange bewegte sich langsam vorwärts, bis der zuständige Bedienstete uns erblickte. Er pfiff, trat aus seiner Kabine und winkte uns nach vorn. Wir konnten die Schlange umgehen? Kia schaute auf seine Uhr, dann auf mich. Ich schaute auf seine Uhr, dann auf ihn. Wortlos gingen wir nach vorn. Unterwegs schaute ich in die Gesichter der Menschen, die wir überholten. Waren sie wütend? Verfluchten sie uns? Würde sich jemand beschweren? Ich konnte in ihren Mienen keine Emotionen entdecken. Nur wenige erwiderten meinen Blick.

»Ich hab ein richtig schlechtes Gewissen«, sagte ich zu Kia.

»Ich weiß«, antwortete er, »aber es sind ja sowieso nur Schauspieler.«

Da ich nicht glaubte, dass es sich nur um Schauspieler handelte, musste ich die Schuldgefühle und das gelbe Floß allein tragen. Mein schlechtes Gewissen war so groß, dass ich die Fahrt fast nicht genießen konnte. Ich sage *fast*, weil sie wirklich der Hammer war. Hatte ich schon erwähnt, dass das Rutschen auf dieser Rutsche der Hammer war? Es war wirklich der Hammer. Selbst mit schlechtem Gewissen. Unten erwartete uns Kevin, ein selbstbewusster, und sehr direkter Amerikaner mit wilden Locken.

»Ihr müsst *unbedingt* auf die Sprungbretter gehen«, sagte er und zeigte auf eine Betonstruktur in etwa hundert Meter Entfernung. »Das ist echt der Hammer.«

Das war die richtige Einstellung – und dabei war er noch gar nicht mit dem Gummifloß gerutscht.

Bei den Sprungbrettern hatte sich eine große Menschenmenge versammelt. Es waren vielleicht hundert Zuschauer, die um das rechteckige Sprungbecken herumstanden. Das höchste Brett lag schwindelerregende fünfzehn Meter hoch in den Wolken.

»Wenn wir springen«, sagte Kevin, »flippen sie aus.«

Von einer großen Menge aufgeregter Nordkoreaner beklatscht werden? Das war eine Chance, die ich mir nicht entgehen lassen würde. Das einzige Problem war, dass ich nicht springen konnte. Ich konnte nicht einmal richtig schwimmen. Annett verspottet mich immer gnadenlos für meine Schwimmtechnik, die sie »ertrinkendes Äffchen« nennt. Ich glaube nicht, dass irgendjemand auf der Welt so viel Energie aufwendet, um eine so kurze Strecke im Wasser zurückzulegen wie ich und mein Äffchen. Ich schaute zum höchsten

Brett hinauf. Konnte irgendwas schiefgehen, wenn ich da runtersprang? War die Erfahrung das Risiko wert?

Absolut, dachte ich.

Also ging ich rauf.

Ungefähr auf halber Höhe schaute ich nach unten.

Absolut unmöglich, dachte ich.

Und ich kam wieder runter.

Es war ziemlich hoch dort oben.

Ich denke, das war so ein bisschen der Witz bei der Sache.

Ich wollte mich schon wieder zu den anderen stellen, als ich am niedrigsten Sprungbrett vorbeikam. Es schwebte gerade mal einen einsamen Meter über der Wasseroberfläche. Ich konnte einfach drübergehen und am Ende herunterfallen. Es würde schon alles gutgehen, oder? Wie sollte es auch? Ich würde springen und es herausfinden. Aber wenn ich schon sprang, dann wollte ich dafür geliebt werden. Ich wollte Applaus. Also beschloss ich, eine große Show für die Zuschauer abzuziehen, ihnen etwas zum Schauen zu geben.

Zuerst betrat ich selbstbewusst das Brett, als hätte ich noch nie etwas anderes gemacht als Turmspringen. Ich verbeugte mich leicht zur Begrüßung des Publikums. Dafür erntete ich einen Lacher, der runterging wie Öl. Dann marschierte ich nach vorn – wo ich mein Gesicht zu einer Grimasse aus Schock und Entsetzen verzog. Ich tat, als würde ich das Gleichgewicht verlieren. »So hoch?«, rief mein offener Mund. Ein zweiter Lacher. Sie liebten es. Dann tat ich, als könnte ich aus Angst vor einem Fall von gerade einmal einem Meter nicht mehr weitergehen. Doch schließlich schlug ich trotzig in die Luft, überwand meine vorgeblichen Ängste, brachte mein Gewicht zur Geltung und ließ das Brett unter mir erzittern.

Das war der Moment, als die Sache ein wenig knifflig wurde. Ich hatte mir nicht überlegt, was ich tun würde, um tatsächlich vom Brett ins Wasser zu kommen. Also hüpfte ich ein wenig länger, als alle erwarteten, bekam Panik, tat so, als gehörte das alles zur Nummer und fiel seitlich herunter. Mit einem lauten Klatschen landete ich bäuchlings im Wasser.

Die Menge flippte aus. Jubel, Klatschen, vereinzelte Rufe – ich war der Knaller in Nordkorea! Ich war der Bono des nordkoreanischen Wasserpark-Turmspringens. Man konnte meine Technik anzweifeln, doch meine Resultate überzeugten: Ich bot den Leuten eine Show. So machte man das mit den internationalen Beziehungen. Mein Ego wurde immer größer.

Ein Australier namens Tim hatte zugeschaut und sah es als seine Aufgabe an, mein Weltbild wieder etwas zurechtzurücken: »Du kannst ja überhaupt kein bisschen springen.«

Ich blies meinen Brustkorb auf.

»Was? Ich hab das doch nur fürs Publikum gemacht. Hast du diese Reaktion gehört?«

Ich überlegte kurz, ob ich ihm erklären sollte, dass ich der Bono des nordkoreanischen Wasserpark-Entertainments war, doch dann verpasste ich irgendwie den richtigen Moment. Zurück in der Umkleide, konnte Bono seinen Spind nicht öffnen. Das war Bono peinlich. Er war nass und konnte sich nicht abtrocknen, weil sein Handtuch in seinem Spind war, den er, wie Bono bereits erwähnt hat, nicht öffnen konnte. Glücklicherweise stand ein paar Spinde weiter ein großer, muskulöser, nackter Nordkoreaner. Er sah, wie Bono sich abmühte, zog ein T-Shirt über und kam zu Hilfe. Warum er lediglich ein T-Shirt anzog, um den oberen Teil seines Körpers zu bedecken, war Bono ein Rätsel.

»Es funktioniert nicht, wenn nass«, sagte er.

Das war eine Überraschung. »Sie können Englisch sprechen?«

»Ja. Wenig. Ich Student an Kim-Il-sung-Universität.«

Unter seiner fachkundigen Anleitung sprang die Spindtür auf. Ich hatte so viele Fragen. Keine davon betraf den Spind. »Was studieren Sie?«, fragte ich.

Er lächelte und enthüllte eine Reihe schiefer Vorderzähne, dann überquerte er behutsam den nassen Fußboden zurück zu seinem eigenen Spind und fuhr fort, sich umzuziehen. Ich denke, es war einfach nicht der richtige Moment.

Nach dem Schwimmen besuchten wir einen Coffee Shop im Starbucks-Stil am anderen Ende des Wasserparkgeländes. Beim Kaffee traten die Meinungsunterschiede zwischen den verschiedenen Touristen wieder stärker zutage.

»Vielleicht ist dieser Tisch verwanzt?«, sagte ein absurd großer Mann aus Belgien und schaute, vermutlich auf der Suche nach verdeckten Aufnahmegeräten, unter die Tischplatte.

»Das glaub ich nicht«, erwiderte eine blonde Holländerin, »aber ich glaub, dass sie irgendwie an den Orten sein müssen, die wir besuchen, um uns die guten Seiten des Landes zu zeigen.« Sie schaute durch das Fenster hinaus in den Wasserpark und auf die Menschenmassen, die sich dort unten vergnügten. »Vielleicht wurden sie alle heute hier eingeladen? Ist euch aufgefallen, dass keiner irgendwo für irgendwas bezahlt?«

Das ließ uns aufhorchen. Wir versuchten, uns an all die Orte zu erinnern, die wir bisher besucht hatten – Restaurants, Coffee Shops, Museen, den Zirkus. Und tatsächlich: Kein Einheimischer hatte je für irgendetwas bezahlt, zumindest nicht so, dass es einer von uns hätte sehen können.

»Das ist der Beweis«, sagte der Belgier und klatschte sich mit einem paranoiden deutschen Studenten ab, der jeden Abend sieben Backups seiner Fotos auf sieben versteckten SD-Karten machte.

»Und außerdem – in diesem Park, ich hab den Namen vergessen...«, begann der paranoide Student.

»Kim-Il-sung-Park wahrscheinlich«, schlug die junge Holländerin vor. Alle lachten.

Namensgebung war recht einfach in der DVRK: Man suchte sich einfach einen Kim aus und hängte das entsprechende Substantiv hintendran – egal ob Park, Platz, Stadion oder Blume.

»Also in diesem Park«, fuhr der Deutsche fort, »habt ihr da den Typen mit der teuren Kamera gesehen? Wie konnte er sich die leisten? Und warum hat niemand sonst so eine?«

Er schaute uns der Reihe nach an, als wollte er, dass wir die Löcher im Logik-Käse finden. Niemand traute sich. Jetzt waren wir richtig in Fahrt. Wir hatten Antworten. *Alles war gefakt.*

»Ja! Das hab ich auch gesehen«, sagte die Holländerin, »und... und... habt ihr diese jungen Typen gesehen, die Volleyball gespielt haben?«

Ein paar nickten.

»Also... als wir los sind, hab ich mich von der Gruppe und unseren Aufpassern wegschleichen können und bin zurückgegangen.«

Wir setzten uns aufrecht hin.

»Und was glaubt ihr?«, sagte sie, »sie hatten aufgehört zu spielen und waren weg! Das waren doch bestimmt Schauspieler...«

Ich räusperte mich. Ich wollte nicht der einzige Spielverderber sein, doch ich habe immer an Ockhams Rasiermesser geglaubt: Einfache Erklärungen, die wenige Hypothesen und Vorannahmen beinhalten, sind den komplizierteren vorzuziehen. Seit unserer Ankunft in Nordkorea hatte ich das Gefühl, in einer *Akte X*-Folge gefangen zu sein: Ich war die einsame Scully unter fünfzig Mulder-Touristen. Sie wollten glauben, ich wollte wissen. Und wenn das nicht möglich war, wollte ich im Zweifelsfall lieber vorsichtig urteilen. All die anderen verrückten Orte, die ich besucht hatte, hatten mich nur in dem Glauben bestärkt, dass es nicht allzu viel Neues auf der Welt gibt. Die Verpackung mag sich ändern, aber der Inhalt ist mehr oder weniger gleich: unvollkommene Menschen, die sich so gut es eben geht durchs Leben schlagen. Dabei werden sie entweder zu einem, der die Befehle erteilt, zu einem, der sie befolgen muss, oder zu irgendwas in der Mitte.

Die Geschichten, die die Medien uns über Nordkorea erzählten, waren reißerisch aufgemacht – aber das waren auch die Geschichten, die ich über Thetford erzählte. Reißerische Geschichten verkaufen sich. Dabei machen sie aus dem Durchschnittlichen etwas Außerordentliches. Natürlich war Nordkorea alles andere als durchschnittlich, aber das bedeutete noch lange nicht, dass dreitausend Schauspieler angeheuert wurden, um fünfzig Touristen etwas vorzugaukeln.

»Leute«, sagte ich, »das ist eine witzige Theorie, aber schon allein die dafür notwendige Logistik wäre gigantisch. Seht doch nur, wie viele Menschen da draußen sind. Alles für uns? Und die Frage ist doch: *Warum?* Warum sollte es ihnen wichtig genug sein, das alles zu inszenieren?« Ich schwenkte einen Arm in Richtung des Wasserparks unter uns.

Der Belgier schnalzte mit der Zunge: »Weil sie wollen, dass wir glauben, dass hier alles normal ist.«

»Okay, aber *warum*?«

»Damit wir nach Hause gehen und den Leuten erzählen, dass hier alles normal ist.«

»Okay, aber *warum*?« Ich hörte mich an wie ein fünfjähriges Kind.

Er seufzte. »Damit andere Leute herkommen.«

»Aber *warum* sollten sie dann herkommen? Dann wäre das hier doch bloß ein langweiliges normales Land voller Statuen, in dem du mit niemandem reden kannst, jeden Tag acht Stunden lang in einem Bus sitzen musst und außerhalb des Busses nichts anderes tust, als dich zu verbeugen. Wenn es wirklich normal wäre, gäbe es keinen Grund, hierherzukommen. Hier ist es nicht lustig. Es ist ehrlich gesagt ziemlich sicher eines der schlimmsten Länder der Welt.«

Danach sagte niemand mehr was. Wir nippten still an unserem Kaffee. Die Leute schauten hinaus auf den Wasserpark und auf die Schauspieler, die so taten, als würden sie sich amüsieren. Ich wurde nicht zu weiteren Verschwörungsdiskussionen eingeladen. Ich hatte mich als Nicht-Fanatiker geoutet. Es gibt ein chinesisches Sprichwort, das besagt: »Die Hälfte von dem, was du siehst, liegt hinter deinen Augen.« Ich glaube, bei Menschen, die verrückt genug sind, Nordkorea zu besuchen, sind es eher vier Fünftel.

An diesem Abend erlebten wir Nordkoreas neues Pizzarestaurant. Es war ziemlich passabel, trotz einiger Stromausfälle zur falschen Zeit. Selbst Tiraspol war Nordkorea in dieser Hinsicht überlegen: Dort wurde Pizza serviert, während das Licht brannte.

Der nächste Tag war ... nun ja, er war so viel auf einmal, und nicht nur gut. Schon das, was wir in den ersten paar Tagen gesehen hatten, hatte gezeigt, dass die DVRK eine ziemlich schwach ausgeprägte Beziehung zur Bescheidenheit hat. Das Konzept war vielleicht bekannt, doch mied man es, wann immer es ging, zugunsten von Spektakel und Selbstverherrlichung.

Das wurde nirgends so deutlich wie bei unserem nächsten Ziel: dem Kumsusan-Palast der Sonne, dem Mausoleum von K1 und K2. Von jedem Nordkoreaner wird erwartet, dass er diesen Ort einmal im Leben besucht. Manche kommen viel öfter. Auch an diesem Tag waren viele Leute dort, die genau wie wir ihre besten Kleider trugen. Wie genau die Lieben Führer jemals zur Ruhe kommen sollen bei den ganzen Menschenmassen, die ständig anrückten, um sie anzugaffen, blieb offen.

Das Gebäude an sich war typisch nordkoreanisch. Das heißt, es war typisch stalinistisch. Das heißt, es war achtmal größer, als es eigentlich hätte sein müssen, und allein das Beheizen war vermutlich ein Riesenprojekt. Im Inneren erwartete uns eine schwindelerregende, ehrfurchtgebietende und zweifelsfrei angeberische Opulenz in Marmor und Gold. Jack erzählte uns, dass der Bau hundert Millionen Dollar gekostet hatte. Breite Fahrsteige, diese riesigen Laufbänder, die man auf Flughäfen findet, zogen sich durch den gesamten Bau. Auf ihnen durften wir nicht gehen, sondern mussten uns stehend vorantragen lassen. Die Bänder waren endlos lang und auf eine sehr niedrige Geschwindigkeit eingestellt, so blieb genügend Zeit, sich all die Propagandafotos der Lieben Führer anzuschauen, die die Wände zierten: Die Lieben Führer beim Erteilen von Vor-Ort-Anleitungen, beim Besuch von Fabriken, beim Inspizieren von militärischer Hardware, unterhalten von lächelnden Kindern, die auf Mini-Musikinstrumenten spielten. Viele dieser Bilder waren offensichtliche

Fotomontagen – die Farben passten nicht zueinander und die Schatten wirkten, als gäbe es zwei Sonnen. Aus versteckten Lautsprechern waberte schwülstige Trauermusik, die eine düstere Stimmung vorgab. Die Atmosphäre war Madame Tussaud's auf LSD auf einem Flughafen irgendwo am Ende der Welt. Dafür war das Ganze recht effizient organisiert. Ankunft und Abreise fanden an verschiedenen Enden statt, man konnte also vermuten, dass auch hier eine Vor-Ort-Anleitung erteilt worden war.

Die Räume, in denen die Körper von K1 und K2 aufgebahrt wurden, mussten von den Keimen und dem Schmutz der Außenwelt verschont bleiben. Zwischen den Fahrsteigen liefen wir über ein paar industrielle Schuhreinigungsschleusen und Luftvorhänge, die uns säuberten und schon mal auf unsere Audienz mit den großen Männern im Herzen des Gebäudes vorbereiteten.

Nachdem wir eine Stunde lang durch dieses Labyrinth der Indoktrination befördert worden waren und die außerordentlichen und monumentalen Leistungen der Lieben Führer hinreichend lange in unseren Herzen bewegt hatten, durchliefen wir endlich ein letztes Mal Luftvorhang und Schuhsäuberung. Befreit von äußeren Unreinheiten, gelangten wir in einen dunklen Raum, der nur von einem schwachen roten Neonlicht erleuchtet wurde. Dann mussten wir uns in Viererreihen anordnen, ein sicheres Zeichen dafür, dass Verbeugungen bevorstanden. Vor uns, im Zentrum des Raumes, umringt von Säulen aus rotem Marmor, lag einbalsamiert in einem erhöhten Glassarkophag, der Körper des Halbgottes: *der Ewige Präsident Kim Il-sung*. Er war bis zur Brust von der roten Flagge der Arbeiterpartei von Korea bedeckt, darunter trug er eine dunkle Anzugsjacke. Die Arme lagen an seiner Seite. Um das Grab herum waren Dutzende rosafarbener *Kimilsungia*-Blumen arrangiert. Hatte ich schon erwähnt, dass K1 und K2 ihre eigenen Blumen haben? Habe ich nicht? Ich vermute, Sie sind nicht überrascht?

Gut. Denn wir haben gerade erst angefangen.

Wir folgten der Reihe vor uns und näherten uns dem Sarg, verbeugten uns nach und nach vor drei seiner Seiten, aber nicht vor dem Kopfende: Das würde nämlich implizieren, dass wir über dem großen Mann stehen und auf ihn herabblicken. *Wie könnten wir.* Der Raum war vollkommen still, außer dem unmelodischen Quietschen eines Paars Schuhe. *Meiner Schuhe.* Ich hatte sie davor erst ein einziges Mal getragen. Wo geh ich denn schon hin, dass ich schicke Schuhe anziehen muss? Der Wachtposten mit seiner automatischen Waffe schaute mich an und runzelte die Stirn.

»Mann«, sagte Tristan, einer unserer westlichen Reiseleiter, »unternimm was gegen diese Schuhe.«

Ich war nicht sicher, was ich gegen diese Schuhe tun sollte. Auch nicht, wann und wo ich es tun sollte. Wenige Minuten später erreichten wir den zweiten Raum, die Ruhestätte von K2. Er trug sein Markenzeichen, den legendären olivenfarbenen Anzug mit Reißverschluss.

Quietsch. Quietsch. Verbeugung. Quietsch. Stirnrunzeln. Verbeugung. Quietsch. Quietsch. Stirnrunzeln. Verbeugung.

Um ihn herum, wie nicht anders zu erwarten, Dutzende Exemplare seiner persönlichen Blume, der leuchtend roten *Kimjongilia*.

Der Raum hinter K2s ewiger Ruhestätte war gleichermaßen absurd. Hier wurden Trophäen und Auszeichnungen seines Vaters, K1, aufbewahrt. Jede Trophäe, Medaille, Plakette, jeder Preis oder Schlüssel, die ihm irgendwann in seinem bedeutenden Leben als Oberhaupt eines Schurkenstaats verliehen worden war, wurde hier ausgestellt. Die Wände zierten Bilder von K1 beim Händeschütteln und Posieren mit Staatsoberhäuptern. Nicht mit allen Staatsoberhäuptern natürlich – K1 verbrüderte sich nur mit einer erlesenen Gruppe von Despoten und Diktatoren. Stalin, Honecker, Mubarak, Ceaușescu, Gaddafi: Der Raum war wie ein *Who's Who* historischer Arschlöcher.

Der letzte Raum war eine Wiederholung des vorangegangenen. Diesmal ging es um K2. Mir wurde klar, dass die Bescheidenheit endgültig gestorben und einbalsamiert worden war, dass sie ihren eigenen Kumsusan-Palast der Sonne bekommen hatte, als ich ein Foto sah, auf dem K1 K2 den Orden »Held von Korea« verleiht. Warum deinem Nachwuchs anerkennend auf die Schulter klopfen oder ihm ein bisschen Geld für sein Studium geben, wenn du ihm ein ganzes Land geben kannst?

Kumsusan war Nordkorea in all seiner Lächerlichkeit, Absurdität und Schändlichkeit. Die Exponate sprachen für sich selbst. Sie sagten: »Könnt ihr glauben, dass wir *damit* durchgekommen sind? Dass wir jetzt, selbst nach unserem Tod, immer noch damit durchkommen?« Ich konnte es nicht. Wir waren am Ausgang angekommen. Geschockt, desorientiert und deprimiert stolperten wir wieder hinaus in die gleißende Sonne.

Wir hatten diese spezielle Tour gebucht, weil sich im Jahr *Chuch'e 105* (die nordkoreanische Zeitrechnung beginnt – natürlich – mit dem Geburtsjahr von K1) das Ende der japanischen Kolonialherrschaft zum siebzigsten Mal jährte. Zur Feier dieses Jubiläums würde es auf dem zentralen Platz der Stadt eine Massen-Tanzaufführung geben. Wollen Sie raten, wie der Platz heißt?

Genau: Kim-Il-sung-Platz.

An diesem Abend stiegen wir um kurz vor acht aus unseren Bussen und wurden in einen Pavillon geführt. Was wir dann sahen ... nun, wenn es Worte gibt für das, was wir sahen, so war zumindest niemand von uns in der Lage, sie zu finden. Ein paar von uns versuchten es dennoch. Sätze, die zuversichtlich mit »Jesus«, »Wow« oder vielleicht »Ich kann nicht ...« begannen, verliefen sich aber im Nichts angesichts der Unmöglichkeit, etwas zusammenzufassen, das eindeutig jede Zusammenfassung überstieg. Selbst der normalerweise so eloquente Jack musste sich geschlagen geben. Er begann selbstbewusst mit »Es ist, als hätte man das Bermuda-Dreieck mit ...«, um angesichts dieses monumentalen Spektakels doch nur hilflos zu seufzen. Meiner Meinung nach wurde Annett der Sache am ehesten gerecht, als sie mit einem Rückgriff auf unsere Unglücksfahrt im Nachtbus nach Wuhan die Veranstaltung als »Scheißmist« zusammenfasste.

Was uns dergestalt die Sprache verschlagen hatte und den gesamten Platz bis zum Ufer des Taedong-Flusses bedeckte, waren zehntausend Menschen, die, in Blocks von jeweils dreißig Personen aufgestellt, vollkommen regungslos und den Blick nach vorne gerichtet einfach nur dastanden. Die Männer trugen Hemd und Krawatte, die Frauen ihre bunt gemusterten traditionellen Gewänder. Wir fummelten gierig an den Knöpfen unserer Kameras herum, aber es war sinnlos. Es gab keine Möglichkeit, das alles auf ein Bild zu bekommen und die Schönheit und die Absurdität dieses überdimensionierten Spektakels irgendwie einzufangen. So viele Menschen in solch perfekter Formation standen da wie Marionetten, die auf ihren Puppenspieler warten. Ich musste an die Terrakotta-Krieger von Xi'an denken. Doch die Figuren hier waren lebendig. Hinter jedem dunklen Augenpaar lag der Wunsch nach Selbstbestimmung, Autonomie und Kreativität. Ein Wunsch, der, wenn alles, was man uns erzählt hatte, zutraf, vom nordkoreanischen Alltag nach Kräften unterdrückt wurde.

Die Musik fing an zu spielen, und die Menschen erwachten zum Leben und machten mit ihren Fäusten fast perfekt synchrone Pumpbewegungen. Wie viele Abende hatte es gedauert, das zu choreographieren? Nach dem ruhigeren ersten Lied kam ein flotteres Stück: Die Männer und Frauen wandten sich einander zu, verbeugten sich und begannen zu tanzen.

Woher kannten sie alle ihre Schritte? Warum gab es keine Zusammenstöße? Was war, wenn irgendjemand anders tanzen wollte? Warum war niemand zu spät oder betrunken hergekommen, warum hatte niemand seine schicken Klamotten zu Hause gelassen? Wer hatte diese bemerkenswerte Logistikleistung koordiniert? Der visuelle Eindruck war überwältigend, doch der logistische Aspekt faszinierte mich noch mehr. Vielleicht lebe ich wirklich schon zu lange in Deutschland.

Ein Song folgte auf den nächsten, und jedes Mal passierte das Gleiche: Die Musik änderte sich, die Tanzschritte änderten sich, alles andere blieb gleich. Die Leute tanzten perfekt. Niemand fiel hin. Niemand vergaß seine Schrittfolge. Kein Mann griff in unangemessener Weise nach dem Hinterteil seiner Partnerin.

»Schaut euch ihre Gesichter an«, sagte Dennis, ein Anwalt aus der Schweiz.

Ich hatte nicht auf die individuelle Mimik geachtet. Doch nun, da er darauf hinwies, konnte ich nicht mehr wegsehen.

Die Gesichter waren so ... ambivalent, emotionslos, roboterhaft. Dies sollte ja eigentlich ein freudiger Anlass sein, es wurden siebzig Jahre der »Freiheit« von den Japanern gefeiert. Doch sie sahen alle aus, als säßen sie im Wartezimmer eines Arztes und hätten gerade eine Zeitschrift in die Hand genommen, um einen Artikel über das Besticken von Kissen zu lesen – was sie nicht die Bohne interessierte. Annett stand mit offenem Mund neben mir, ihre Miene war eine Mischung aus Staunen und Horror. »Sie sehen so gelangweilt aus.«

Jack stand neben Annett, das Gesicht durch das riesige Objektiv seiner teuren Kamera verdeckt. »Das wärst du auch, wenn du seit deiner Kindheit zum gleichen halben Dutzend Lieder getanzt hättest.«

Wir schauten ihn an, als sei er gerade einem Raumschiff entstiegen.

»Wie meinst du das? Es gibt nur sechs offizielle Lieder?!«

»Ja. Der Song, der jetzt gerade läuft, wird in ein paar Minuten wiederholt. Wart's nur mal ab. Es gibt nur ein paar offiziell erlaubte Tänze. Sie lernen alle die Schritte schon im Kindergarten, die armen Schweine.« Das war also der Grund, dass niemand einen Fehler machte.

Unsere Betreuer hatten gesagt, dass wir mittanzen dürften, wenn wir wollten. Ich hatte das nicht eine Sekunde lang geglaubt, sondern für einen Witz gehalten. Ich wusste auch nicht, dass es bedeuten würde, die vollkommene Harmonie dieser herumwirbelnden Masse von Körpern zu stören. Doch als der Moment kam und unsere Aufpasser signalisierten, dass wir nun den Pavillon verlassen und den Platz betreten durften, zögerte niemand. Die Phrase »eine einmalige Chance im Leben« wird heutzutage inflationär gebraucht. Dieser Augenblick hatte die Bezeichnung allerdings redlich verdient.

Angesichts so weniger Touristen und so vieler Gruppen war es kein Problem, sich zu verteilen und einen Block von dreißig DVRK-Tänzern ganz für sich allein zu haben. Wir schauten noch mal: Es war so perfekt. So strukturiert. So makellos.

»Ich weiß nicht, ob ich das kann«, sagte ich zu Annett. »Meinst du, das macht ihnen was aus?«

Annett schaute sie an und schüttelte den Kopf. »Ich glaube, diese Leute können ein bisschen Spontaneität gebrauchen.«

Ich suchte mir spontan eine Dame aus. Okay, nicht ganz so spontan, schließlich war sie sehr hübsch, und ich kenne mich gut genug, um zu vermuten, dass das kein Zufall war. Sie trug ein traditionelles weiß-rosa Kleid mit Puffärmeln und sah aus wie Mitte zwanzig. In einer der kurzen Pausen zwischen den Liedern winkte ich ihrem Partner, zeigte auf Annett, zeigte auf mich und dann auf die junge Dame. In den Gesichtern der beiden flackerte die Andeutung einer Reaktion auf. Annetts Tanzpartner nickte, und die ganze Gruppe rückte ein bisschen auseinander, um Platz für uns zu schaffen. Wir traten ein.

Annett und ich schauten uns entsetzt an, als der synchrone Mob anfing, um uns herum zu kreisen. Wir versuchten Schritt zu halten und die Schrittfolge noch beim Tanzen zu lernen. Der Druck war groß: Die Gruppen standen so dicht, dass wir kaum Platz hatten. Es war nicht abzusehen, wie viele einheimische Tänzer wir mit uns in den Abgrund reißen würden, wenn wir stolperten und hinfielen. Bei diesem Tanz musste ich die Hände meiner Partnerin halten – eine vor ihrem Körper und eine dahinter. Dann machten wir einen Schritt nach vorn und zwei Schritte zurück, es war genau wie meine Schriftstellerkarriere. Wir drehten uns und schauten einander an, verschränkten die Arme und umkreisten einander. Zuerst in die eine, dann in die andere Richtung, und dann kehrten wir zur ursprünglichen Formation zurück und fingen noch mal von vorn an.

Es ist übrigens sehr leicht, das Ganze jetzt zu wiederholen, denn ich habe das Video, in dem ich das alles mache, mehrfach angeschaut. In Zeitlupe. Doch in besagtem Augenblick, in der Tyrannei der Echtzeit, war ich verloren. Tanzen ist nicht meine Stärke. Ich tanze so gut, wie Beton schwimmt. Ehrlich gesagt, ich tanze, wie ich schwimme. Wenn die Gruppe sich nach links drehte, drehte ich mich nach rechts. Wenn sie zwei Schritte nach vorn gingen und einen zurück, schlurfte ich meist rückwärts und dann nach außen, bevor ich wieder einige Schritte zurückirrte, allerdings im vollkommen falschen Moment. Glücklicherweise hatte ich eine geduldige und gutaussehende Partnerin, die mich die ganze Zeit höflich anlächelte. Offenbar war sie weder schüchtern, noch störte sie sich daran, dass wir die ganze Zeit Händchen hielten. Ein paar Minuten später war auch diese Nummer zu Ende. Ich verbeugte mich vor ihr, und trat mit einem leichten Schuldgefühl zur Seite. Annett machte mit ihrem Partner das Gleiche. Dann suchten wir uns einen freien Raum zwischen den Tänzern und tauschten uns aus. Ich war hin und weg.

»Das war fantastisch!«, sagte ich.

»Ich weiß. Allerdings war ich furchtbar«, klagte sie.

»Ich auch«, sagte ich, in dem Versuch, sie ein wenig zu trösten.

»Das musst du mir nicht sagen, ich stand direkt hinter dir.«

Ich entdeckte unsere koreanische Betreuerin Mrs Park, die nur ein paar Meter entfernt neben einer Säule stand, und ging zu ihr hinüber, da Annett inzwischen mit Fotografieren beschäftigt war. »Mrs Park, darf ich um die Ehre dieses Tanzes bitten?«

»Tanz?«, fragte sie. Ich hatte den Eindruck, dass ihr erster Impuls war, unauffällig hinter die Säule zu gleiten. Gleiten würde beim Tanzen sicher nicht schaden.

»Ja. Sie und ich«, sagte ich.

Sie kicherte nervös. »Ich bin keine große Tänzerin.«

»Sie haben keine Ahnung, was Ihnen nicht entgangen ist«, versuchte ich sie zu beruhigen, verwirrte sie aber nur mit meiner doppelten Verneinung. »Ich verspreche, ich werde schlechter sein.«

Eine in der Nähe stehende Reiseführerin sagte etwas auf Koreanisch, das ermunternd klang. Aber vielleicht bedeutete es auch etwas komplett anderes als »Machen Sie schon, der Kerl kann die Übung gebrauchen«.

Was immer es war, es funktionierte. Mrs Park übergab ihrer Kollegin ihre Tasche, ich nahm ihren Arm und führte sie in eine kleine Lücke der nächstgelegenen Formation.

»Kennen Sie die Schritte?«, fragte ich sie.

»Ich kenne die Schritte.«

»Gut. Bringen Sie sie mir bei.«

Sie tat es nicht. Unglücklicherweise war dieser nächste Tanz rhythmisch viel komplizierter als das erste Stück, und er verlangte weitaus weniger Händchenhalten. Ich bin zwar ein untalentierter Tänzer, aber ich lasse mich führen – wie ein alter Hund an einer kurzen Leine. Nun war ich auf mich allein gestellt. Ich gab mein Bestes.

Mrs Parks Gesichtsausdruck wechselte angesichts meiner Anstrengungen zwischen Amüsement und Fassungslosigkeit. Die Bewegungsfolge verlangte, dass man die Beine hochwarf, sich umeinanderdrehte und abklatschte. Nach einem ziemlich konfusen Beginn hatte ich am Ende das Gefühl, mich ordentlich aus der Affäre gezogen zu haben. Ich verbeugte mich vor meiner Partnerin.

»Was war das?«, fragte sie, während das Lied verklang.

»Was meinen Sie?«

Ihr Gesichtsausdruck schien zu sagen, dass ich dem Lied eine Entschuldigung schuldig war. »War das Tanzen?«

Ich zog mich in den Pavillon zurück, um den Rest des Spektakels aus sicherer Entfernung zu beobachten. Genau wie Jack vorhergesagt hatte, handelte es sich tatsächlich nur um sechs oder sieben Lieder. Sie wurden alle dreimal wiederholt, bevor nach fünfundfünfzig Minuten die Gruppen ihre ursprüngliche Formation wieder einnahmen. Abschließend gab es noch mal die Nummer mit den geballten Fäusten, in der es darum ging, immer dem Führer zu folgen. Und dann löste sich die Gruppe auf, synchron. Das Event endete nach exakt einer Stunde. Nur wenige Minuten später hatten zehntausend Menschen den Platz ruhig und geordnet verlassen und in seinen ursprünglichen Leerzustand zurückversetzt.

Dieses gesamte Erlebnis machte mich sprachlos. Unsere Reisegruppe war euphorisch, viele tanzten noch ohne Musik weiter und übten die Bewegungen, die sie gerade gelernt hatten. Wir hatten nicht genügend Superlative. Was wir gesehen hatten und wovon wir für kurze Zeit Teil gewesen waren, war zweifellos Kunst – unterlegt mit einer großen Traurigkeit. Zehntausend intelligente, kreative, phantasiereiche Menschen wurden dazu gezwungen, sich zu einer vorgegebenen Zeit in vorgegebener Formation und Bekleidung hier einzufinden, um für eine vorgegebene Zeitdauer zu einer Anzahl vorgegebener Lieder zu tanzen, bevor sie eine letzte Runde (vorgegebenes) Fäusteballen vollführten und dann, in vorgegebener Ordnung, wieder nach Hause marschierten.

Was würde passieren, wenn diese Menschen machen durften, was sie eigentlich wollten? Ihre eigenen Tanzschritte erfinden. Eigene Lieder schreiben. Dass man »freier Wille« sagt, bedeutet nicht, dass er keinen Wert hat. Konnten die Leute am Ruder nicht einmal die Zügel ein ganz klein wenig schleifen lassen, und sei es nur für eine einzige Party? Nein, natürlich konnten sie nicht, genau deshalb war es ja Nordkorea. Alle Beteiligten waren gezwungen, eine weitere riesige, schöne, leere Geste über sich ergehen zu lassen. Ich war beschwingt und gleichzeitig ratlos. Es war eines meiner eindrücklichsten Erlebnisse – eines jener Erlebnisse, für die man auf Reisen geht und die man niemals wieder vergisst. Doch gleichzeitig taten mir alle, die daran beteiligt waren, schrecklich leid.

Ich war nicht der Einzige, der langsam die Geduld mit dem Land verlor. Der Respekt und die Ehrerbietung unserer ersten Tage hatte arg unter dem Unsinn, den wir über uns ergehen lassen mussten, gelitten. Der größte Teil der Verachtung war natürlich für die Lieben Führer reserviert. Wir besuchten ein neues Ferienlager für Kinder, in dem es einen Wasserpark, ein Aquarium und ein Theater gab. Es war wie ausgestorben, vor dem Gebäudekomplex marschierten lediglich eine Handvoll Kinder vor einem Plakat, auf dem stand: »Kim Il-sung zog in die Schlacht, damit unsere Kinder ins Ferienlager gehen können.«

Unsere koreanischen Betreuer erschienen mit Blumenbouquets, sehr zur Freude unserer westlichen Reiseleiter.

»Na prima, wieder fünf Euro im Eimer«, sagte Jack. Sie mussten ihnen die Blumen abkaufen, um sie anschließend den Großen Führern zu Füßen zu legen. Wir hatten schon so manches Mal aus dem Bus heraus beobachtet, wie sie nach unserer Abfahrt die Blumen wieder einsammelten, um sie der nächsten Touristengruppe erneut zu verkaufen.

Jemand deutete auf die Wasserrutsche und fragte einen der koreanischen Betreuer: »Findet da das Waterboarding statt?«

»Ja, *water sporting*«, kam die Antwort.

Im Inneren fanden wir – Überraschung! – einen Raum, der den Lieben Führern gewidmet war. Eine Ecke war für Kim Jong-un, also K3, reserviert. Er hatte der Anlage kürzlich einen Besuch abgestattet. Seltsamerweise, und zu unserer großen Enttäuschung, hatte K3 bislang weitgehend durch Abwesenheit geglänzt. Wir hatten keine einzige Statue von ihm gesehen. Es ging allerdings das Gerücht um, dass er bald welche errichten würde, wenn die dreijährige Trauerzeit nach dem Tod von K2 vorbei war.

»Ich wette, er ist ganz knuddelig«, sagte jemand mit Blick auf ein Foto, auf dem K3 ein Kind umarmte.

»Ich würde ihm gern eine Vor-Ort-Anleitung über seine Frisur geben«, ergänzte jemand anders.

»Und über seine Ernährungsweise«, witzelte ein Dritter.

»Ich kann es nicht erwarten, hier rauszukommen«, seufzte ich. Es gab gemurmelte Zustimmung.

Ein paar Tage später wurde unser Wunsch erfüllt.

Um 5.45 Uhr bestiegen wir zum letzten Mal den Tourbus, um zu dem Flughafen mit getrenntem Ankunfts- und Abflugbereich zu fahren. Jack schlummerte vorn auf seinem Sitz. Es waren zehn intensive Tage gewesen. Wir würden einander vermissen. Freundschaften bilden sich schnell in der DVRK. Der Wahnsinn, dem man ausgesetzt ist, schweißt zusammen.

Am Flughafen fragte ich Jack, warum er sich die Mühe gemacht hatte, so früh aufzustehen, nur, um uns hierherzubringen.

»Ich bin nur einmal nicht mitgekommen«, erzählte er, »und an diesem Tag ist einer unserer Reisenden, ein sechzigjähriger Amerikaner, am Flughafen ausgeflippt. Er fing an herumzuschreien und zu brüllen, wollte seine Betreuer davon überzeugen, dass sie in einer Lüge leben, von Diktatoren regiert werden und dass Nordkorea den Koreakrieg angefangen hat. Als sie den Idioten verhaftet haben, brach er in Tränen aus und kritzelte einen schnellen Entschuldigungsbrief. Daraufhin ließen sie ihn mit in den Flieger.« Jack kicherte in sich hinein. »Kein Scheiß.«

Unsere Zeit am Flughafen verlief weniger dramatisch. Wir umarmten unsere Betreuer Mr und Mrs Park und schossen ein paar letzte Gruppenbilder. Einige Mitreisende hatten Tränen in den Augen. Dieses Land ging einem unter die Haut. Doch das tun auch Mücken. Schließlich winkten wir und durchquerten die Schranke zum Zoll. Fast waren wir draußen. Wir waren die Glücklichen.

Einen Urlaub in der DVRK kann man eigentlich nur dem empfehlen, der ein Faible fürs Absurde hat. Er ist unbequem, teuer und aufreibend. Nordkorea war der lächerlichste und denkwürdigste Ort, an dem ich je gewesen war. Diktaturen gibt es in so vielen Ländern, aber Nordkorea setzt noch einen drauf: Hier ist es noch absurder, grotesker, lächerlicher. Nordkorea ist der Grand Canyon unter den Diktaturen. Das macht es auf eine makabre Weise zu etwas Besonderem. Eines Tages wird dieses Regime in sich zusammenbrechen, dann werden wir alle erfahren, wie hart es wirklich mit seinen Bürgern war.

Die Menschen, die wir dort kennenlernen durften, waren nicht nur extrem freundlich. Innerhalb eines Systems, das weder uns noch ihnen Freiheit oder Autonomie gewährte, ließen sie uns an so viel Ehrlichkeit, Zweifeln und Neugier teilhaben wie ungestraft möglich. Auch sie sind sicher nicht ganz überzeugt von diesem Regime, doch der Preis dafür, ihre Zweifel zum Ausdruck zu bringen, ist zu hoch. Sie sind keine hirnlosen Zombies. Es wäre für alle Beteiligten leichter, wenn sie es wären.

Ich für meinen Teil war auf dem Heimflug einfach traurig, dass dieses Land existiert und glücklich darüber, dass ich selbst nicht dort leben muss. Ich hatte absolut kein Bedürfnis, noch mal dorthin zu reisen. Oder, wenn ich es recht bedachte, irgendwo anders hinzureisen.

Von all den Dingen, die ich verloren habe, vermisse ich meine Naivität am meisten

Berlin (Deutschland): die Humanity 3000, Schlussfolgerungen, Ende

Als ich mit diesen kleinen Auslandsabenteuern anfing, war ich mir einer ganzen Menge sicher. Eigentlich war es sogar mehr als Sicherheit. Sturheit hätten es vielleicht manche genannt. Oder sogar Arroganz. Möglicherweise Selbstgerechtigkeit. Abschätzigkeit sicherlich auch. Ich war einer von den Guten, das stand für mich außer Frage.

Außerdem war ich davon überzeugt, dass man nur – wie im *Zauberer von Oz* – einen Vorhang beiseiteschieben musste, und schon würde man etwas finden, das das Zusammenleben der Menschen steuert und im Hintergrund die Fäden zieht. Ich war nicht sicher, was genau ich finden würde: eine Steuerungseinheit, eine Geheimgesellschaft, eine unsichtbare Hand, Gott, Bestimmung oder vielleicht einfach nur das gute alte Schicksal.

Aber es gab etwas.

Wenn man nur wüsste, was dieses Etwas war und warum es die Dinge tat, die es tat, könnte man eine *Formel der Menschlichkeit* aufstellen. Dann wäre auch klar, ob man auf der richtigen oder der falschen Seite der Geschichte steht. Warum aus dem einen Land ein »Nordkorea« wird, während andere als eine »Schweiz« oder ein »Argentinien« enden.

Heute glaube ich das nicht mehr. Ich war naiv, es jemals zu tun.

Dieses Buch ist das Resultat einer langen und kostspieligen Übung in Demut. Je mehr ich von der Welt besuchte, desto größer wurde meine Überzeugung, dass es sich um einen Ort handelt, der vollkommen, unabänderlich und schrecklich frei von jeglicher Logik ist.

Wenn ich mir diesen Ort heute vorstelle, sehe ich eine unfassbar komplizierte Maschine mit tausend nicht beschrifteten Hebeln. Die Maschine stößt Rauch, Kriege, Reality-TV und Hüttenkäse aus. Eine Art *Humanity 3000*, wenn Sie so wollen.

Mit ein bisschen Geld oder politischem Imponiergehabe kann man in eine Position gelangen, in der man an einigen dieser Hebel ziehen darf. Aber niemand weiß genau, was sie bewirken – die Funktionsweise der Maschine, die Funktionsweise der Gesellschaft ist einfach zu geheimnisvoll und undurchsichtig. Mit dem ersten Hebel wird vielleicht der Steuersatz um ein Prozent gesenkt, also betätigt man noch ein paar weitere. Hier und da leuchten Lämpchen auf. Musik erklingt. Kanye West wird erfunden. Man zieht weitere Hebel. Prostitution wird legalisiert. Das macht Spaß, also macht man noch ein bisschen weiter, wobei man versehentlich den Bankensektor dereguliert, was den Wohnungsmarkt kollabieren lässt und den Dritten Weltkrieg auslöst, der uns alle das Leben kostet.

Gut gemacht.

Aber niemand will zugeben, dass *Humanity 3000* existiert

und wir so wenig über sie wissen. Es wäre zu schmerzhaft. Wir müssten zugeben, dass wir Tag für Tag das Material für eine Milliarde willkürliche Zufallsinteraktionen in einer gleichgültigen Welt sind. Das ist kein sehr angenehmer Gedanke, im Gegenteil: Er tut unserem Ego richtig weh. Also geben wir es nicht zu. Je komplexer die Welt wird, desto einfacher werden die Erklärungen, die wir hören wollen. Immer wieder bauen sich vor der *Humanity 3000*, dieser Teufelsmaschine von unendlicher Komplexität, Menschen auf, die sich diesen Umstand zunutze machen. Sie wollen uns davon überzeugen, dass *sie* die Maschine verstanden haben. Dass wir sie an den Hebeln ziehen lassen sollten, so wie sie es für richtig halten. Oft tragen diese Leute einen phantasievollen Titel oder eine große Mütze.

Es sind diese Menschen, vor denen wir Angst haben sollten – die Sicheren. Das ist die beste Antwort, die ich für die Frage, wie aus einem Land ein Nordkorea, ein Tschad oder ein Eritrea wird, finden konnte: Die falsche Person oder Gruppe wird sich zu sicher. Ihrer selbst, ihrer Überzeugungen, der Hebel und ihrer eigenen Berechtigung, daran herumzuspielen und die Folgen ihres Handelns der gesamten Menschheit aufzubürden. Geschichte ist das, was passiert, wenn Ego auf Zufall trifft.

Auf den ersten Blick mag diese Sicht auf die Welt unbefriedigend sein – ungefähr so, wie bei einem Zaubertrick den versteckten Faden, den doppelten Boden oder die Karte im Ärmel zu entdecken. Doch paradoxerweise finde ich diese Erklärung umso überzeugender, je länger ich darüber nachdenke: Aufgrund ihrer Komplexität und der Vielzahl möglicher Inputs und Outputs produziert die *Humanity 3000* eine solche Menge und Vielfalt von Ideologien, Produkten, Geschichten, Kriegen, Vormittagstalkshows, Freunden, Religionen und Joghurtsorten, dass es nie langweilig wird: vom Cowboy-Kapitalismus in Transnistrien über die Despoten von Nordkorea, die gelassene Kontemplation des Buddhismus, die Exzesse des Hedonismus und die persönliche Verantwortlichkeit des Libertarismus bis hin zum erbarmungslosen Pragmatismus des Kapitalismus. Man muss sich nicht darum sorgen, dass uns in diesem kurzen Leben die Unterhaltung ausgeht.

Wir müssen nur die Hoffnung fahrenlassen, dass irgendwas davon einen Sinn ergibt.

Das Sammeln der Geschichten für dieses Buch war eine phantastische Erfahrung. Ich schulde all den Menschen, die ich auf meinen Reisen getroffen habe und die so freundlich waren, mir von ihren Wahrheiten, ihren Göttern, ihren Fehlern und ihrem Alltag zu erzählen, großen Dank. All das, was ich in dieser Zeit erleben durfte – ob gut, schlecht, denkwürdig oder banal –, half mir dabei, die Lethargie meines alten Berliner Lebens im Halbruhestand abzuschütteln. Und sie halfen mir, mich selbst besser zu verstehen.

Genau wie jede Gesellschaft ihre Geschichten hat und versucht, Ordnung im Chaos zu entdecken, sind auch wir Individuen ein Produkt unserer Narrative, Geschichten und Fabeln. Wir versuchen ständig, unseren Sinn zu ergründen, unsere Geschichten zu glätten, zu erklären, warum wir welchen Hebel gezogen haben und unsere Entscheidungen rückblickend zu rechtfertigen. Wir sind, woran wir uns erinnern – aber genauso sind wir auch das, was wir zu vergessen beschließen.

Seit ich verstehe, dass ich kein verlässlicher Zeuge meiner eigenen Geschichte bin, kann ich besser erkennen, wann die

Geschichten, die ich mir selbst erzähle, falsch, schädlich oder nur Schönfärberei meines fragilen Egos sind. Unterwegs war ich so sehr auf das, was es da draußen zu entdecken gab, auf den Lockruf des Neuen fokussiert, dass ich aufhörte, mein Leben zu Hause zu schätzen. Ich bin froh, dass mir das klarwurde, bevor ich es verloren hatte. Der Lockruf ist immer noch da. Das wird er immer sein. Aber ich verstehe ihn jetzt besser. Ich habe ihm einen Namen gegeben und weiß, dass er eine unzulässige Vereinfachung ist, eine bezaubernde Fiktion. Nur ein weiteres Zerren an den Hebeln.

Ich habe mich wieder zufrieden in meinem Leben in Berlin eingerichtet. Ich habe jetzt ein Büro, um sicherzustellen, dass ich das Haus verlasse und jeden Tag die Wirkliche Welt® betrete. Ich bin ein paar Vereinen und Gruppen beigetreten, ich bemühe mich, mehr Zeit mit Freunden zu verbringen und neu in die Beziehungen zu investieren, die ich aufgegeben hatte. Ich verschicke inzwischen mehr Freundschaftsanfragen als Entfreundungs-E-Mails. Ich sitze bei allen Hochzeiten, Familienfeiern und Geburtstagen in der ersten Reihe.

Meine Reiselust ist nicht mehr das, was sie einmal war. Was zumindest teilweise daran liegt, dass mir mittlerweile eine Sache klar ist: All die Dinge, die mir am Reisen gefielen – meiner Routine zu entkommen und neue Menschen kennenzulernen –, kann ich auch hier bekommen. Man kann in der eigenen Stadt raus aus der Komfortzone, und man kann in ein fremdes Land reisen, ohne seine Komfortzone ein einziges Mal zu verlassen.

Annett und ich reisen nach wie vor, fahren immer noch in den Urlaub, schauen uns wie bisher ein oder zwei verrückte Länder im Jahr an. Aber wir lassen uns Zeit, schlafen in Hotels mit mindestens vier Sternen und lassen es uns mit reichlich Happy-Hour-Wein gutgehen. Pet Rock haben wir immer noch. Wir sind noch immer nicht auf der Suche nach dem »Und sie lebten glücklich bis ans Ende ihrer Tage«-Ende. Ich hoffe, diese Einstellung wird dazu führen, dass wir es eines Tages finden.

Ich habe auch eine ganze Reihe Länder besucht, die wirklich unterhaltsam waren und es dennoch nicht ins Buch geschafft haben. Ich hoffe, dass ich Ihnen irgendwann auch von diesen erzählen kann.

Und so endet dieses Buch, wie es begann, mit mir auf dem Wohnzimmersofa in Berlin. Ich bin allein, Annett wird bald nach Hause kommen. Ich werde Essen machen. Wahrscheinlich werde ich es anbrennen lassen. Wir werden über unseren Tag reden. Uns etwas ärgern. Streiten. Mit Freunden was trinken gehen. Einander Geschichten erzählen. Es ist vielleicht nicht viel, aber ich denke, für einen Mitläufer wie mich ist das erst mal mehr als genug...

Adam Fletcher
Paul Hawkins

Denglisch for Better Knowers

Fun Birds, Smart Shitters, Hand Shoes und der ganze deutsch-englische Wahnsinn

Zweisprachiges Wendebuch
Deutsch / Englisch.
Taschenbuch.
Auch als E-Book erhältlich.
www.ullstein-buchverlage.de

Is Your English not the yellow from the egg?

Is it all under the pig? Well, my friend, you need Denglisch for Better Knowers! Denn hier gibt es wundervolle direkte Übersetzungen all der großartigen deutschen Begriffe und Redewendungen, die bis jetzt als nicht übersetzbar galten. Denglisch macht nicht nur wahnsinnig viel Spaß, es eröffnet auch die Möglichkeit, the Ausländer für the great German language zu begeistern! Er wird sehen: Mit den Deutschen lässt sich gut cherries eating, nothing for ungood.

Bestsellerautor Adam Fletcher erklärt, warum die deutsche Sprache so großartig ist!